어휘가 문해력이다

중학 **2**학년 **1**학기

교과서 어휘

KB217924

교 재
내 용   교재 내용 문의는 EBS 중학사이트
문 의   (mid.ebs.co.kr)의 교재 Q&A 서비스를
         활용하시기 바랍니다.

교 재
정오표   발행 이후 발견된 정오 사항을 EBS 중학사이트
공 지   정오표 코너에서 알려 드립니다.
         교재 검색 → 교재 선택 → 정오표

교 재
정 정   공지된 정오 내용 외에 발견된 정오 사항이
신 청   있다면 EBS 중학사이트를 통해 알려 주세요.
         교재 검색 → 교재 선택 → 교재 Q&A

당신의 문해력

평생을 살아가는 힘,
문해력을 키워 주세요!

문해력을 가장 잘 아는 EBS가 만든 문해력 시리즈

예비 초등 ~ 중학

문해력을 이루는 핵심 분야별 / 학습 단계별 교재

| 어휘 | 쓰기 | ERI 독해 | 배경지식 | 디지털독해 |

우리 아이의 문해력 수준은?

더욱 효과적인 문해력 학습을 위한
EBS 문해력 진단 테스트

https://primary.ebs.co.kr/course/literacy

등급으로 확인하는
문해력 수준

문해력
등급 평가
초1 - 중1

어휘가 문해력이다

중학 2학년 1학기

교과서 어휘

교과서 내용을 이해하지 못하는 우리 아이?
평생을 살아가는 힘, '문해력'을 키워 주세요!

'어휘가 문해력이다'
어휘 학습으로 문해력 키우기

1 교과서 학습 진도에 따라
과목별(국어/사회·역사/수학/과학)·학기별(1학기/2학기)로 어휘 학습이 가능합니다.

교과 학습을 위한 필수 개념어를 단원별로 선별하여 단원의 핵심 내용을 이해하도록 구성하였습니다.
교과 학습 전 예습 교재로, 교과 학습 후 복습 교재로 활용할 수 있도록 필수 개념어를 엄선하여
수록하였습니다.

2 교과 어휘를 학년별 2권, 한 학기별 4주 학습으로
단기간에 어휘 학습이 가능합니다.

한 학기에 310여 개의 중요 단어를 공부할 수 있습니다.
쉬운 뜻풀이와 교과서 내용을 담은 다양한 예문을 수록하여 학교 공부에 직접적으로 도움을 주고자
하였습니다.
해당 학기에 학습해야 할 중요 단어를 모두 모아 한 번에 살펴볼 수 있고, 국어사전에서 단어를 찾는
시간과 노력을 줄일 수 있습니다.

3 관용어, 속담, 한자 성어, 한자, 영문법 어휘 학습까지 가능합니다.

글의 맥락을 이해하고 응용하는 데 도움이 되는 관용어, 속담, 한자 성어뿐만 아니라 중학 교육용
필수 한자, 중학 영문법 필수 어휘 학습까지 놓치지 않도록 구성하였습니다.

4 확인 문제와 주간 어휘력 테스트를 통해 학습한 어휘를 점검할 수 있습니다.

뜻풀이와 예문을 통해 학습한 어휘를 교과 어휘별로 바로바로 점검할 수 있도록 다양한 유형의
확인 문제를 수록하였습니다.
한 주 동안 학습한 어휘를 종합적으로 점검할 수 있는 주간 어휘력 테스트를 수록하였습니다.

5 효율적인 교재 구성으로 자학자습 및 가정 학습이 가능합니다.

학습한 어휘를 해당 교재에서 쉽게 찾아볼 수 있도록 과목별로 '찾아보기' 코너를 구성하였습니다.
'정답과 해설'은 축소한 본교재에 정답과 자세한 해설을 실어 스스로 공부할 수 있도록 하였습니다.

EBS 〈당신의 문해력〉 교재 시리즈는 약속합니다.

교과서를 잘 읽고 더 나아가 많은 책과 온갖 글을 읽는 능력을 갖출 수 있도록
문해력을 이루는 핵심 분야별, 학습 단계별 교재를 준비하였습니다.
한 권 5회×4주 학습으로 아이의 공부하는 힘,
평생을 살아가는 힘을 EBS와 함께 키울 수 있습니다.

어휘가 문해력이다

어휘 실력이 교과서를 읽고 이해할 수 있는지를 결정하는 척도입니다.
〈어휘가 문해력이다〉는 교과서 진도를 나가기 전에 꼭 예습해야 하는 교재입니다.
20일이면 한 학기 교과서 필수 어휘를 완성할 수 있습니다.
교과서 수록 필수 어휘들을 교과서 진도에 맞춰
날짜별, 과목별로 공부하세요.

쓰기가 문해력이다

쓰기는 자기 생각을 표현하는 미래 역량입니다.
서술형, 논술형 평가의 비중은 점점 커지고 있습니다.
객관식과 단답형만으로는 아이들의 생각과 미래를 살펴볼 수 없기 때문입니다.
막막한 쓰기 공부. 이제 단어와 문장부터 하나씩 써 보며 차근차근 학습하는
〈쓰기가 문해력이다〉와 함께 쓰기 지구력을 키워 보세요.

ERI 독해가 문해력이다

독해를 잘하려면 체계적이고 객관적인 단계별 공부가 필수입니다.
기계적으로 읽고 문제만 푸는 독해 학습은 체격만 키우고 체력은 미달인 아이를 만듭니다.
〈ERI 독해가 문해력이다〉는 특허받은 독해 지수 산출 프로그램을 적용하여 글의 난이도를
체계화하였습니다.
단어 · 문장 · 배경지식 수준에 따라 설계된 단계별 독해 학습을 시작하세요.

배경지식이 문해력이다

배경지식은 문해력의 중요한 뿌리입니다.
하루 두 장, 교과서의 핵심 개념을 글과 재미있는 삽화로 익히고 한눈에 정리할 수 있습니다.
시간이 부족하여 다양한 책을 읽지 못하더라도 교과서의 중요 지식만큼은 놓치지 않도록
〈배경지식이 문해력이다〉로 학습하세요.

디지털독해가 문해력이다

디지털독해력은 다양한 디지털 매체 속 정보를 읽어 내는 힘입니다.
아이들이 접하는 디지털 매체는 매일 수많은 정보를 만들어 내기 때문에
디지털 매체의 정보를 판단하는 문해력은 현대 사회의 필수 능력입니다.
〈디지털독해가 문해력이다〉로 교과서 내용을 중심으로 디지털 매체 속 정보를 확인하고
다양한 과제를 해결해 보세요.

이 책의 구성과 특징

1

교과서 어휘 국어/사회·역사/수학/과학

한자 어휘, 영문법 어휘

교과목·단원별로 교과서 속 중요 개념 어휘와
관련 어휘로 교과 어휘 강화!

중학 교육용 필수 한자, 연관 한자어로 한자 어휘 강화!
중학 영문법 필수 어휘로 영어 독해 강화!

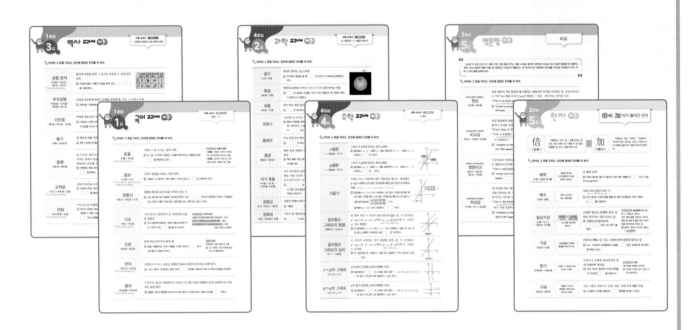

● 모든 출판사의 교과서 속 핵심 어휘를 엄선하여 교과목 특성에 맞게 뜻과 예문을 이해하기 쉽게 제시했어요.
● 어휘를 이해하는 데 도움이 되는 그림 및 사진 자료를 제시했어요.
● 대표 한자 어휘와 연관된 한자 성어, 영문법 필수 어휘에 적합한 예문을 제시했어요.

2

확인 문제

교과서(국어/사회·역사/수학/과학) 어휘, 한자 어휘, 영문법
어휘 학습을 점검할 수 있는 다양한 유형의 확인 문제 수록!

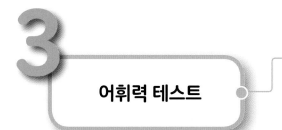

3 어휘력 테스트

한 주 동안 학습한 교과서 어휘, 한자 어휘, 영문법 어휘를
종합적으로 점검할 수 있는 어휘력 테스트 수록!

다양한 유형의
어휘 문제로
한 주 마무리!

찾아보기

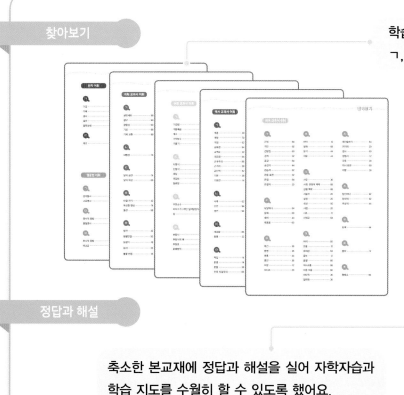

학습한 어휘를 찾아보기 쉽게 교과목별
ㄱ, ㄴ, ㄷ, … 순서로 정리했어요.

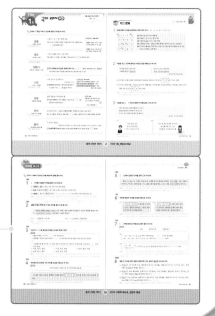

정답과 해설

축소한 본교재에 정답과 해설을 실어 자학자습과
학습 지도를 수월히 할 수 있도록 했어요.

교과서 연계 목록

✎ 『어휘가 문해력이다』에 수록된 모든 어휘는 중학 2학년 1학기 국어, 역사, 수학, 과학 교과서에 실려 있습니다.

✎ 교과서 연계 목록을 살펴보면 과목별 교과서의 단원명에 따라 학습할 교재의 쪽을 한눈에 파악할 수 있습니다.

✎ 교과서 진도 순서에 맞춰 교재에서 해당하는 학습 회를 찾아 효율적으로 공부해 보세요!

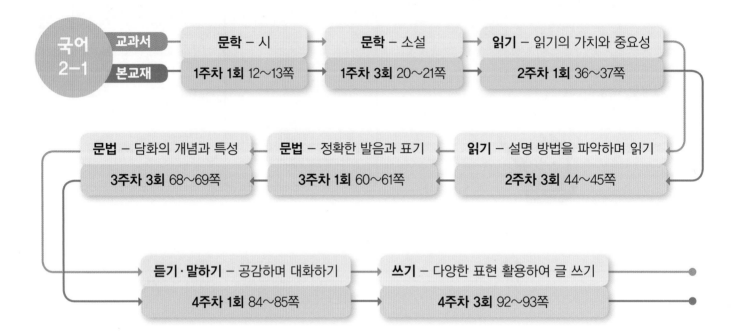

국어 2-1

교과서 / 본교재

문학 – 시	문학 – 소설	읽기 – 읽기의 가치와 중요성
1주차 1회 12~13쪽	1주차 3회 20~21쪽	2주차 1회 36~37쪽

문법 – 담화의 개념과 특성	문법 – 정확한 발음과 표기	읽기 – 설명 방법을 파악하며 읽기
3주차 3회 68~69쪽	3주차 1회 60~61쪽	2주차 3회 44~45쪽

듣기·말하기 – 공감하며 대화하기	쓰기 – 다양한 표현 활용하여 글 쓰기
4주차 1회 84~85쪽	4주차 3회 92~93쪽

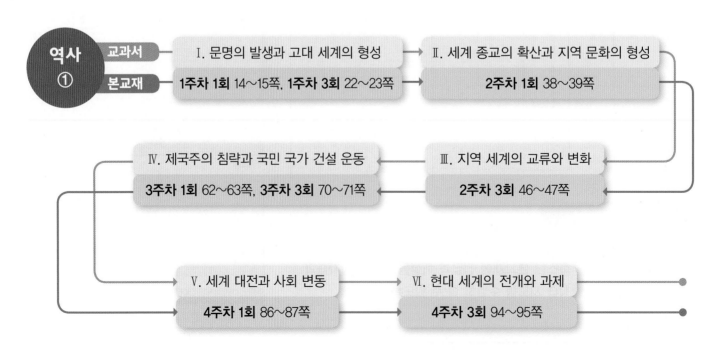

역사 ①

교과서 / 본교재

Ⅰ. 문명의 발생과 고대 세계의 형성	Ⅱ. 세계 종교의 확산과 지역 문화의 형성
1주차 1회 14~15쪽, 1주차 3회 22~23쪽	2주차 1회 38~39쪽

Ⅳ. 제국주의 침략과 국민 국가 건설 운동	Ⅲ. 지역 세계의 교류와 변화
3주차 1회 62~63쪽, 3주차 3회 70~71쪽	2주차 3회 46~47쪽

Ⅴ. 세계 대전과 사회 변동	Ⅵ. 현대 세계의 전개와 과제
4주차 1회 86~87쪽	4주차 3회 94~95쪽

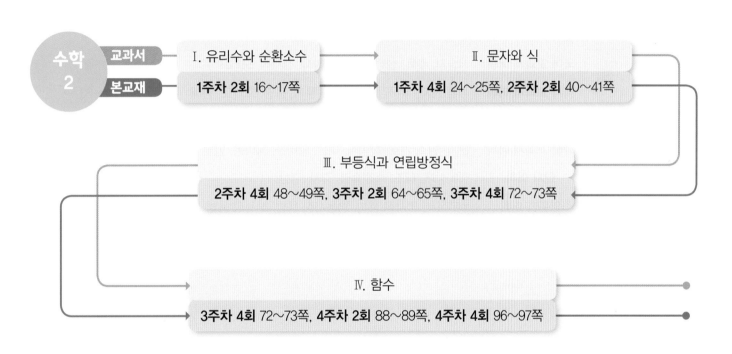

수학 2

교과서 / 본교재

Ⅰ. 유리수와 순환소수
1주차 2회 16~17쪽

Ⅱ. 문자와 식
1주차 4회 24~25쪽, 2주차 2회 40~41쪽

Ⅲ. 부등식과 연립방정식
2주차 4회 48~49쪽, 3주차 2회 64~65쪽, 3주차 4회 72~73쪽

Ⅳ. 함수
3주차 4회 72~73쪽, 4주차 2회 88~89쪽, 4주차 4회 96~97쪽

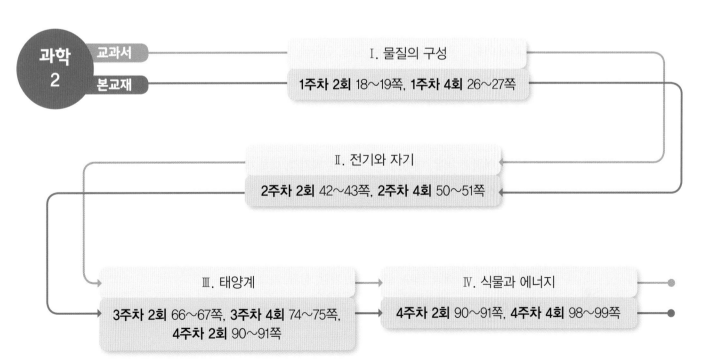

과학 2

교과서 / 본교재

Ⅰ. 물질의 구성
1주차 2회 18~19쪽, 1주차 4회 26~27쪽

Ⅱ. 전기와 자기
2주차 2회 42~43쪽, 2주차 4회 50~51쪽

Ⅲ. 태양계
3주차 2회 66~67쪽, 3주차 4회 74~75쪽, 4주차 2회 90~91쪽

Ⅳ. 식물과 에너지
4주차 2회 90~91쪽, 4주차 4회 98~99쪽

이 책의 차례

1주차 어휘 미리 보기

한 주 동안 공부할 어휘들이야. 쏙 한번 훑어볼까?

1회 학습 계획일 ◯월 ◯일

국어 교과서 어휘	역사 교과서 어휘
운율	사료
음보	기원전
정형시	빙하기
시조	막집
모방	풍습
반어	혁명
풍자	문명

2회 학습 계획일 ◯월 ◯일

수학 교과서 어휘	과학 교과서 어휘
유한소수	원소
무한소수	불꽃 반응
순환소수	분광기
순환마디	스펙트럼
기약분수	전하
	입자
	원자

3회 학습 계획일 ◯월 ◯일

국어 교과서 어휘	역사 교과서 어휘
서술자	상형 문자
주목	부국강병
설정	이민족
시점	봉기
관찰자	동맹
전지적	교역로
모티프	전매

4회 학습 계획일 ◯월 ◯일

수학 교과서 어휘	과학 교과서 어휘
거듭제곱	분자
밑	원소 기호
지수	화학식
지수법칙	이온
단항식	양이온
계수	음이온
	앙금

5회 학습 계획일 ◯월 ◯일

한자 어휘	영문법 어휘
괄목상대	to부정사
대조	명사적 용법
속전속결	형용사적 용법
결사	부사적 용법
결산	

어휘력 테스트

2주차 어휘 학습으로 가 보자!

국어 교과서 어휘

✏️ 단어와 그 뜻을 익히고, 빈칸에 알맞은 단어를 써 보자.

운율

운 韻 + 가락 律

🖑 '律'의 대표 뜻은 '법칙'임.

시에서 느낄 수 있는 말의 가락.

예 이 시는 각 연마다 똑같은 시어를 반복적으로 사용함으로써 ☐☐을 형성하고 있다.

플러스 개념어 **운율의 종류**
- **외형률**: 일정한 규칙이 반복되며 시의 표면에 드러나는 운율.
- **내재율**: 겉으로 드러나지 않고 숨은 상태로 깃들어 있는 운율.

음보

소리 音 + 보 步

🖑 '步'의 대표 뜻은 '걸음'임. 여기서 '보'는 발걸음을 세는 단위를 뜻함.

시에서 운율을 이루는 기본 단위.

예 '오늘도∨다 새거다∨호미 메고∨가쟈스라'는 4☐☐로 이루어져 있다.

정형시

정할 定 + 모형 型 + 시 詩

정해진 형식과 규칙 등을 지켜서 지은 시.

예 시는 형식에 따라 일정한 형식에 맞추어 쓰는 ☐☐☐, 형식적 제약에서 벗어나 자유롭게 쓰는 자유시, 행의 구분 없이 산문처럼 쓰는 산문시로 나눌 수 있다.

시조

때 時 + 가락 調

🖑 '調'의 대표 뜻은 '고르다'임.

고려 말부터 발달하여 온 우리나라 고유의 정형시.

예 우리 할아버지께서는 기분이 좋으실 때면 우리 고유의 시인 ☐☐를 읊고는 하신다.

플러스 개념어 **시조의 형식**
오늘도 다 새거다 호미 메고 가쟈스라 – 초장
내 논 다 매거든 네 논 좀 매어 주마 – 중장
올 길에 뽕 따다가 누에 먹여 보쟈스라 – 종장
　　　　　　　　　 – 정철, 「훈민가」 중에서

모방

본뜰 模 + 본뜰 倣

남의 것을 본뜨거나 흉내 냄.

예 예술 작품에서는 남의 작품을 그대로 본뜨는 ☐☐보다 창조를 더 소중히 여긴다.

반의어 **창조**
전에 없던 것을 처음으로 만듦.
예 그는 새로운 시의 형식을 창조하는 데 열중하였다.

반어

반대로 反 + 말씀 語

🖑 '反'의 대표 뜻은 '돌이키다'임.

표현하고자 하는 내용을 실제와 반대로 말하여 강조하는 표현 방식.

예 그는 나에게, "참 빨리도 왔네."라며 ☐☐ 표현을 사용하여 약속 시간에 늦었음을 강조했다.

풍자

풍자할 諷 + 비난할 刺

🖑 '刺'의 대표 뜻은 '찌르다'임.

부정적인 대상을 과장하거나 비꼬아 우스꽝스럽게 표현함으로써 간접적으로 비판하는 표현 방식.

예 탈춤은 양반의 행동을 비꼬아 우스꽝스럽게 나타냄으로써 그들의 위선을 ☐☐하였다.

확인 문제

1 뜻에 알맞은 단어를 글자판에서 찾아 묶어 보자.(단어는 가로, 세로, 대각선 방향에서 찾기)

풍	시	운	모
정	자	어	방
형	반	음	보
어	운	율	자

❶ 남의 것을 본뜨거나 흉내 냄.
❷ 시에서 느낄 수 있는 말의 가락.
❸ 시에서 운율을 이루는 기본 단위.
❹ 표현하고자 하는 내용을 실제와 반대로 말하여 강조하는 표현 방식.
❺ 부정적인 대상을 과장하거나 비꼬아 우스꽝스럽게 표현함으로써 간접적으로 비판하는 표현 방식.

2 다음을 읽고, 빈칸에 들어갈 단어를 초성을 바탕으로 써 보자.

먼 훗날 당신이 찾으시면
그때에 내 말이 '잊었노라'

당신이 속으로 나무라면
'무척 그리다가 잊었노라'

– 김소월, 「먼 후일」 중에서

(1) 이 시는 한 행이 자연스럽게 3개의 덩어리로 읽히므로 3음보의 ㅇ ㅇ 을 가지고 있다.

(2) 이 시는 임에 대한 그리움을 강조하기 위해 밑줄 친 부분처럼 속마음과 반대로 나타내고 있는데 이러한 표현 방식을 ㅂ ㅇ 라고 한다.

3 다음을 읽고, ( ) 안에서 알맞은 단어를 골라 ○표 해 보자.

작은 것이 높이 떠서 만물을 다 비추니
밤중의 광명이 너만 한 이 또 있느냐.
보고도 말 아니하니 내 벗인가 하노라.

– 윤선도, 「오우가」 중에서

(1)  「오우가」와 같은 우리 고유의 시를 (가요 , 시조)라고 해.

(2) 「오우가」처럼 일정한 규칙이나 형식에 맞춰 쓰는 시를 (정형시 , 자유시)라고 해.

역사 교과서 어휘

✏️ 단어와 그 뜻을 익히고, 빈칸에 알맞은 단어를 써 보자.

사료
역사 史 + 거리 料
🖐 '史'의 대표 뜻은 '사기', '料'의 대표 뜻은 '헤아리다'임.

역사 연구에 필요한 자료나 기록, 유물.

예 오래된 건물 아래서 조선 시대의 역사를 기록한 ▢▢가 발견되었다.

동음이의어 **사료**
• 사료(생각 思 + 헤아릴 料): 깊이 생각하여 헤아림.
예 지금 입장을 분명히 밝히지 않으면 곤란해질 것으로 사료된다.
• 사료(기를 飼 + 거리 料): 가축에게 주는 먹을거리.
예 사료가 맛이 없는지 소가 잘 먹지 않는다.

기원전
해 紀 + 으뜸 元 + 앞 前
🖐 '紀'의 대표 뜻은 '벼리'임.
'벼리'는 그물코를 꿴 굵은 줄, 또는 일이나 글의 뼈대가 되는 줄거리를 뜻함.

예수가 태어나기 이전.

예 중국에서는 황허강 주변의 기름진 땅을 중심으로 농경이 발달하면서 ▢▢▢ 2500년경부터 초기 국가가 나타났다.

빙하기
얼음 氷 + 물 河 + 기간 期
🖐 '期'의 대표 뜻은 '기약하다'임.

땅 표면이 많은 양의 빙하로 뒤덮여 있던 추운 시기.

예 지구는 빙하가 어는 ▢▢▢와 녹는 간빙기를 여러 번 겪었다.
기온이 오르면서 저위도 지방의 빙하가 녹아 없어진 비교적 따뜻한 시기

뜻을 더하는 말 '-기'
빙하 + [기] '기간', '시기'의 뜻을 더함.
예 • 초기: 처음 시기.
• 아동기: 6~13세의 시기.
• 사춘기: 육체적·정신적으로 성인이 되어 가는 시기.

막집
장막 幕 + 집

임시로 비바람을 겨우 막을 정도로 지은 집. 역사적으로는 구석기 시대에 나뭇가지와 가죽 등을 이용해 만든 집을 가리킴.

예 구석기인들은 자주 이동해야 해서 동굴이나 임시로 지은 ▢▢에서 생활하였다.

▲ 막집

풍습
풍속 風 + 습관 習
🖐 '風'의 대표 뜻은 '바람', '習'의 대표 뜻은 '익히다'임.

옛날부터 그 사회에 전해 오는 생활 전체에 걸친 습관.

예 민속촌에 가면 옛 조상들의 삶의 모습을 재현하고 있어서 우리의 전통 ▢▢을 엿볼 수 있다.

혁명
고칠 革 + 하늘의 뜻 命
🖐 '革'의 대표 뜻은 '가죽', '命'의 대표 뜻은 '목숨'임.

이전의 풍습이나 제도, 방식 등을 단번에 깨뜨리고 새로운 것을 급히 세우는 일.

예 신석기 시대에 농사를 짓고 정착 생활을 하면서 인류에게 큰 변화를 가져왔는데 이를 신석기 ▢▢이라고 한다.

문명
글월 文 + 밝을 明

인류가 만든 물질적, 기술적, 사회적인 발전.

예 메소포타미아에서 여러 도시 국가가 생겨나면서 인류 최초의 ▢▢이 시작되었다.

확인 문제

정답과 해설 ▶ 3쪽

1 뜻에 알맞은 단어를 빈칸에 써 보자.

❶			
❷			
			❸
		❹	

가로 열쇠
❷ 예수가 태어나기 이전.
❹ 인류가 만든 물질적, 기술적, 사회적인 발전.

세로 열쇠
❶ 땅 표면이 많은 양의 빙하로 뒤덮여 있던 추운 시기.
❸ 이전의 풍습이나 제도, 방식 등을 단번에 깨뜨리고 새로운 것을 급히 세우는 일.

2 밑줄 친 단어가 보기 의 뜻으로 쓰인 것을 골라 ○표 해 보자.

보기
사료: 역사 연구에 필요한 자료나 기록, 유물.

(1) 나는 길고양이에게 매일 사료를 챙겨 주고 있다. (   )

(2) 이곳을 통행하는 사람들의 안전을 위해 육교를 설치해야 한다고 사료된다. (   )

(3) 어제 경주에서 발견된 문화재는 신라 시대의 생활상을 보여 주는 중요한 사료이다. (   )

3 밑줄 친 단어의 '기'가 보기 의 '–기'와 다른 뜻으로 사용된 것은? (   )

보기
인류는 불을 사용하여 빙하기에도 추위를 견딜 수 있게 되었다.

① 환절기에는 감기가 걸리기 쉽다.
② 이 토기는 신석기 시대를 특징짓는 유물이다.
③ 조선 초기에는 문화와 과학 기술이 발달하였다.
④ 이 나라를 여행하려면 우기를 피하는 것이 좋다.
⑤ 인생에서 청년기는 마음과 몸의 조화된 균형이 가장 요구되는 시기이다.

4 (   ) 안에 들어갈 단어를 보기 에서 찾아 써 보자.

보기
막집   풍습   혁명

(1) 불의 발견은 인류의 진화 속도를 높인 (   )과도 같은 사건이었다.

(2) 박물관에 구석기 시대의 임시 주거 시설인 (   ) 모형이 전시되어 있다.

(3) 우리 시에서는 지역 고유의 (   )을 보존하기 위해 다양한 행사를 하고 있다.

✏️ 단어와 그 뜻을 익히고, 빈칸에 알맞은 단어를 써 보자.

유한소수 있을 有 + 끝 限 + 작을 小 + 셈 數 👆'限'의 대표 뜻은 '한하다'임. '한하다'는 '어떤 조건, 범위에 제한되다.'라는 뜻임.	소수점 아래의 0이 아닌 숫자가 유한 번 나타나는 끝이 있는 소수. 예 소수점 아래의 자릿수가 길더라도 언젠가 끝이 나는 소수는 ☐☐☐ 이다.

반의어 **무한**

유한 (有限)	수(數), 양(量), 공간, 시간 따위에 일정한 한도나 한계가 있음.
↕ 반의어	
무한 (無限)	수(數), 양(量), 공간, 시간 따위에 일정한 한도나 한계가 없음.

무한소수 없을 無 + 끝 限 + 작을 小 + 셈 數	소수점 아래의 0이 아닌 숫자가 무한 번 나타나는 끝이 없는 소수. 예 소수점 아래의 자릿수가 무한히 이어진다면 그 소수는 ☐☐☐ 이다.

순환소수 돌 循 + 고리 環 + 작을 小 + 셈 數	무한소수 중에서 소수점 아래의 어떤 자리에서부터 일정한 숫자의 배열이 한없이 되풀이되는 무한소수. 예 소수점 아래의 수가 일정한 규칙으로 무한히 되풀이되는 무한소수 1.454545…가 ☐☐☐☐ 이다.

순환마디 돌 循 + 고리 環 + 마디	순환소수의 소수점 아래에서 일정한 숫자의 배열이 되풀이되는 한 부분. 예 순환소수 0.3444…에서 ☐☐☐☐ 는 4이다.

플러스 개념어 **순환마디의 표현**
순환소수에서 순환마디는 양 끝 숫자 위에 점을 찍어 나타냄.
- 순환마디의 숫자가 2개
  $0.323232\cdots \Rightarrow 0.\dot{3}\dot{2}$
- 순환마디의 숫자가 3개
  $0.321321321\cdots \Rightarrow 0.\dot{3}2\dot{1}$

기약분수 이미 既 + 나눗셈할 約 + 나눌 分 + 셈 數 👆'約'의 대표 뜻은 '맺다'임.	분모와 분자의 공약수가 1뿐이어서 더 이상 약분되지 않는 분수. 예 $\frac{3 \div 3}{12 \div 3} = \frac{1}{4}$과 같이 분모와 분자의 공약수가 1뿐인 분수 $\frac{1}{4}$을 ☐☐☐☐ 라고 한다.

확인 문제

1 뜻에 알맞은 단어를 빈칸에 써 보자.

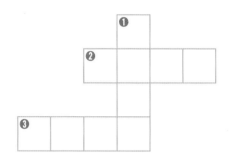

가로 열쇠 ❷ 소수점 아래의 0이 아닌 숫자가 무한 번 나타나는 끝이 없는 소수.

❸ 소수점 아래의 어떤 자리에서부터 일정한 숫자의 배열이 한없이 되풀이되는 무한소수.

세로 열쇠 ❶ 소수점 아래의 0이 아닌 숫자가 유한 번 나타나는 끝이 있는 소수.

2 ( ) 안에 들어갈 단어를 보기에서 찾아 써 보자.

보기

기약분수   유한소수   무한소수   순환마디

(1) 분모와 분자의 공약수가 1뿐이어서 더 이상 약분이 되지 않는 $\frac{3}{5}$은 (   )이다.

(2) 소수점 아래의 0이 아닌 숫자가 무한히 이어지는 소수 1.323435…는 (   )이다.

(3) 소수점 아래의 자릿수가 길더라도 언젠가 끝이 나는 소수 3.732109242431은 (   )이다.

(4) 순환소수 2.151515…에서 숫자의 배열이 한없이 되풀이되는 가장 짧은 한 부분인 (   )는 15이다.

3 친구들의 설명이 맞으면 ○표, 맞지 않으면 ✕표 해 보자.

(1) 1.666…은 유한소수야.

(   )

(2) 2.535353…의 순환마디는 53이야.

(   )

(3) $\frac{3}{15}$은 기약분수야.

(   )

과학 교과서 어휘

✏️ 단어와 그 뜻을 익히고, 빈칸에 알맞은 단어를 써 보자.

원소 근원 元 + 바탕 素	물질을 이루는 기본 성분. 예 수소, 산소와 같이 더 이상 다른 물질로 분해할 수 없는 한 종류의 성분으로만 이루어져 있는 것이 [　　] 이다.
불꽃 반응 불꽃 + 돌이킬 反 + 응할 應	금속 원소가 포함된 물질을 겉불꽃에 넣었을 때 원소의 종류에 따라 특정한 불꽃색이 나타나는 반응. <small>가장 바깥 부분의 불꽃</small> 예 질산 나트륨과 염화 나트륨은 서로 다른 물질이지만 둘 다 나트륨을 포함하므로 [　　] [　　] 색이 모두 노란색이다.

플러스 개념어 파장
빛은 물결처럼 출렁거리면서 앞으로 뻗어 나가는데, 이때 한 번 출렁거리는 길이를 '파장'이라고 함.

분광기 나눌 分 + 빛 光 + 그릇 器	빛을 파장에 따라 분리하여 관찰하는 장치. 예 햇빛을 [　　] 로 관찰하면 여러 가지 색의 띠를 볼 수 있다.

플러스 개념어 스펙트럼의 종류
• **연속 스펙트럼**: 어떤 파장 범위에 연속적으로 나타나는 스펙트럼.

• **선 스펙트럼**: 하나 또는 몇 개의 특정한 파장만 포함하는 빛의 스펙트럼.

스펙트럼	빛의 성분을 파장의 순서로 나열한 것. 예 빛을 파장에 따라 분광기에 통과시키면 여러 가지 색의 띠가 나타나는데 이를 [　　] 이라고 한다.

플러스 개념어 전하량
전하의 양으로, 양의 전하량은 (+)부호를, 음의 전하량은 (-)부호를 붙임.

전하 전기 電 + 짊어질 荷	전기 현상을 일으키는 원인으로, 물체가 띠고 있는 정전기의 양. 예 정전기나 전류 등의 전기 현상은 [　　] 에 의해 일어난다.
입자 낱알 粒 + 아들 子 <small>'子'의 대표 뜻은 '아들'이지만 여기에서는 '크기가 매우 작은 요소'라는 뜻을 더하는 말로 사용됨.</small>	물질을 구성하는 아주 작은 크기의 물체. 소립자, 원자, 분자 등을 일컬음. 예 분자는 더 작은 [　　] 인 원자로 쪼개질 수 있다.

플러스 개념어
• **원자핵**: 원자의 중심에 있는 입자로 양전하를 띰.
• **전자**: 원자핵 주위를 도는 입자로 음전하를 띰.

원자 근원 原 + 아들 子	물질을 구성하는 기본 입자. 예 [　　] 는 (+)전하를 띠는 원자핵과 (-)전하를 띠는 전자로 이루어져 있다.

원자핵
전자
▲ 원자의 구조

1 뜻에 알맞은 단어를 글자판에서 찾아 묶어 보자.(단어는 가로, 세로, 대각선 방향에서 찾기)

전	자	스	전	하
원	정	펙	섭	주
반	소	트	외	분
응	본	럼	광	권
자	형	기	부	문

❶ 물질을 이루는 기본 성분.
❷ 물체가 띠고 있는 정전기의 양.
❸ 빛의 성분을 파장의 순서로 나열한 것.
❹ 빛을 파장에 따라 분리하여 관찰하는 장치.

2 단어의 뜻을 찾아 선으로 이어 보자.

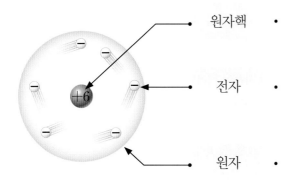

원자핵 •

전자 •

원자 •

• 물질을 구성하는 기본 입자.

• 음전하를 띠면서 원자핵의 주위를 도는 것.

• 양전하를 띠면서 원자의 중심에 있는 것.

3 ( ) 안에 들어갈 단어를 보기 에서 찾아 써 보자.

보기

불꽃 반응   원소   스펙트럼   분광기

(1) 물은 수소와 산소로 분해되므로 물질을 이루는 기본 성분인 (   )이/가 아니다.

(2) 햇빛을 파장에 따라 분리하는 장치인 (   )(으)로 관찰하면 색의 띠가 연속적으로 나타나는 연속 (   )을/를 볼 수 있다.

(3) 금속 원소에 불을 붙이면 나트륨은 노란색, 리튬은 빨간색이 나타나는데 이러한 (   )을/를 통해 일부 금속 원소를 구별할 수 있다.

✏️ 단어와 그 뜻을 익히고, 빈칸에 알맞은 단어를 써 보자.

서술자 펼 敍 + 펼 述 + 사람 者	소설에서 독자에게 이야기를 전달해 주는 사람. 예 소설 「사랑방 손님과 어머니」는 어린아이를 [ㅤ]로 내세워 어른들의 사랑 이야기를 순수하게 그려 냈다.

> **플러스 개념어** 서술
> 사건 또는 생각 등을 차례대로 말하거나 적음.

주목 모을 注 + 눈 目 👆'注'의 대표 뜻은 '붓다'임.	관심을 가지고 주의 깊게 살핌. 또는 그 시선. 예 소설의 주제나 분위기를 잘 이해하려면 서술자가 등장인물이나 사건을 바라보는 태도에 [ㅤ]하여 소설을 감상해야 한다.

설정 세울 設 + 정할 定 👆'設'의 대표 뜻은 '베풀다'임.	어떤 내용을 마련하여 정함. 또는 새로 만들어 정해 둠. 예 이 소설은 각 사건마다 주인공을 다르게 [ㅤ]하여 여러 각도에서 사건을 추리하는 재미가 있다.

시점 볼 視 + 측면 點 👆'點'의 대표 뜻은 '점'임.	소설에서 인물이나 사건을 바라보며 서술하여 나가는 방식이나 태도, 관점. <small>사물이나 현상을 관찰할 때, 그 사람이 보고 생각하는 태도나 방향</small> 예 이 소설은 주인공인 '나'의 [ㅤ]에서 사건이 전개되고 있어 주인공의 복잡한 심리가 잘 나타나 있다.

> **플러스 개념어** 시점의 종류
> • 서술자가 작품 안에 위치하는 경우

1인칭 주인공 시점	주인공인 '나'가 자신의 이야기를 함.
1인칭 관찰자 시점	주변 인물인 '나'가 주인공의 이야기를 함.

관찰자 볼 觀 + 살필 察 + 사람 者	사물의 움직임이나 상태 등을 주의 깊게 살펴보는 사람. 예 이 소설에서 '그'라는 인물은 사건을 관찰하여 말해 주는 [ㅤ]의 역할을 하고 있다.

> • 서술자가 작품 밖에 위치하는 경우

3인칭 관찰자 시점	서술자가 인물의 행동을 통해 성격, 심리를 간접적으로 제시함.
3인칭 전지적 시점	서술자가 사건이나 인물의 마음을 다 알고 직접 제시함.

전지적 온전할 全 + 알 知 + ~한 상태로 되는 的 👆'的'의 대표 뜻은 '과녁'임.	사물과 현상의 모든 것을 다 아는 것. 예 3인칭 [ㅤ] 시점의 소설에서는 독자가 등장인물의 성격이나 내면을 속속들이 들여다볼 수 있다.

모티프	예술 작품에서 창작을 하는 동기가 되는 중심적 제재나 생각. 예 이 소설에 등장하는 여러 가지 사건들은 뉴스에 보도된 실제 사건에서 [ㅤ]를 얻은 것이라고 한다.

확인 문제

정답과 해설 ▶ 6쪽

1 뜻에 알맞은 단어가 되도록 보기의 글자를 조합해 써 보자.

보기

| 주 | 관 | 정 | 자 | 전 | 지 | 목 | 적 | 설 | 찰 |

(1) 관심을 가지고 주의 깊게 살핌. 또는 그 시선. → ☐☐

(2) 사물과 현상의 모든 것을 다 아는. 또는 그런 것. → ☐☐☐

(3) 어떤 내용을 마련하여 정함. 또는 새로 만들어 정해 둠. → ☐☐

(4) 사물의 움직임이나 상태 등을 주의 깊게 살펴보는 사람. → ☐☐☐

2 (   ) 안에 들어갈 단어를 보기에서 찾아 써 보자.

보기

| 관점 | 전달 | 모티프 | 독자 |

(1) **서술자**: 소설에서 (   )에게 이야기를 (   )해 주는 사람.

(2) (   ): 예술 작품에서 창작을 하는 동기가 되는 중심적 제재나 생각.

(3) **시점**: 소설에서 인물이나 사건을 바라보며 서술하여 나가는 방식이나 태도, (   ).

3 다음을 읽고, 빈칸에 들어갈 단어를 초성을 바탕으로 써 보자.

책상 서랍을 열어 보았을 때 문기는 또 좀 놀랐다. 서랍 속에 깊숙이 간직해 둔 쌍안경이 보이질 않는다. 그것뿐이 아니다. 서랍 안이 뒤죽박죽이고 누가 손을 댔음이 분명하다.
'인제 얼마 안 있으면 작은아버지가 회사에서 돌아오시겠지. 그리고 필시 일은 나고 말리라.'
문기는 책상 앞에 돌아앉아 책을 펴 들었다. 그러나 눈은 아물아물 가슴은 두근두근 도시 글이 읽히질 않는다.   – 현덕, 「하늘은 맑건만」 중에서

(1)

이 소설에서 이야기를 전달해 주는 ☐ㅅ ㅅ ㅈ☐는 작품의 밖에 위치해 있어.

(2)

이 소설은 서술자가 인물의 마음속 생각과 심리를 다 알고 이야기해 주고 있으니 3인칭 ☐ㅈ ㅈ ㅈ☐ 시점임을 알 수 있어.

✏️ 단어와 그 뜻을 익히고, 빈칸에 알맞은 단어를 써 보자.

상형 문자
모양 象 + 모양 形 +
글월 文 + 글자 字
👆'象'의 대표 뜻은 '코끼리'임.

물건의 모양을 본떠 그 물건을 떠올릴 수 있게 만든 글자.

예 이집트인들은 사물의 모양을 본떠 만든 [ ][ ]를 사용하였다.

	수메르 문자	이집트 문자	히타이트 문자	고대 한자
사람	B	🧍	🐟	𠂊
소	∀	🐂	🐟	♈

부국강병
부유할 富 + 나라 國 +
강할 強 + 병사 兵

나라를 부유하게 만들고 군대를 강하게 함. 또는 그 나라나 군대.

예 아테네는 지중해에서 무역을 하여 부를 쌓고 세력을 확장하면서 [ ][ ][ ]에 힘썼다.

이민족
다를 異 + 백성 民 + 겨레 族

언어와 풍습 등이 서로 다른 민족.

예 이집트는 사막과 바다로 둘러싸인 지형 덕분에 [ ][ ]의 침입을 비교적 적게 받았다.

플러스 개념어 동족
같은 겨레.
예 6·25 전쟁은 동족 간의 전쟁이어서 더 안타까운 비극이었다.

봉기
벌 蜂 + 일어날 起

벌 떼처럼 떼를 지어 드세게 일어남.

예 후한 시대에 관리들의 횡포가 극심해지자 농민들이 [ ]를 일으켰다.

동맹
같을 同 + 맹세 盟

둘 이상의 개인이나 단체, 국가가 자신의 이익이나 목적을 위하여 동일하게 행동하기로 맹세하여 맺는 약속이나 조직체. 또는 그런 관계를 맺음.

예 아테네는 페르시아의 침입에 대비하기 위해 주변 나라들과 [ ][ ]을 맺었다.

플러스 개념어 연맹
같은 목적을 가진 단체 또는 국가가 서로 돕고 행동을 함께 할 것을 약속함. 또는 그런 조직 단체.

교역로
서로 交 + 바꿀 易 + 길 路
👆'交'의 대표 뜻은 '사귀다'임.

상인이 물건을 사고팔기 위해 지나다니는 길.

예 마케도니아는 페르시아를 정복한 뒤 인더스강에 진출하여 인도에서 지중해에 이르는 동서 [ ][ ][ ]를 열었다.

전매
독차지할 專 + 팔 賣
👆'專'의 대표 뜻은 '오로지'임.

어떤 물건을 독점하여 파는 일.

예 한나라 무제는 계속된 전쟁으로 재정이 어려워지자 문제를 해결하기 위해 소금과 철의 개인 거래를 금지하고 국가가 [ ][ ]하는 정책을 펼쳤다.

플러스 개념어 독점
개인이나 한 단체가 생산과 시장을 지배하여 이익을 모두 차지함. 또는 그런 경제 현상.

확인 문제

1 뜻에 알맞은 단어를 글자판에서 찾아 묶어 보자.(단어는 가로, 세로, 대각선 방향에서 찾기)

문	부	봉	기	자
형	국	연	이	동
매	강	매	맹	로
척	병	쟁	교	문
상	역	이	민	족

❶ 언어와 풍습 등이 서로 다른 민족.

❷ 벌 떼처럼 떼를 지어 드세게 일어남.

❸ 나라를 부유하게 만들고 군대를 강하게 함. 또는 그 나라나 군대.

❹ 둘 이상의 개인이나 단체, 국가가 자신의 이익이나 목적을 위하여 동일하게 행동하기로 맹세하여 맺는 약속이나 조직체. 또는 그런 관계를 맺음.

2 ( ) 안에서 알맞은 단어를 골라 ○표 해 보자.

(1) 전매: 어떤 물건을 (선점 , 독점)하여 파는 일.

(2) (교역로 , 교차로): 상인이 물건을 사고팔기 위해 지나다니는 길.

3 빈칸에 들어갈 단어를 초성을 바탕으로 써 보자.

(1) 로마 제국이 군사적·경제적으로 쇠퇴하자 주변의 | ㅇ | ㅁ | ㅈ |이 국경을 넘어 침입해 왔다.

(2) 1902년 영국과 일본은 러시아의 공격이나 방어에 대하여 서로 돕는 군사 | ㄷ | ㅁ |을 맺었다.

4 ( ) 안에 들어갈 단어를 보기 에서 찾아 써 보자.

보기

봉기   부국강병   상형 문자

(1) 한자 '日(일)'은 해의 모양을 본떠 만든 ( )이다.

(2) 백제는 찬란한 문화와 막강한 군사력으로 ( )을/를 이루어 삼국 중 가장 먼저 한강 유역을 차지하였다.

(3) 전쟁으로 생활이 어려워진 러시아의 노동자들은 식량 배급과 전쟁 중지를 요구하며 ( ) 을/를 일으켰다.

수학 교과서 어휘

✏️ 단어와 그 뜻을 익히고, 빈칸에 알맞은 단어를 써 보자.

거듭제곱	같은 수나 문자를 거듭해서 곱한 것을 간단히 나타낸 것. 예 $2 \times 2 = 2^2$ (2의 제곱), $2 \times 2 \times 2 = 2^3$ (2의 세제곱), $2 \times 2 \times 2 \times 2 = 2^4$ (2의 네제곱)처럼 같은 수 2를 거듭해서 곱한 것을 간단히 나타낸 것을 ⬚⬚⬚⬚ 이라고 한다.
밑	거듭제곱에서 여러 번 곱한 수나 문자. 예 $3 \times 3 \times 3 \times 3 = 3^4$에서 ⬚ 은 3이다.
지수 가리킬 指 + 셈 數	어떤 수나 문자의 오른쪽 위에 쓰여 그 거듭제곱을 한 횟수를 나타내는 문자나 숫자. 예 $3 \times 3 \times 3 \times 3 = 3^4$에서 3이 몇 번 곱해져 있는지 횟수를 가리키는 수 4를 ⬚⬚ 라고 한다. **다의어 지수** (경제) 물가나 임금 따위와 같이, 해마다 변화하는 사항을 알기 쉽도록 보이기 위해 어느 해의 수량을 기준으로 잡아 100으로 하고, 그것에 대한 다른 해의 수량을 비율로 나타낸 수치. 예 경기 지수, 물가 지수, 임금 지수
지수법칙 가리킬 指 + 셈 數 + 법 法 + 법칙 則	같은 문자나 수의 거듭제곱의 곱셈, 나눗셈을 지수의 덧셈, 뺄셈으로 계산할 수 있는 법칙. 예 밑이 같은 거듭제곱의 곱셈에서 $5^2 \times 5^3 = (5 \times 5) \times (5 \times 5 \times 5) = 5^{2+3} = 5^5$이므로 지수의 덧셈으로 계산하는 것을 ⬚⬚⬚⬚ 이라고 한다. 지수끼리의 합 $a^2 \times a^3 = a^{2+3}$ · 지수끼리의 곱 $(a^2)^3 = a^{2 \times 3}$ · 지수끼리의 차 $a^5 \div a^3 = a^{5-3}$ · $a^3 \div a^5 = \dfrac{1}{a^{5-3}}$ 지수끼리의 차
단항식 하나 單 + 항목 項 + 법 式	하나의 항으로 이루어진 식. 수와 문자의 곱으로만 이루어짐. 예 $12x^2y$와 같이 수와 문자의 곱으로 된 하나의 항으로 이루어진 식이 ⬚⬚⬚ 이다.
계수 맬 係 + 셈 數	단항식 또는 다항식에서 지목된 변수 이외의 부분. 예 $4x^2$과 같이 수와 문자의 곱으로 이루어진 항에서 문자에 곱해진 수 4가 x^2의 ⬚⬚ 이다. **플러스 개념어 상수, 변수** • 상수: 변하지 않고 항상 같은 값을 가지는 수. $4x^2$에서 4는 상수이면서 x^2의 계수임. • 변수: 문자가 여러 값을 가질 때, 그 문자를 변수라 함. $4x^2$에서 x가 변수임.

확인 문제

1 뜻에 알맞은 단어가 되도록 보기 의 글자를 조합해 써 보자.(같은 글자가 여러 번 쓰일 수 있음.)

보기

| 곱 | 거 | 법 | 수 | 제 | 지 | 듭 | 칙 |

(1) 거듭제곱을 한 횟수를 나타내는 문자나 숫자. →

(2) 같은 수나 문자를 거듭해서 곱한 것을 간단히 나타낸 것. →

(3) 같은 문자나 수의 거듭제곱의 곱셈, 나눗셈을 지수의 덧셈, 뺄셈으로 계산할 수 있는 법칙.
→

2 ( ) 안에 들어갈 단어를 보기 에서 찾아 써 보자.

보기

상수   변수   계수

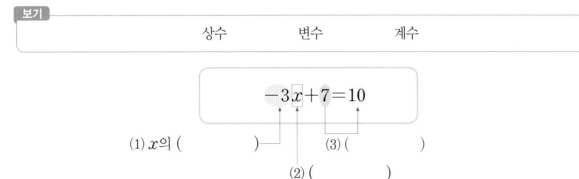

$$-3x + 7 = 10$$

(1) x의 ( )

(3) ( )

(2) ( )

3 ( ) 안에 들어갈 단어를 보기 에서 찾아 써 보자.

보기

거듭제곱   밑   단항식   지수

(1) 7^2, 7^3, 7^4, …과 같이 7을 거듭해서 곱한 것을 간단히 나타낸 것이 ( )이다.

(2) $-10a^3b^2c$와 같이 수와 문자의 곱으로 된 하나의 항으로 이루어진 식이 ( )이다.

(3) $4 \times 4 \times 4 \times 4 \times 4 = 4^5$에서 4가 ( )이고, 4가 몇 번 곱해져 있는지 횟수를 가리키는 수 5가 ( )이다.

✎ 단어와 그 뜻을 익히고, 빈칸에 알맞은 단어를 써 보자.

분자 나눌 分 + 아들 子	물질의 성질을 나타내는 가장 작은 입자. 일반적으로 2개 이상의 원자들이 결합하여 분자라는 새로운 물질을 만듦. 예 물 ☐☐는 수소 원자 2개와 산소 원자 1개로 이루어져 있다.
원소 기호 근본 元 + 바탕 素 + 기록할 記 + 부호 號	원소 이름 대신 나타낸 간단한 기호. 예 ☐☐☐로 헬륨은 He, 칼슘은 Ca로 나타낸다.
화학식 될 化 + 학문 學 + 법 式	원소 기호와 숫자를 이용하여 물질을 간단하게 나타낸 것. 예 질소(N) 원자 1개와 수소(H) 원자 3개로 이루어진 암모니아를 ☐☐☐으로 나타내면 NH_3이다. NH_3 N H H H 질소 수소 수소 수소
이온	전기적으로 중성인 원자가 전자를 잃거나 얻어 전하를 띠는 입자. 예 원자가 ☐☐이 될 때는 전자의 개수만 달라지고 원자핵의 전하량은 달라지지 않는다.
양이온 볕 陽 + 이온	원자가 전자를 잃어 (+)전하를 띠는 입자. 예 나트륨 원자가 전자 1개를 잃으면 양전하를 띠는 입자인 ☐☐☐이 된다. 원자 양이온 전자를 잃음.
음이온 응달 陰 + 이온	원자가 전자를 얻어 (−)전하를 띠는 입자. 예 산소 원자가 전자 2개를 얻으면 음전하를 띠는 입자인 ☐☐☐이 된다. 원자 음이온 전자를 얻음.
앙금	물에 녹지 않는 물질. 예 두 종류의 수용액을 섞었을 때, 수용액 속의 이온들이 반응하여 물에 녹지 않고 고체 상태로 가라앉는 물질인 ☐☐이 생긴다.

확인 문제

1 단어의 뜻을 보기 에서 찾아 사다리를 타고 내려간 곳에 기호를 써 보자.

보기

ㄱ 물에 녹지 않는 물질.

ㄴ 물질의 성질을 나타내는 가장 작은 입자.

ㄷ 원자가 전자를 잃거나 얻어 전하를 띠는 입자.

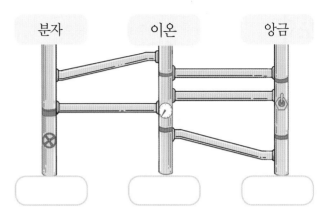

2 뜻에 알맞은 단어가 되도록 보기 의 글자를 조합해 써 보자.(같은 글자가 여러 번 쓰일 수 있음.)

보기

원 이 기 양 온 소 음 호

(1) 원자가 전자를 잃어 (+)전하를 띠는 입자. →

(2) 원자가 전자를 얻어 (−)전하를 띠는 입자. →

(3) 원소 이름 대신 나타낸 간단한 기호. →

3 ( ) 안에 들어갈 단어를 보기 에서 찾아 써 보자.

보기

분자   앙금   화학식

(1) 수소 원자 2개와 산소 원자 1개가 결합하면 물의 성질을 나타내는 물 ( )이/가 된다.

(2) 샘물에 들어 있는 탄산 이온은 칼슘 이온과 반응하여 물에 녹지 않는 흰색 ( )이/가 만들어진다.

(3) 탄소 원자 1개와 산소 원자 2개로 이루어진 이산화 탄소 분자를 원소 기호를 사용하여 나타낸 ( )은/는 CO_2이다.

한자 어휘

對(대), 決(결)이 들어간 단어

對
대할 대
'대(對)'는 주로 누군가를 마주한다는 데서 '대하다', '마주하다'라는 뜻으로 쓰여. '대(對)'가 '맞추어 보다'라는 뜻으로 쓰일 때도 있어.

決
결정할 결
'결(決)'은 주로 '결정하다'라는 뜻으로 쓰이고, '결심하다', '끝내다'라는 뜻으로 쓰일 때도 있어.

✏️ 단어와 그 뜻을 익히고, 빈칸에 알맞은 단어를 써 보자.

괄목상대
비빌 刮 + 눈 目 +
서로 相 + 대할 對
🖱 '刮'의 대표 뜻은 '긁다'임.

눈을 비비고 상대편을 본다는 뜻으로, 다른 사람의 지식이나 재주가 놀랄 만큼 늘었음을 이르는 말.
예 우리 회사는 세계 최초의 신기술을 개발하여 □□□□ 할 만한 성장을 이루었다.

`플러스 개념어` **일취월장**(날 日 + 나아갈 就 + 달 月 + 장수 將)
나날이 다달이 발전하거나 자람.
예 꾸준한 훈련으로 경기력이 일취월장하였다.

대조
맞추어 볼 對 + 비출 照

'대(對)'가 '맞추어 보다'라는 뜻으로 쓰였어.

둘 이상인 대상의 내용을 맞대어 같고 다름을 검토함.
예 장부에 적힌 금액이 맞지 않아 영수증과 장부를 □□ 해 보았다.

`다의어` **대조**
서로 달라서 대비가 됨.
예 그의 까만 얼굴과 흰 이가 선명한 대조를 보인다.

속전속결
빠를 速 + 싸움 戰 +
빠를 速 + 결정할 決

싸움을 오래 끌지 아니하고 빨리 몰아쳐 이기고 짐을 결정함.
예 두 선수의 실력 차가 커서 경기를 시작하자마자 □□□□로 승부가 났다.

`다의어` **속전속결**
어떤 일을 빨리 진행하여 결정함을 비유적으로 이르는 말.
예 시간이 없으니 자세한 설명은 생략하고 급한 문제부터 속전속결로 처리하자.

결사
결심할 決 + 죽을 死

'결(決)'이 '결심하다'라는 뜻으로 쓰였어.

죽기를 각오하고 있는 힘을 다할 것을 결심함.
예 독립군은 일제에 빼앗긴 나라를 되찾기 위해 □□ 투쟁을 벌였다.

결산
끝낼 決 + 계산 算

'결(決)'이 '끝내다'라는 뜻으로 쓰였어.

일정한 기간 동안의 수입과 지출을 마감하여 계산함.
예 이번 달 말까지 회사의 일 년 동안의 수입과 지출을 모두 □□ 하여 보고해야 한다.

확인 문제

1 뜻에 알맞은 단어를 빈칸에 써 보자.

❶			❷

가로 열쇠 ❶ 싸움을 오래 끌지 아니하고 빨리 몰아쳐 이기고 짐을 결정함.

세로 열쇠 ❷ 죽기를 각오하고 있는 힘을 다할 것을 결심함.

2 단어의 뜻을 찾아 선으로 이어 보자.

(1) 결산 •

(2) 대조 •

(3) 일취월장 •

(4) 괄목상대 •

• 나날이 다달이 발전하거나 자람.

• 둘 이상인 대상의 내용을 맞대어 같고 다름을 검토함.

• 일정한 기간 동안의 수입과 지출을 마감하여 계산함.

• 눈을 비비고 상대편을 본다는 뜻으로, 다른 사람의 지식이나 재주가 놀랄 만큼 늘었음을 이르는 말.

3 ㉠~㉢에 들어갈 단어를 보기 에서 찾아 써 보자.

보기

대조   괄목상대   속전속결

진영: 나는 물건을 살 때 며칠씩 고민하는데 내 동생은 사고 싶은 물건이 있으면 바로 (㉠)(으)로 사 버려.

경철: 너희 형제는 둘의 성격이 확실히 (㉡)되는구나. 나랑 내 동생은 둘 다 성격이 급해서 뭐든지 빨리 결정해야 해.

현지: 진영이는 오래 고민하는 대신 끈기가 대단하잖아. 작년에 시작한 기타도 꾸준히 연습하더니 실력이 부쩍 늘었더라. 선생님께서도 (㉢)(이)라며 칭찬하셨지!

㉠ → (   ), ㉡ → (   ), ㉢ → (   )

영문법 어휘

> to부정사는 역할이 일정하게 정해지지 않아 문장에서 여러 기능을 수행할 수 있어. to부정사가 명사처럼 쓰일 때는 명사적 용법, 형용사처럼 쓰일 때는 형용사적 용법, 부사처럼 쓰일 때는 부사적 용법이라고 하지. to부정사의 뜻과 그 쓰임을 공부해 보자.

✏️ 단어와 그 뜻을 익히고, 빈칸에 알맞은 단어를 써 보자.

---

to infinitive
to부정사
to + 아닐 不 + 정할 定 + 말 詞

문장에서 특정한 품사로 정해져 있지 않고, 여러 가
지 품사의 역할을 하는 말. (정해져 있지 않고: 부정)

• **To travel** abroad is my dream.(해외로 여행하는
  (to부정사가 명사 역할을 함.)
  것이 내 꿈이다.)

예 "The boys need time to play. (소년들은 놀 시간이 필요
  하다.)"에서 time을 수식하고 있는 to play는 to ▢▢▢
  이다.

플러스 개념어 **to** + 동사 원형
to부정사를 만드는 방법은 to에다가
동사의 원형이 오도록 해야 함.
• to play (○)
• to plays (×)
• to played (×)

---

to infinitive as a noun
명사적 용법
이름 名 + 말 詞 +
~한 상태로 되는 的 +
쓸 用 + 방법 法
☞ '法'의 대표 뜻은 '법'임.

문장에서 to부정사가 주어나 목적어, 또는 보어 역할을 하는 경우를 가리키는 말.

• I want **to go** home.(나는 집에 가기를 원한다.)
  (to부정사가 목적어 역할을 하는 명사적 용법)

예 "My plan is to pass the exam.(내 계획은 시험에 합격하는 것이다.)"에서 to pass(합격하는
  것)가 문장에서 보어 역할을 하므로 to부정사의 ▢▢▢▢ 에 해당한다.

---

to infinitive as an adjective
형용사적 용법
모양 形 + 모양 容 + 말 詞 +
~한 상태로 되는 的 +
쓸 用 + 방법 法

문장에서 to부정사가 명사를 수식하거나 주어를 보충 설명하는 보어 역할을 하는
경우를 가리키는 말.

• There is no chair **to sit** on.(거기에 앉을 의자가 없다.)
  (to부정사가 명사인 chair를 수식하는 형용사적 용법)

예 "We have many things to do.(우리는 해야 할 일이 많이 있다.)"에서 명사 things를 수식하는
  to do는 to부정사의 ▢▢▢▢▢ 이다.

---

to infinitive as an adverb
부사적 용법
버금 副 + 말 詞 +
~한 상태로 되는 的 +
쓸 用 + 방법 法

문장에서 to부정사가 동사, 형용사, 부사를 수식하는
경우를 가리키는 말.

• This computer is easy **to use**.(이 컴퓨터는 사용
  하기에 쉽다.)
  (to부정사가 형용사 easy를 수식하는 부사적 용법)

예 "We eat food to live.(우리는 살기 위해 음식을 먹는다.)"에
  서 to live는 동사 eat를 수식하는 to부정사의 ▢▢▢
  ▢▢ 이다.

플러스 개념어 **목적의 부사적 용법**
부사적 용법에서 '~하기 위해'라는
의미를 가질 때, 목적의 부사적 용법
이라고 함.
예 I go to Shanghai to learn
  Chinese.
  (나는 중국어를 배우기 위해 상
  하이에 간다.)

확인 문제

1 뜻에 알맞은 단어를 빈칸에 써 보자.

가로 열쇠
❷ ▢▢▢ 용법: to부정사가 동사, 형용사, 부사를 수식하는 경우.
❹ ▢▢▢ 용법: to부정사가 명사를 수식하거나 주어를 보충 설명하는 보어 역할을 하는 경우.

세로 열쇠
❶ ▢▢▢ 용법: to부정사가 주어, 목적어, 보어 역할을 하는 경우.
❸ 문장에서 특정한 품사로 정해져 있지 않고 여러 가지 품사의 역할을 하는 말.

2 보기 의 ㉠~㉢에 대해 바르게 말한 친구에게 ○표 해 보자.

보기
· ㉠ **To know** something is power.(뭔가를 아는 것이 힘이다.)
· 1 dollar is enough ㉡ **to buy** it.(1달러는 그것을 사기에 충분하다.)
· Jake will find something ㉢ **to eat**.(Jake는 먹을 것을 찾을 것이다.)

(1) ㉠은 문장의 주어로 쓰였으므로 to부정사의 명사적 용법에 해당하는군.

( )

(2) ㉡은 형용사 enough을 수식하므로 to부정사의 형용사적 용법에 해당하는군.

( )

(3) ㉢은 명사 something을 수식하므로 to부정사의 부사적 용법에 해당하는군.

( )

3 밑줄 친 to부정사의 용법을 보기 에서 찾아 그 기호를 써 보자.

보기
㉠ 형용사적 용법   ㉡ 부사적 용법   ㉢ 명사적 용법

(1) I expect **to succed**.(나는 성공할 것을 기대한다.) ...... (   )

(2) We have no time **to prepare**.(우리는 준비할 시간이 없다.) ...... (   )

(3) We visit the library **to borrow** books. (책을 빌리러 우리는 도서관에 간다.) ...... (   )

✎ 1주차 1~5회에서 공부한 단어를 떠올리며 문제를 풀어 보자.

국어

1 보기의 ㉠, ㉡과 바꿔 쓸 수 있는 단어끼리 묶은 것은? ( )

보기

　이 ㉠소설에서 독자에게 이야기를 전달해 주는 사람은 돈으로 모든 것을 해결하려는 물질 만능주의를 ㉡비꼬고 우스꽝스럽게 표현하여 간접적으로 비판하였다.

　　㉠　　　㉡　　　　　　㉠　　　㉡　　　　　　㉠　　　㉡
① 서술자, 모방하였다　　② 관찰자, 모방하였다　　③ 서술자, 주목하였다
④ 관찰자, 주목하였다　　⑤ 서술자, 풍자하였다

수학

2 단어에 알맞은 뜻과 예를 찾아 선으로 이어 보자.

(1) 유한소수 ・　・ 소수점 아래의 0이 아닌 숫자가 유한 번 나타나는 끝이 있는 소수. ・　・ 예 $\dfrac{7}{2}$

(2) 순환소수 ・　・ 분모와 분자의 공약수가 1뿐이어서 더 이상 약분되지 않는 분수. ・　・ 예 1.357159678

(3) 기약분수 ・　・ 소수점 아래의 어떤 자리에서부터 일정한 숫자의 배열이 한없이 되풀이되는 소수. ・　・ 예 3.575757…

사회

3 밑줄 친 말과 뜻이 같은 단어가 되도록 알맞은 글자에 ○표 해 보자.

(1) 옛 절터에서 역사 연구에 필요한 자료나 기록, 유물이 많이 발견되었다.

→ 유　사　물　고　료　증

(2) 상인들은 스스로 물건을 사고팔기 위하여 지나다니는 길을 개척해 가면서 이동하였다.

→ 교　매　역　물　로　전

(3) 임진왜란 전에 율곡 이이는 부유한 나라와 강한 군대를 주장하여 10만의 군사를 기르자고 했다.

→ 부　화　국　뇌　강　병

과학

4 뜻에 알맞은 단어를 초성을 바탕으로 써 보자.

(1) 빛의 성분을 파장의 순서로 나열한 것. →

ㅅ	ㅍ	ㅌ	ㄹ

(2) 원소 기호와 숫자를 이용하여 물질을 간단하게 나타낸 것. →

ㅎ	ㅎ	ㅅ

국어

5 빈칸에 들어갈 단어를 보기 에서 찾아 써 보자.

보기

반어	전지적	음보

(1) 평시조의 초장, 중장, 종장은 각각 4(   )(으)로 구성된다.

(2) 작가는 모든 것을 다 아는 (   ) 시점에서 이야기를 끌고 간다.

(3) (   )은/는 뜻하는 것과 반대로 표현함으로써 원래의 뜻을 강조하는 효과를 가진다.

수학

6 문장에서 밑줄 친 단어의 사용이 알맞으면 ○표, 알맞지 <u>않으면</u> ✕표 해 보자.

(1) $7x+3$에서 x에 곱해진 수 7이 <u>계수</u>이다. (   )

(2) $3ax+4by$과 같이 수와 문자로 이루어진 식이 <u>단항식</u>이다. (   )

영문법

7 보기 의 글자를 조합해 빈칸에 들어갈 단어를 써 보자.(같은 글자가 여러 번 쓰일 수 있음.)

보기

용	부	사	정	형	명

(1) to ☐☐☐ 는 문장에서 특정한 품사로 정해져 있지 않고, 여러 가지 품사의 역할을 한다.

(2) 문장에서 to부정사가 주어, 목적어, 보어의 역할을 할 때 ☐☐ 적 용법이라고 한다.

(3) to부정사가 명사를 수식하거나 주어를 보충하는 보어 역할을 할 때 ☐☐☐ 적 용법이라고 한다.

한자

8 문장에 어울리는 단어를 (   ) 안에서 골라 ○표 해 보자.

(1) 한 해의 수입과 지출을 (결단 , 결산)해 보니 사업이 (괄목상대 , 이목구비)할 만큼 성장하였다.

(2) 의병들은 왜적이 침입하자 (결사 , 결승) 투쟁을 다짐하고 (속수무책 , 속전속결)(으)로 대응한 결과 대승을 거두었다.

2주차 어휘 미리 보기

한 주 동안 공부할 어휘들이야. 쓱 한번 훑어볼까?

1회 학습 계획일 ◯월 ◯일

국어 교과서 어휘	역사 교과서 어휘
막간	창시
지향	문물
사유	소작농
망명	근거지
이타적	개종
일반화	기원
명언	집대성

2회 학습 계획일 ◯월 ◯일

수학 교과서 어휘	과학 교과서 어휘
다항식	마찰 전기
차수	전기력
동류항	정전기 유도
상수항	방전
이차식	전류
분배법칙	전압
전개	

3회 학습 계획일 ◯월 ◯일

국어 교과서 어휘	역사 교과서 어휘
비유	추대
대비	절대 왕정
분석	전성기
추상적	장악
공감각	함락
매혹	인두세
퇴색	상비군

4회 학습 계획일 ◯월 ◯일

수학 교과서 어휘	과학 교과서 어휘
부등호	저항
부등식	옴의 법칙
양변	직렬연결
초과	병렬연결
이상	자기력
부등식의 해	자기장
	전동기

어휘력 테스트

3주차 어휘 학습으로 가 보자!

5회 학습 계획일 ◯월 ◯일

한자 어휘	영문법 어휘
배액	물질명사
배수	추상명사
설상가상	고유명사
가감	수량 표시
참가	
가해	

 단어와 그 뜻을 익히고, 빈칸에 알맞은 단어를 써 보자.

막간
장막 幕 + 사이 間

어떤 일이 진행되는 동안 잠시 쉬는 기간.

예 친구는 방과 후 [　　] 을 이용하여 자기 동아리로 찾아와 달라고 했다.

다의어 **막간**
연극에서 한 막이 끝나고 다음 막이 시작될 때까지의 동안.
예 광대 분장을 한 가수가 막간에 등장하여 노래를 불렀다. .

지향
뜻 志 + 향할 向

일정한 목표로 뜻이 쏠리어 향함. 또는 그 방향이나 그쪽으로 쏠리는 의지.

예 우리는 과거를 탓하기보다 앞으로 무엇을 [　　] 해야 할지를 생각해야 한다.

플러스 개념어 **지양**
더 높은 단계로 오르기 위하여 어떠한 것을 하지 아니함.
예 더 나은 사회를 만들기 위해서는 지역 간의 갈등을 지양해야 한다.

사유
생각 思 + 생각할 惟

대상을 두루 생각하는 일.

예 사물에 대한 편견을 버리고 [　　] 를 통해 사물의 본질을 파악해야 한다.

동음이의어 **사유**
• 사유(일 事 + 말미암을 由): 일의 까닭.
예 일이 그렇게 된 사유를 물었다.
• 사유(사사로울 私 + 있을 有): 개인이 사사로이 소유함. 또는 그런 소유물.
예 국가가 토지 사유를 금지하였다.

망명
달아날 亡 + 목숨 命

정치나 종교, 사상 등을 이유로 자기 나라에서 받는 탄압이나 위협을 피하기 위하여 다른 나라로 몸을 옮김.

예 그는 종교적인 이유로 가해진 모진 박해를 피해 이웃 나라로 [　　] 을 했다.

이타적
이로울 利 + 다른 사람 他 +
~한 상태로 되는 的
🔖 '他'의 대표 뜻은 '다르다', '的'의 대표 뜻은 '과녁'임.

자기의 이익보다는 다른 사람의 이익을 더 꾀하는 것.

예 그녀는 자기 자신보다는 타인을 더 많이 배려하는 [　　] 인 모습을 보이고 있다.

반의어 **이기적**
자기 자신만의 이익을 꾀하는 것.
예 그는 늘 자신의 처지만 생각하는 이기적인 사람이다.

일반화
하나 一 + 가지 般 + 될 化

개별적인 것이나 특수한 것에 한정되지 않고 전체에 두루 통하게 만드는 것.

예 개인의 특수한 사건을 보고 모든 사람들도 다 그럴 것이라고 [　　] 하는 것은 위험한 사고방식이다.

유의어 **보편화**
널리 일반인에게 퍼짐. 또는 그렇게 되게 함.
플러스 개념어 **특수화**
일반적이고 보편적인 것과 다르게 됨.

명언
훌륭할 名 + 말씀 言
🔖 '名'의 대표 뜻은 '이름'임.

일의 이치에 맞는 훌륭한 말이나 널리 알려진 문구.

예 '인간은 생각하는 갈대이다.'라는 말은 파스칼이 남긴 [　　] 이다.

확인 문제

정답과 해설 ▶ 14쪽

1 단어의 뜻을 보기에서 찾아 사다리를 타고 내려간 곳에 기호를 써 보자.

> **보기**
> ㉠ 어떤 일이 진행되는 동안 잠시 쉬는 기간.
> ㉡ 일의 이치에 맞는 훌륭한 말이나 널리 알려진 문구.
> ㉢ 일정한 목표로 뜻이 쏠리어 향함. 또는 그 방향이나 그쪽으로 쏠리는 의지.
> ㉣ 자기 나라에서 받는 탄압이나 위협을 피하기 위해 다른 나라로 몸을 옮김.

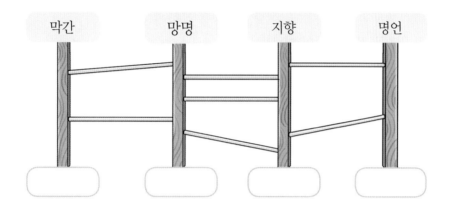

막간   망명   지향   명언

2 문장에 어울리는 단어를 (　　) 안에서 골라 ○표 해 보자.

(1) 예전에는 일부 사람만 하던 해외여행이 지금은 (특수화, 일반화)한 상태이다.

(2) 그는 자기 중심적인 삶에서 벗어나 (이기적, 이타적)인 사람으로 다시 태어났다.

(3) 바람직한 결론에 도달하기 위해서는 자기 입장만 내세우는 것을 (지향, 지양)해야 한다.

3 밑줄 친 단어가 보기의 '사유'와 같은 뜻으로 쓰인 것은? (　　　　　)

> **보기**
> 무엇이든 배우고 사유하고 깨우쳐야 정신적으로 성장할 수 있다.

① 조선 시대에는 노비의 사유를 인정하였다.
② 부모는 자식을 자기의 사유처럼 여겨서는 안 된다.
③ 그가 야단을 맞은 것은 그만한 사유가 있기 때문이다.
④ 이 책은 노교수의 철학적 사유의 결정체라고 할 수 있다.
⑤ 정당한 사유가 있다면 동아리 모임에 참여하지 않아도 된다.

역사 교과서 어휘

✏️ 단어와 그 뜻을 익히고, 빈칸에 알맞은 단어를 써 보자.

창시
비롯할 創 + 처음 始
🖐 '始'의 대표 뜻은 '비로소'임.

어떤 사상이나 학설 등을 처음으로 시작하거나 내세움.

예 석가모니는 불교를 처음으로 [ ]한 인도의 성자이다.

문물
글월 文 + 만물 物
🖐 '物'의 대표 뜻은 '물건'임.

정치, 경제, 종교, 예술, 법률 등 문화에 관한 모든 것을 통틀어 이르는 말.

예 당나라는 주변 동아시아국은 물론 서역의 여러 나라와 [ ]을 교류하여 국제적인 문화가 발달하였다.

플러스 개념어 **문화**
한 사회의 개인이나 인간 집단이 자연을 변화시켜 온 물질적·정신적 과정의 산물.
예 온돌은 우리 고유의 주거 문화이다.

소작농
작을 小 + 지을 作 + 농사 農

일정한 대가를 지급하며 다른 사람의 땅을 빌려 짓는 농사. 또는 그런 농민.

예 귀족들이 토지 소유를 확대하자 농민들은 차지할 수 있는 토지가 줄어듦에 따라 [ ]이 될 수밖에 없었다.

플러스 개념어 **지주**
자신이 소유한 토지를 남에게 빌려주고 토지 사용료를 받는 사람.
예 땅을 소유한 지주는 소작농이 거두어 들인 곡식을 절반이나 가져갔다.

근거지
뿌리 根 + 근거 據 + 땅 地

활동의 중심으로 삼는 곳.

예 메카의 귀족들이 무함마드를 탄압하자 무함마드는 [ ]를 메카에서 메디나로 옮겼다.

개종
고칠 改 + 근본 宗

믿고 있던 종교를 버리고 다른 종교를 믿는 것.

예 이슬람 세력들은 비이슬람인들이 이슬람교로 [ ]을 하면 세금을 줄여 주는 방식을 통해 이슬람 세력을 빠르게 전파시켰다.

기원
일어날 起 + 근원 源

사물이나 현상이 처음으로 생김. 또는 그 처음.

예 프랑크 왕국이 분열되어 만들어진 서프랑크, 중프랑크, 동프랑크 왕국은 오늘날 프랑스, 이탈리아, 독일의 [ ]이 되었다.

동음이의어 **기원**
• **기원**(해 紀 + 처음 元): 역사에서 연대를 세는 시작점이 되는 해.
• **기원**(빌 祈 + 원할 願): 바라는 일이 이루어지기를 빎.
• **기원**(바둑 棋 + 집 院): 사람들이 모여 돈을 내고 바둑을 두는 곳.

집대성
모을 集 + 큰 大 + 이룰 成

여러 가지를 모아 하나의 체계를 이루어 완성함.

예 비잔티움 제국의 유스티니아누스 황제는 기존의 로마법을 [ ]한 「유스티니아누스 법전」을 편찬하였다.

확인 문제

1 뜻에 알맞은 단어를 글자판에서 찾아 묶어 보자.(단어는 가로, 세로, 대각선 방향에서 찾기)

집	성	개	종	탄
근	창	고	문	교
거	소	시	용	물
지	작	집	대	성
대	농	역	로	다

❶ 활동의 중심으로 삼는 곳.
❷ 문화에 관한 모든 것을 통틀어 이르는 말.
❸ 믿고 있던 종교를 버리고 다른 종교를 믿는 것.
❹ 여러 가지를 모아 하나의 체계를 이루어 완성함.
❺ 어떤 사상이나 학설 등을 처음으로 시작하거나 내세움.
❻ 일정한 대가를 지급하며 다른 사람의 땅을 빌려 짓는 농사. 또는 그런 농민.

2 밑줄 친 단어가 보기의 '기원'과 같은 뜻으로 쓰인 것은? (   )

보기

신화는 주로 우주와 천지의 기원에 관한 내용으로 이루어져 있다.

① 그들은 해마다 나라의 태평을 기원한다.
② 민주 정치의 기원은 고대 그리스에서 출발한다.
③ 할아버지는 낮에 주로 기원에 나가 바둑을 두신다.
④ 예수가 탄생한 해를 기원 년으로 삼아 역사를 기록한다.
⑤ 온 국민은 하나 된 마음으로 국가 대표 팀의 승리를 기원했다.

3 (   ) 안에 들어갈 단어를 보기에서 찾아 써 보자.

보기

근거지	문물	집대성	개종

(1) 순자는 평생 동안 학문적 노력을 통해 제자백가 사상을 (   )하였다.

(2) 이슬람교에서는 이슬람에서 다른 종교로 (   )하는 것을 금지하고 있다.

(3) 일제는 북간도의 독립군 (   )을/를 탄압하기 위해 250명의 일본군을 편성하였다.

(4) 개방 정책을 펼친 당나라는 동아시아는 물론 서역의 여러 나라와 (   )을/를 교류하였다.

수학 교과서 어휘

✏️ 단어와 그 뜻을 익히고, 빈칸에 알맞은 단어를 써 보자.

다항식

많을 多 + 항목 項 + 법 式

한 개 이상의 단항식의 합으로 이루어진 식.

예 $-2x^2+3y-1$과 같이 몇 개의 항의 합으로 이루어진 식이 [　　　]이다.

차수

횟수 次 + 셈 數

🖐'次'의 대표 뜻은 '버금'임.

항에서 문자가 곱해진 개수.

예 x^2-3x-6에서 x^2의 [　　]는 2이고, $-3x$의 [　　]는 1이다.

동류항

같을 同 + 무리 類 + 항목 項

계수가 다르나 문자의 종류와 차수가 각각 같은 항.

예 $-2x+3y+5x-y$에서 [　　　]은 $-2x$ 와 $5x$, $3y$와 $-y$이다.

동음이의어 **동류**
• **동류**(같을 同 + 무리 類): 같은 종류나 부류.
  예 고래는 포유류와 동류이다.
• **동류**(같을 同 + 흐를 流): 같은 유파.
  예 이 그림은 낭만파와 동류이다.

상수항

항상 常 + 셈 數 + 항목 項

수만으로 이루어진 항.

예 식 $3x^2-4$에서 수만으로 이루어진 항 -4는 [　　　]이다.

이차식

두 二 + 횟수 次 + 법 式

다항식의 각 항의 차수 중에서 가장 높은 차수가 2인 다항식.

예 $-x^2+3x-5$는 x에 대한 [　　　]이다.

분배법칙

나눌 分 + 나눌 配 + 법 法 + 법칙 則

괄호 밖의 것을 괄호 안에 골고루 분배하여 계산해도 그 결과가 같다는 법칙.

예 괄호 밖의 $2x$를 괄호 안에 골고루 분배하여 계산한 식 $2x(3x-4)=6x^2-8x$는 [　　　　]을 이용한 것이다.

플러스 개념어 **분배**
'몫몫이 별러 나눔.'이라는 뜻임.

분배
$$○×(□+△)=○×□+○×△$$

전개

펼 展 + 열 開

다항식의 곱을 괄호를 풀어서 하나의 다항식으로 나타내는 것.

예 분배법칙을 이용하여 $2x(x-2y)=2x×x-2x×2y$와 같이 하나의 다항식으로 나타내는 것을 [　　]한다고 한다.

정답과 해설 ▶ 16쪽

1 뜻에 알맞은 단어를 글자판에서 찾아 묶어 보자.(단어는 가로, 세로, 대각선 방향에서 찾기)

분	배	차	수	다
동	사	건	항	칙
이	류	식	칙	상
항	차	항	상	수
식	수	식	수	항

❶ 수만으로 이루어진 항.
❷ 한 개 이상의 단항식의 합으로 이루어진 식.
❸ 계수가 다르나 문자의 종류와 차수가 각각 같은 항.
❹ 다항식의 각 항의 차수 중에서 가장 높은 차수가 2인 다항식.

2 ( ) 안에서 알맞은 단어를 골라 ○표 해 보자.

(1) **차수** 항에서 (계수 , 문자)가 곱해진 개수.

(2) **이차식** 다항식의 각 항의 차수에서 가장 (낮은 , 높은) 차수가 2인 다항식.

(3) **전개** 다항식의 곱을 괄호를 풀어서 하나의 (단항식 , 다항식)으로 나타내는 것.

3 ( ) 안에 들어갈 단어를 보기 에서 찾아 써 보자.

보기
다항식   동류항   분배법칙   이차식

(1) $3x^2 - x + 1$은 x에 대한 (   )이다.

(2) $4x - 3y - x + 2y$에서 $4x$와 (   )은 $-x$이다.

(3) $2x - 3y + 1$은 3개의 항의 합으로 이루어진 (   )이다.

(4) $-x(2x + 5) = -2x^2 - 5x$는 (   )을 이용하여 계산한 것이다.

과학 교과서 어휘

✎ 단어와 그 뜻을 익히고, 빈칸에 알맞은 단어를 써 보자.

마찰 전기
문지를 摩 + 문지를 擦 + 전기 電 + 기운 氣

서로 다른 물체의 마찰에 의해 물체가 띠는 전기.

예 스웨터를 벗다가 느끼는 따끔함은 머리카락이 스웨터와 마찰하여 발생한 [　][　][　] 때문이다.

플러스 개념어 정전기
흐르지 않고 한곳에 머물러 있는 전기. 마찰 전기는 다른 곳으로 흘러가지 않고 마찰시킨 물체에 머물러 있으므로 정전기의 한 종류임.

전기력
전기 電 + 기운 氣 + 힘 力

전기를 띤 물체 사이에서 작용하는 힘.

예 머리를 빗을 때 플라스틱 빗과 머리카락이 서로 달라붙는 것은 전기를 띤 물체 사이에 작용하는 힘인 [　][　][　] 때문이다.

플러스 개념어 전기력의 종류
• 척력(물리칠 斥 + 힘 力): 같은 종류의 전하 사이에 작용하는 서로 밀어내는 힘, 즉 (+)와 (+) 혹은 (−)와 (−) 사이에 작용함.
• 인력(끌어당길 引 + 힘 力): 서로 다른 종류의 전하 사이에 작용하는 서로 끌어당기는 힘, 즉 (+)와 (−) 사이에 서로 끌어당기는 힘.

정전기 유도
고요할 靜 + 전기 電 + 기운 氣 + 유인할 誘 + 이끌 導

전하를 띠지 않은 금속에 대전체를 가까이 할 때 금속 내에서 전자가 이동하여 전하를 띠는 현상.

예 공기 청정기는 공기 중의 작은 먼지를 [　][　][　][　]로 끌어당긴다.

플러스 개념어
• 대전: 물체가 외부의 힘에 의해 전기를 띠는 현상.
• 대전체: 대전된 물체로 전기를 띠고 있는 물체임.

방전
놓을 放 + 전기 電

대전체가 전기적인 성질을 잃어버리는 현상.

예 번개는 대기 중 서로 다른 전기를 띤 구름 사이에서 생기는 순간적인 [　][　] 현상이다.

전류
전기 電 + 흐를 流

전하의 흐름.

예 전원을 누르면 텔레비전이나 컴퓨터가 작동하는 것은 전선을 따라 [　][　]가 흐르기 때문이다.

플러스 개념어 A(암페어)
전류의 세기를 나타내는 단위.

전압
전기 電 + 누를 壓

전류를 흐르게 하는 것.

예 우리나라 가정에서 사용되는 전기 제품의 [　][　]은 220V이다.

플러스 개념어 V(볼트)
전압의 세기를 나타내는 단위.

확인 문제

정답과 해설 ▶ 17쪽

1 뜻에 알맞은 단어를 보기에서 찾아 사다리를 타고 내려간 곳에 써 보자.

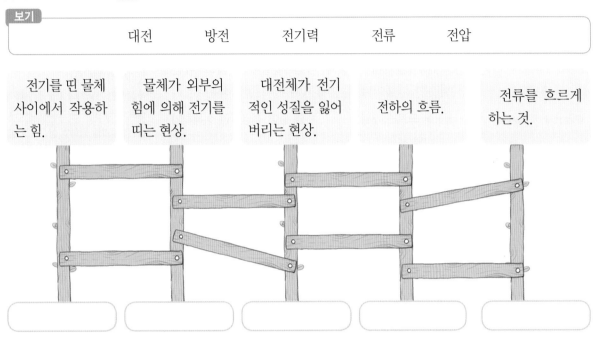

보기

| 대전 | 방전 | 전기력 | 전류 | 전압 |

전기를 띤 물체 사이에서 작용하는 힘.

물체가 외부의 힘에 의해 전기를 띠는 현상.

대전체가 전기적인 성질을 잃어 버리는 현상.

전하의 흐름.

전류를 흐르게 하는 것.

2 뜻에 알맞은 단어가 되도록 보기의 글자를 조합해 써 보자.

보기

정	척	어
암	제	기
전	폐	력

(1) 전류의 세기를 나타내는 단위. → ☐☐☐

(2) 흐르지 않고 한곳에 머물러 있는 전기. → ☐☐☐

(3) 같은 종류의 전하 사이에 작용하는 서로 밀어내는 힘. → ☐☐

3 (   ) 안에 들어갈 단어를 보기에서 찾아 써 보자.

보기

| 마찰 전기 | 전압 | 정전기 유도 |

(1) 전등에 불이 켜지는 것은 전등에 걸린 (   )이/가 전류를 흐르게 하기 때문이다.

(2) 가전제품을 마른 걸레로 닦을 때 먼지가 다시 가전제품에 달라붙는 현상은 (   )(으)로 인한 것이다.

(3) 터치스크린의 화면에 손가락을 대면 액정 위를 흐르던 전자가 손가락이 접촉되는 지점으로 끌려오고 센서가 이를 감지하여 입력 신호를 인식하는데, 이는 (   ) 현상의 한 예이다.

✏️ 단어와 그 뜻을 익히고, 빈칸에 알맞은 단어를 써 보자.

비유
견줄 比 + 깨우칠 喩

어떤 사물이나 현상을 직접 설명하지 않고 다른 비슷한 사물이나 현상에 빗대어서 설명하는 것.
예 잘 모르는 개념을 [ ]를 들어 설명하면 이해하기 쉬워진다.

플러스 개념어 **상징**
추상적인 개념이나 사물을 구체적인 사물로 나타냄. 또는 그렇게 나타낸 표지.
예 비둘기를 평화의 상징으로 삼다.

대비
맞추어 볼 對 + 견줄 比
👆 '對'의 대표 뜻은 '대하다'임.

두 가지의 차이를 밝히기 위하여 서로 맞대어 비교함. 또는 그런 비교.
예 성적이 작년과 [ ]하여 큰 폭으로 올랐다.

플러스 개념어
• 비교: 둘 이상의 사물을 견주어 서로 간의 공통점을 밝히는 일.
• 대조: 둘 이상인 사물을 견주어 서로 간의 차이점을 밝히는 일.

분석
나눌 分 + 쪼갤 析

대상을 그 구성 요소나 부분으로 나누어 설명하는 방법.
예 원자를 원자핵과 전자로 나누어 설명하는 [ ]의 방법을 사용하였다.

플러스 개념어
• 분류: 여러 가지 대상을 기준에 따라 묶어서 설명하는 방법.
• 구분: 여러 가지 대상을 기준에 따라 나누어 설명하는 방법

추상적
뽑을 抽 + 형상 象 +
~한 상태로 되는 的

어떤 사물이 직접 경험하거나 알 수 있는 일정한 형태와 성질을 갖추고 있지 않은 것.
예 그가 지은 시의 주제는 지나치게 [ ]이어서 완전히 이해하는 것이 어려웠다.

플러스 개념어 **구체적**
어떤 사물이 직접 경험하거나 알 수 있도록 일정한 형태나 성질을 갖추고 있는 것.
예 묘사는 추상적인 대상을 구체적으로 보여 주는 방법이다.

공감각
함께 共 + 느낄 感 + 깨달을 覺
👆 '共'의 대표 뜻은 '한가지'임.

어떤 하나의 감각이 다른 감각을 일으키는 일. 또는 그렇게 일으켜진 감각.
예 '달은 과일보다 향그럽다.'는 시각적 심상이 후각적 심상을 일으킨 [ ]적 표현이다.

매혹
매혹할 魅 + 미혹할 惑

마음이 어떤 다른 것에 완전히 사로잡혀 넘어감.
예 지난 여름 여행 중 제주도의 아름다운 경치에 [ ]되었다.

퇴색
바랠 退 + 빛깔 色
👆 '退'의 대표 뜻은 '물러나다'임.

물건의 빛이나 색깔이 오래되어 바래거나 희미해짐.
예 누렇게 [ ]한 사진을 보니 지난 추억이 그리워진다.

확인 문제

1 단어의 뜻을 찾아 선으로 이어 보자.

(1) 비유 •

(2) 대비 •

(3) 분석 •

(4) 추상적 •

• 두 가지의 차이를 밝히기 위하여 서로 맞대어 비교함.

• 대상을 그 구성 요소나 부분으로 나누어 설명하는 방법.

• 어떤 사물이나 현상을 다른 비슷한 사물이나 현상에 빗대어서 설명하는 것.

• 어떤 사물이 직접 경험하거나 알 수 있는 일정한 형태와 성질을 갖추고 있지 않은 것.

2 밑줄 친 말과 바꿔 쓰기에 알맞은 단어를 보기 에서 골라 문장에 맞게 고쳐 써 보자.

보기

매혹   퇴색

(1) 그는 오래되어 색이 바랜 그림을 알아보기가 어려웠다.   → (   )

(2) 나는 해가 지는 섬마을의 풍경에 마음이 완전히 사로잡혀 발길을 돌릴 수 없었다.

→ (   )

3 보기 를 설명한 대화의 빈칸에 알맞은 단어를 써 보자.

보기

㉠ 금으로 타는 태양의 즐거운 울림   ㉡ 분수처럼 흩어지는 푸른 종소리

㉠은 '금으로 타는 태양'이라는 시각적 심상을 '즐거운 울림'이라고 청각화한 표현이며, ㉡은 '종소리'라는 청각적 심상을 '분수처럼 흩어지는 푸른'이라고 시각화한 표현이야.

㉠과 ㉡은 모두 어떤 하나의 감각이 다른 영역의 감각을 일으키는 [   ][   ]적인 표현에 해당해.

역사 교과서 어휘

✏️ 단어와 그 뜻을 익히고, 빈칸에 알맞은 단어를 써 보자.

추대
받들 推 + 일(머리 위에 얹을) 戴
👆 '推'의 대표 뜻은 '밀다'임.

윗사람으로 떠받듦.

예 13세기 초 테무친은 몽골 부족을 통일한 후 칭기즈 칸으로 [　　] 되어 몽골 제국을 세웠다.

절대 왕정
없을 絕 + 상대 對 +
임금 王 + 정사 政
👆 '絕'의 대표 뜻은 '끊다', '對'의 대표 뜻은 '대하다'임.

군주가 어떠한 법률이나 기관에도 구속받지 않는 절대적 권한을 가지는 정치 체제.

예 16~18세기 유럽에서는 국왕이 강력한 권한을 행사하는 [　　　] 이 나타났다.

전성기
온전할 全 + 성할 盛 + 기간 期

일이 되어 가는 형편이나 세력 등이 가장 왕성한 시기.

예 청나라는 130여 년간 제도를 정비하고 영토를 확장하여 [　　　] 를 맞이하였다.

플러스 개념어 **왕성하다**
기운이나 세력이 한창 활발하다.

장악
손바닥 掌 + 쥘 握

손안에 잡아 쥔다는 뜻으로, 무엇을 마음대로 할 수 있게 됨을 이르는 말.

예 그는 강력한 지도력으로 권력을 [　　] 하였으나 여전히 분쟁은 그치지 않았다.

함락
빠질 陷 + 떨어질 落

적의 성, 요새, 진지 등을 공격하여 빼앗음.

예 오스만 제국의 총공격으로 비잔티움 제국의 최고 요새인 콘스탄티노폴리스는 마침내 [　　] 되고 말았다.

플러스 개념어 **점령**
무력으로 어떤 장소나 공간을 빼앗아 차지함.
예 프랑스는 나치에 점령된 적이 있다.

인두세
사람 人 + 머리 頭 + 세금 稅

세금을 낼 수 있는 능력의 차이를 고려하지 않고 각 개인에게 균등하게 매기는 세금.

예 간디의 비폭력적인 투쟁의 결과 남아프리카 인도인들에게 부과되었던 1인당 3파운드의 [　　　] 가 폐지되었다.

플러스 개념어 **균등하다**
고르고 가지런하여 차별이 없다.

상비군
항상 常 + 갖출 備 + 군사 軍

갑자기 일어날 국가의 비상사태에 대비하여 항상 준비하고 있는 군대. 또는 그런 군인.

예 절대 군주들은 자신의 명령으로 언제든 동원할 수 있는 군대인 [　　　] 을 통해 국가를 다스렸다.

확인 문제

1 뜻에 알맞은 단어가 되도록 보기의 글자를 조합해 써 보자.

보기

| 장 | 대 | 함 | 악 | 락 | 인 | 두 | 추 | 세 |

(1) 윗사람으로 떠받듦. → ☐☐

(2) 적의 성, 요새, 진지 등을 공격하여 빼앗음. → ☐☐

(3) 손안에 잡아 쥔다는 뜻으로, 무엇을 마음대로 할 수 있게 됨을 이르는 말. → ☐☐

(4) 세금을 낼 수 있는 능력의 차이를 고려하지 않고 각 개인에게 균등하게 매기는 세금.

→ ☐☐☐

2 ( ) 안에서 알맞은 말을 골라 ○표 해 보자.

(1) 불교는 통일 신라 시대에 전성기를 누렸다.
   → 일이 되어 가는 형편이나 세력 등이 가장 (쇠퇴한 , 왕성한) 시기.

(2) 정부는 군대를 유지하는 비용을 축소하기 위해 상비군의 규모를 줄였다.
   → 갑자기 일어날 국가의 비상사태에 대비하여 (항상 , 종종) 준비하고 있는 군대.

(3) 상인이나 은행업자 등의 시민 계급은 절대 왕정을 유지하는 데 필요한 돈을 대 주고, 왕은 상업을 중시하는 정책을 펴서 시민 계급의 경제 활동을 보호했다.
   → 군주가 어떠한 법률이나 기관에도 구속받지 않는 (상대적 , 절대적) 권한을 가지는 정치 체제.

3 문장에서 밑줄 친 단어의 사용이 알맞지 **않은** 것은? ( )

① 적군의 총공격으로 인해 마침내 진주성은 함락되고 말았다.
② 한 나라의 전성기에는 나라가 부유하고 문화가 다채롭게 발전한다.
③ 전쟁뿐만 아니라 평상시에도 유지되는 상비군은 고대의 호위병에서 유래하였다.
④ 그는 어린 황제였음에도 불구하고 황실의 주도권을 장악하여 나라를 잘 이끌어 나갔다.
⑤ 경제적 능력에 따라 세금을 다르게 내는 인두세는 세금으로 인한 국민의 불만을 잠재웠다.

✏️ 단어와 그 뜻을 익히고, 빈칸에 알맞은 단어를 써 보자.

부등호
아닐 不 + 같을 等 + 부호 號

둘 이상의 수나 식의 크기가 서로 같지 않다는 것을 나타내는 기호.

예 두 수의 크기를 비교하여 나타낸 기호 $<$, $>$, $\leq$, $\geq$를 　　　라고 한다.

부등식
아닐 不 + 같을 等 + 식 式

부등호를 사용하여 수 또는 식의 대소 관계를 나타낸 식.

예 $3x-1>2$, $x\leq2x+1$과 같이 부등호를 사용하여 나타낸 식이 　　　이다.

양변
두 兩 + 측면 邊
🖐 '邊'의 대표 뜻은 '가장자리'임.

등식이나 부등식에서 등호나 부등호의 좌변과 우변을 통틀어 이르는 말.

예 부등식 $2x-4>-x+1$의 왼쪽 부분 $2x-4$를 좌변, 오른쪽 부분 $-x+1$을 우변이라 하고, 좌변과 우변을 함께 이르는 말이 　　　이다.

$$2x-4 > -x+1$$
좌변　　　우변

양변

초과
뛰어넘을 超 + 지날 過

어떤 수보다 큰 수.

예 $x>5$는 'x는 5보다 크다.'를 의미하고 'x는 5 　　　이다.'라고 표현한다.

반의어 **미만**
어떤 수보다 작은 수.
예 $x<5$는 'x는 5 미만이다.'

이상
부터 以 + 윗 上
🖐 '以'의 대표 뜻은 '~써'임.

어떤 수와 같거나 큰 수.

예 $x\geq5$는 'x는 5보다 크거나 같다.'를 의미하고 'x는 5 　　　이다.'라고 표현한다.

반의어 **이하**
어떤 수와 같거나 작은 수.
예 $x\leq5$는 'x는 5 이하이다.'

부등식의 해
아닐 不 + 같을 等 + 식 式 + 의 + 풀 解

부등식을 참이 되게 하는 미지수의 값.

예 $x=1$을 부등식 $x+2<4$에 대입했을 때 $1+2<4$로 참이므로 $x=1$은 부등식 $x+2<4$의 　　　이다.

[부등식의 해 수직선 위에 나타내기]

$x>a$	$x<a$

부등호가 $<$, $>$이면 수직선에 ○로 표시
⇨ 수 a가 포함되지 않는다.

$x\geq a$	$x\leq a$

부등호가 $\leq$, $\geq$이면 수직선에 ●로 표시
⇨ 수 a가 포함된다.

확인 문제

1 뜻에 알맞은 단어를 글자판에서 찾아 묶어 보자.(단어는 가로, 세로, 대각선 방향에서 찾기)

등	식	이	전	갈
장	호	초	상	등
부	과	평	식	미
차	등	의	만	면
수	해	호	이	하

❶ 어떤 수보다 큰 수.

❷ 어떤 수보다 작은 수.

❸ 어떤 수와 같거나 큰 수.

❹ 어떤 수와 같거나 작은 수.

❺ 수나 식의 크기가 서로 같지 않다는 것을 나타내는 기호.

2 문장에서 밑줄 친 단어의 사용이 알맞으면 ○표, 알맞지 않으면 ✕표 해 보자.

(1) $x+2<-3x+5$의 <u>양변</u>에서 좌변은 $x+2$이고 우변은 $-3x+5$이다. (   )

(2) $-2x+1>3$, $-x\leq4x-5$와 같이 부등호를 사용하여 나타낸 식을 <u>등식</u>이라고 한다. (   )

(3) $x=1$을 부등식 $x-3<2$에 대입했을 때 참이므로 $x=1$은 부등식 $x-3<2$의 <u>해</u>이다. (   )

3 설명이 알맞으면 ○표, 알맞지 않으면 <u>✕</u>표를 따라가며 선을 긋고, 몇 번으로 나오는지 써 보자.

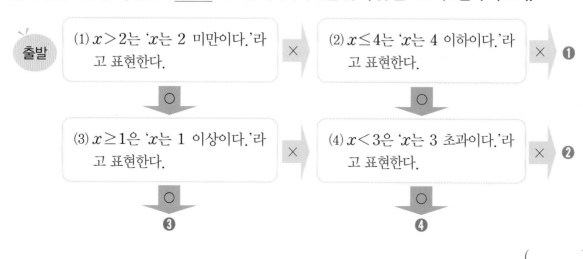

출발

(1) $x>2$는 'x는 2 미만이다.'라고 표현한다. ✕ →

(2) $x\leq4$는 'x는 4 이하이다.'라고 표현한다. ✕ → ❶

(3) $x\geq1$은 'x는 1 이상이다.'라고 표현한다. ✕ →

(4) $x<3$은 'x는 3 초과이다.'라고 표현한다. ✕ → ❷

○ → ❸

○ → ❹

(   )

✎ 단어와 그 뜻을 익히고, 빈칸에 알맞은 단어를 써 보자.

저항 막을 抵 + 막을 抗 ☞ '항'의 대표 뜻은 '겨루다'임.	전류의 흐름을 방해하는 것. 예 전류가 흐르는 물체의 길이가 길수록 전류의 흐름을 방해하는 [ ]이 커지고, 물체의 굵기가 굵을수록 [ ]이 작아진다.	플러스 개념어 Ω(옴) 저항의 세기를 나타내는 단위는 Ω(옴)임. 1V의 전압을 걸었을 때 1A의 전류를 흐르게 하는 저항의 크기임.
옴의 법칙 옴의 + 법 法 + 규칙 則	전류(I)의 세기는 전압(V)에 비례하고, 저항(R)에 반비례하는 관계를 설명하는 법칙. 예 구리선에 걸리는 전압을 2배, 3배로 높이면 구리선에 흐르는 전류의 세기도 2배, 3배로 커진다. 이와 같이 전류의 세기가 전압에 비례한다는 것이 [ ]의 [ ]이다.	
직렬연결 곧을 直 + 늘어설 列 + 잇닿을 連 + 맺을 結	저항이나 전지를 일렬로 연결한 것. 예 여러 개의 저항을 전원에 [ ]하면 전류가 하나의 경로를 통해서 흐르므로 각 저항에 흐르는 전류의 세기가 같다.	스위치 전지 전지 전지의 직렬연결
병렬연결 나란히 竝 + 늘어설 列 + 잇닿을 連 + 맺을 結	저항이나 전지를 여러 갈래로 연결하여 전류가 각 갈래로 흘러가게 한 것. 예 멀티탭이나 건물의 전기 배선도는 [ ]을 이용하므로 각 저항에 걸리는 전압은 어느 곳에서나 일정하다.	스위치 전지 전지 전지 전지의 병렬연결
자기력 자석 磁 + 기운 氣 + 힘 力	자성을 띠는 물체 사이에 작용하는 힘. <small>자석이 갖는 작용이나 성질</small> 예 자석과 쇠붙이 또는 자석과 자석 사이에서 서로 밀어내거나 끌어당기는 힘을 [ ]이라고 한다.	S N S N N S S N 자기력의 방향
자기장 자석 磁 + 기운 氣 + 마당 場	자기력이 작용하는 공간. 예 전류가 흐르는 코일 주위에는 코일의 한쪽에서 나와 다른 쪽으로 들어가는 모양의 [ ]이 생긴다.	플러스 개념어 코일 고리 모양으로 여러 번 감은 전선.
전동기 전기 電 + 움직일 動 + 기계 機	전류가 흐를 때 회전하는 힘을 얻는 기계 장치로, 모터라고 부름. 예 세탁기, 선풍기 등에는 전류가 흐를 때 회전하는 힘을 얻는 [ ]가 들어 있다.	

확인 문제

1 뜻에 알맞은 단어가 되도록 보기의 글자를 조합해 써 보자.(같은 글자가 여러 번 쓰일 수 있음.)

보기

저	자	계
장	전	기
력	항	동

(1) 전류의 흐름을 방해하는 것. → ☐☐

(2) 자기력이 작용하는 공간. → ☐☐☐

(3) 자성을 띠는 물체 사이에 작용하는 힘. → ☐☐☐

(4) 전류가 흐를 때 회전하는 힘을 얻는 기계 장치. → ☐☐☐

2 단어에 알맞은 뜻과 예를 찾아 선으로 이어 보자.

(1) 직렬연결 •

(2) 병렬연결 •

• 저항이나 전지를 여러 갈래로 연결하여 전류가 각 갈래로 흘러가게 한 것.

• 저항이나 전지를 일렬로 연결한 것.

예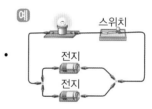

예

3 ( ) 안에 들어갈 단어를 보기에서 찾아 써 보자.

보기

저항   옴   자기장   전동기

(1) 코일에 전류를 흘려 주면 코일 주위에 자석의 힘이 미치는 공간인 (   )이/가 생긴다.

(2) 전기 에너지를 사용해 움직이는 대부분의 전기 기구에는 모터라고 부르는 (   )이/가 사용된다.

(3) 저항이 일정할 때 전압의 크기가 2배가 되면 전류의 세기도 비례하여 2배가 되는 관계를 (   )의 법칙이라고 한다.

(4) 전류가 흐를 때 구리선의 내부에서 이동하는 전자들이 원자와 충돌하기 때문에 구리선이 길거나 가늘면 전기 (   )이/가 커진다.

한자 어휘

倍(배), 加(가)가 들어간 단어

倍
곱 배

'배(倍)'는 주로 '곱', '갑절'이라는 뜻으로 쓰여. 어떤 수나 양을 두 번 합한 만큼을 '곱' 또는 '갑절'이라고 해.

加
더할 가

'가(加)'는 주로 '더하다', '가입하다', '미치다'라는 뜻으로 쓰여. '더하다'는 '더 보태어 늘리거나 많게 하다'의 뜻이야.

✏️ 단어와 그 뜻을 익히고, 빈칸에 알맞은 단어를 써 보자.

배액
곱 倍 + 일정한 액수 額
🔖 '額'의 대표 뜻은 '이마'임.

> 일정한 액수를 두 번 합하면 두 배의 금액이 되겠지?

두 배의 금액.

예 어머니께서는 물가가 올라서 작년 대비 생활비가 ☐☐이나 더 들었다며 놀라셨다.

배수
곱 倍 + 셈 數

> 어떤 수의 배가 되는 수를 말해.

어떤 수의 갑절이 되는 수.
어떤 수나 양을 두 번 합한 만큼

예 우리 회사는 신입사원을 뽑을 때 서류 심사에서는 모집 인원의 3☐☐를 선발한다.

설상가상
눈 雪 + 윗 上 +
더할 加 + 서리 霜

> 설상(雪上) + 가상(加霜)
> 눈 위   서리가 더함
> → 눈 위에 서리까지 덮이다.

난처한 일이나 불행한 일이 잇따라 일어나는 것을 이르는 말.

예 아침에 늦게 일어났는데 ☐☐☐☐으로 버스까지 놓쳤다.

플러스 개념어 **금상첨화**(비단 錦 + 윗 上 + 더할 添 + 꽃 花)
비단 위에 꽃을 더한다는 뜻으로, 좋은 일 위에 또 좋은 일이 더하여짐을 비유적으로 이르는 말.
예 공부도 잘하고 놀기도 잘하다니 금상첨화네.

가감
더할 加 + 덜 減

> '가감(加減)'은 덧셈과 뺄셈을 뜻하기도 해.

더하거나 빼는 일. 또는 그렇게 하여 알맞게 맞추는 일.

예 뉴스 기자라면 국민들에게 사실을 ☐☐ 없이 공정하게 보도해야 할 책임이 있다.

참가
참여할 參 + 가입할 加

> '가(加)'가 '가입하다'라는 뜻으로 쓰였어.

모임이나 단체에 들어가거나 일에 관계하여 들어감.

예 이번 지리산 등반에 산악회 회원들의 적극적인 ☐☐를 바랍니다.

플러스 개념어 **참여**
어떤 일에 끼어들어 관계함.
예 국민들 사이에 정치 참여 의식이 높아졌다.

가해
미칠 加 + 해할 害

> '가(加)'가 '미치다(영향을 가하다)'라는 뜻으로 쓰였어.

다른 사람의 생명이나 신체, 재산, 명예 등에 해를 끼침.

예 시민들의 안전을 위협하는 ☐☐ 행위를 해서는 안 된다.

확인 문제

1 뜻에 알맞은 단어를 빈칸에 써 보자.

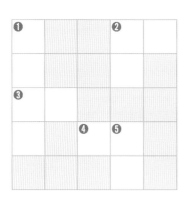

가로 열쇠

❷ 두 배의 금액.

❸ 더하거나 빼는 일. 또는 그렇게 하여 알맞게 맞추는 일.

❹ 모임이나 단체에 들어가거나 일에 관계하여 들어감.

세로 열쇠

❶ 눈 위에 서리가 덮인다는 뜻으로, 난처한 일이나 불행한 일이 잇따라 일어나는 것을 이르는 말.

❷ 어떤 수의 갑절이 되는 수.

❺ 다른 사람의 생명이나 신체, 재산, 명예 등에 해를 끼침.

2 ( ) 안에 들어갈 단어를 보기에서 찾아 써 보자.

보기

참가	배수	가감	가해

(1) 발표자는 ( ) 없는 솔직한 대화로 청중들의 관심을 이끌어 내었다.

(2) 국가 대표 축구 선수들은 월드컵 대회에 ( )하기 위해 오늘 출국하였다.

(3) 피해 입은 사람의 신분을 허락 없이 노출하는 것은 간접적인 2차 ( ) 행위이다.

(4) 연극반은 우선 정원의 ( )을/를 모집한 뒤, 면접과 실기를 통해 최종 합격자를 뽑을 예정이다.

3 상황에 어울리는 단어를 ( ) 안에서 골라 ○표 해 보자.

영문법 어휘

셀 수 없는 명사

영어에서 복수형을 취할 수 없는 명사를 '셀 수 없는 명사'라고 해. 셀 수 없는 명사에는 '물질명사, 추상명사, 고유명사'가 있으며 이 모두는 양의 많고 적음을 나타낼 수 있지만 복수형을 만들 수는 없어. 셀 수 없는 명사들의 뜻과 양의 많고 적음을 나타내는 수량 표시에 대해 공부해 보자.

✎ 단어와 그 뜻을 익히고, 빈칸에 알맞은 단어를 써 보자.

---

material noun

물질명사

물건 物 + 바탕 質 +
이름 名 + 말 詞

명사로서 형태를 특정 지을 수 없는 물질이나 재료를 나타내는 말. 주로 액체나 재료로 쓰인 고체, 기체, 음식 재료 등이 여기에 속함.

· **oil, gold, gas, rice**(기름, 금, 가스, 쌀)
　액체,　고체,　기체,　음식 재료

예 액체 water(물), milk(우유) 등, 고체 wood(목재), plastic(플라스틱) 등, 기체 air(공기) 등 그리고 음식 재료 coffee(커피), bread(빵) 등은 셀 수 없는 명사로 ☐☐☐이다.

---

abstract noun

추상명사

뽑을 抽 + 상징 象 +
이름 名 + 말 詞
👆'象'의 대표 뜻은 '코끼리'임.

명사로서 형태가 없고 추상적인 의미를 나타내는 말.

· Thank you for your **interest** and **help**.(너의 관심과 도움에 감사해.)
　　　　명사 interest(관심)와 help(도움)는 추상적인 의미를 나타내는 추상명사

예 "I got good information.(나는 좋은 정보를 얻었다.)"에서 'information(정보)'은 눈에 보이지 않는 ☐☐☐이다.

---

proper noun

고유명사

원래 固 + 있을 有 +
이름 名 + 말 詞
👆'固'의 대표 뜻은 '굳다'임.

명사로서 특정한 사람 이름, 장소 이름을 가리키는 말. 사람 이름, 도시 이름, 국가 이름이 이에 해당됨.

· **Ted** lives in **Chicago**.(Ted는 시카고에 살고 있어.)
　사람 이름 Ted와 장소 이름 Chicago는 고유명사

예 "She is from Seoul, Korea.(그녀는 한국의 서울 출신이다.)"에서 'Seoul'과 'Korea'는 장소 이름을 가리키는 ☐☐☐☐이다.

플러스 개념어 고유명사 표기
고유명사는 첫 글자를 항상 대문자로 써야 함. 세상에서 유일한 존재로 특정한 것임을 나타내려고 대문자로 씀.
예 The Eiffel Tower is in Paris.
(에펠탑은 파리에 있다.)

---

measure words

수량 표시

수효 數 + 분량 量 +
표할 標 + 보일 示
👆'數'의 대표 뜻은 '셈'이고, '量'의 대표 뜻은 '헤아리다'임.

물질명사의 수나 양을 나타내 주는 말. 수량 표시는 주로 그릇이나 단위를 사용하여 나타냄.

· I drink **a cup of** coffee.(나는 커피 한 잔을 마신다.)
　a cup of는 물질명사 coffee의 수량 표시

예 'a glass of(한 잔)', 'a piece of(한 장)', 'a bottle of(한 병)'는 물질명사에 대한 ☐☐☐이다.

플러스 개념어 복수의 수량 표시
물질명사의 수나 양은 주로 그릇이나 단위로 나타내는데, 그것이 여러 개로 양이 많을 때는 그릇이나 단위를 복수형으로 써서 나타냄.
예 I drink three cups of coffee.
(나는 커피 3잔을 마셔.)

확인 문제

정답과 해설 ▶ 23쪽

1 단어의 뜻을 찾아 선으로 연결해 보자.

(1) 물질명사 •   • 특정한 사람 이름, 장소 이름을 가리키는 말.

(2) 추상명사 •   • 물질명사의 수나 양을 나타내는 말.

(3) 고유명사 •   • 형태를 특정 지을 수 없는 물질이나 재료를 나타내는 말.

(4) 수량 표시 •   • 형태가 없고 추상적인 의미를 나타내는 말.

2 단어가 해당하는 것을 보기 에서 찾아 사다리를 타고 내려간 곳에 기호를 써 보자.

보기
ㄱ 물질명사
ㄴ 추상명사
ㄷ 고유 명사
ㄹ 수량 표시

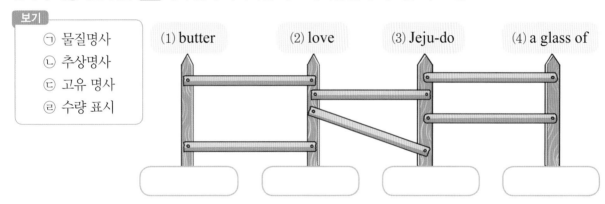

(1) butter   (2) love   (3) Jeju-do   (4) a glass of

3 밑줄 친 명사의 종류가 맞으면 ○표, 맞지 않으면 ✕표 해 보자.

(1)
I need a piece of **paper**. (나는 종이 한 장이 필요해.)
고유명사   (   )

(2)
Let's develop our **imagination**.(우리의 상상력을 키우자.)
추상명사   (   )

(3)
They go to the **Seoul Station**.(그들은 서울역으로 간다.)
추상명사   (   )

(4)
We drink two cups of **coffee**.(우리는 두 잔의 커피를 마신다.)
물질명사   (   )

✏️ 2주차 1~5회에서 공부한 단어를 떠올리며 문제를 풀어 보자.

국어 + 수학

1 뜻에 알맞은 단어와 이에 대한 반의어를 써 보자.

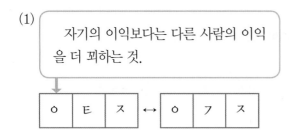

(1)
자기의 이익보다는 다른 사람의 이익을 더 꾀하는 것.

| ㅇ | ㅌ | ㅈ | ↔ | ㅇ | ㄱ | ㅈ |

(2)
어떤 수보다 큰 수.

| ㅊ | ㄱ | ↔ | ㅁ | ㅁ |

사회

2 빈칸에 들어갈 단어를 보기에서 찾아 써 보자.

보기

집대성   추대   창시

(1) 그는 회원들의 열렬한 지지를 얻어 회장으로 (   ) 되었다.

(2) 이슬람교를 (   )한 마호메트는 아라비아 반도를 통일했다.

(3) 허준이 지은 『동의보감』은 중국과 우리나라의 의학 서적을 하나로 모아 당시 의학을 (   ) 했다는 평가를 받고 있다.

과학

3 ㉠, ㉡과 바꿔 쓸 수 있는 단어를 (   ) 안에서 골라 ○표 해 보자.

• ㉠전하의 흐름의 방향은 전지의 (＋)극에서 전선을 따라 (－)극 쪽으로 향한다.
• 전지의 ㉡전류를 흐르게 하는 힘이 클수록 더 센 전류를 흐르게 할 수 있다.

(1) ㉠ → (전류 , 전자)   (2) ㉡ → (전압 , 전력)

수학

4 문장에서 밑줄 친 단어의 사용이 알맞으면 ○표, 알맞지 않으면 ✕표 해 보자.

(1) $3x(2x+3)=6x^2+9x$는 분배법칙을 이용하여 계산한 것이다. (   )

(2) $2x-3y+3x-2y$에서 동류항은 $2x$와 $-2y$, $3x$와 $-3y$이다. (   )

국어

5 문장에 어울리는 단어를 (   ) 안에서 골라 ○표 해 보자.

(1) 전체를 여러 부분으로 나누어 설명하는 방법을 (분류 , 분석)이라고 한다.

(2) 그의 갑작스러운 사망은 우리에게 삶과 죽음에 대해 (사유 , 연유)할 기회를 주었다.

(3) 과거에 매어 있지 말고 앞으로의 시대에 무엇을 (지향 , 지양)할 것인지 생각해야 한다.

과학

6 밑줄 친 단어의 뜻으로 알맞은 것에 ○표 해 보자.

> 휴대 전화가 작동되지 않은 것은 전지의 방전 때문일 수 있다.

(1) 축전기를 사용하여 많은 양의 전기를 모으는 것. (   )

(2) 전지나 축전기 또는 전기를 띤 물체에서 전기가 외부로 흘러나오는 현상. (   )

한자

7 밑줄 친 단어 중 '더할 가(加)'가 들어간 것을 골라 ○표 해 보자.

(1) 최악의 상황을 <u>가정</u>하고 대책을 세웠다. (   )

(2) 체력에 맞추어 운동량을 <u>가감</u>하는 것이 바람직하다. (   )

(3) 주최측은 행사 <u>참가</u> 연령을 15세 이상으로 제한하고 있다. (   )

영문법

8 뜻에 알맞은 단어와 예를 찾아 선으로 이어 보자.

(1) 형태를 특정 지을 수 없는 물질을 나타내는 명사.	물질명사	예 Jeju-do, James
(2) 형태가 없고 추상적인 의미를 나타내는 명사.	고유명사	예 peace(평화), dream(꿈)
(3) 특정한 사람이나 장소의 이름을 나타내는 명사.	추상명사	예 paper(후추), air(공기)

3주차 어휘 미리 보기

한 주 동안
공부할 어휘들이야.
쏙 한번 훑어볼까?

1회 학습 계획일 ◯월 ◯일

국어 교과서 어휘	역사 교과서 어휘
음절	낙후
이중 모음	제국주의
겹받침	거점
대표음	이권
형태소	봉쇄
접사	급진적
어미	수공업

2회 학습 계획일 ◯월 ◯일

수학 교과서 어휘	과학 교과서 어휘
이항	지구의 자전
일차부등식	일주 운동
일차방정식	지구의 공전
미지수가 2개 인 일차방정식	연주 운동
연립방정식	황도
연립방정식의 해	황도 12궁
	달의 위상

3회 학습 계획일 ◯월 ◯일

국어 교과서 어휘	역사 교과서 어휘
의사소통	자유방임주의
발화	적자생존
담화	정당화
상황 맥락	조약
사회·문화적 맥락	개항
지시 표현	보수적
	자강

4회 학습 계획일 ◯월 ◯일

수학 교과서 어휘	과학 교과서 어휘
대입	달의 공전
대입법	일식
가감법	월식
함수	행성
함숫값	내행성
일차함수	외행성
	지구형 행성
	목성형 행성

5회 학습 계획일 ◯월 ◯일

한자 어휘	영문법 어휘
분리	원급
연분	비교급
안분지족	열등비교
배정	최상급
천생배필	

어휘력 테스트

4주차 어휘 학습으로 가 보자!

✏️ 단어와 그 뜻을 익히고, 빈칸에 알맞은 단어를 써 보자.

음절 소리 音 + 마디 節	독립하여 발음할 수 있는 가장 작은 소리의 단위. 예 '나무'는 '나'와 '무'로 나뉘므로 2개의 ☐☐로 이루어진 단어이다.	목 자음: ㅁ → 초성(첫소리) 모음: ㅗ → 중성(가운뎃소리) 자음: ㄱ → 종성(끝소리)
이중 모음 두 二 + 겹칠 重 + 어머니 母 + 소리 音 👆 '重'의 대표 뜻은 '무겁다'임.	발음할 때 혀나 입술 모양이 달라지면서 소리가 나오는 모음. 이중 모음에는 'ㅑ, ㅒ, ㅕ, ㅖ, ㅘ, ㅙ, ㅛ, ㅝ, ㅞ, ㅠ, ㅢ' 등이 있음. 예 '시계'를 [시계]뿐만 아니라 [시게]로도 발음하는 이유는 ☐☐인 'ㅖ'를 [ㅔ]로도 발음하기 때문이다.	
겹받침	서로 다른 두 개의 자음자로 이루어진 받침. 'ㄳ', 'ㄵ', 'ㄼ', 'ㅄ' 등 예 '몫'과 '값'은 서로 다른 자음자로 이루어진 ☐☐☐이 쓰인 단어이다.	플러스 개념어 쌍받침 같은 자음자가 겹쳐서 된 받침. 'ㄲ', 'ㅆ'이 있음.
대표음 대신할 代 + 나타낼 表 + 소리 音 👆 '表'의 대표 뜻은 '겉'임.	받침소리로 'ㄱ, ㄴ, ㄷ, ㄹ, ㅁ, ㅂ, ㅇ'의 7개의 자음만 발음되는 것. 예 '웃다'는 [욷:따]로 소리 나므로 'ㅅ' 받침이 인 [ㄷ]으로 발음됨을 알 수 있다.	플러스 개념어 음절의 끝소리 규칙 음절의 끝소리에는 대표음 7가지만 올 수 있다는 규칙. 이외의 자음이 오면 대표음 중 하나로 바뀜. • ㅍ → ㅂ 예 앞[압] • ㅅ, ㅆ, ㅈ, ㅊ, ㅌ → ㄷ 예 꽃[꼳] • ㄲ, ㅋ → ㄱ 예 부엌[부억]
형태소 모양 形 + 모습 態 + 성질 素	뜻을 가진 가장 작은 말의 단위. 예 '이야기책'은 '이야기'와 '책'의 두 ☐☐로 이루어진다.	플러스 개념어 • 실질 형태소: 구체적인 대상이나 동작, 상태를 표시함. • 형식 형태소: 말과 말 사이의 문법적인 관계를 나타냄. ┌─ 형식 형태소 예 밥 을 먹 다 └─ 실질 형태소
접사 이을 接 + 말씀 辭	어근이나 단어에 붙어 특별한 뜻을 더하거나 단어의 품사를 바꾸는 것. 어근의 앞에 붙는 접두사와 어근의 뒤에 붙는 접미사가 있음. 예 '맨손'의 '맨–'은 어근의 앞에, '장사꾼'의 '–꾼'은 어근의 뒤에 붙어 뜻을 제한하는 ☐☐이다.	플러스 개념어 어근 형태소가 결합할 때 실질적인 의미를 가진 부분. 맨손 → 맨– 접두사 + 손 어근 높이 → 높 어근 + –이 접미사
어미 말씀 語 + 꼬리 尾	용언, 서술격 조사를 활용할 때 변하는 부분. 문장 안에서 서술하는 역할을 하는 동사와 형용사 예 '깊다, 깊구나, 깊으니…'에서 변하는 부분인 '–다, –구나, –으니'는 ☐☐이다.	플러스 개념어 어간 용언, 서술격 조사를 활용할 때 변하지 않는 부분. 예 덮고, 덮으니 └─ 어간

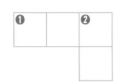

확인 문제

정답과 해설 ▶ 26쪽

1 뜻에 알맞은 단어를 빈칸에 써 보자.

❶		❷

(가로 열쇠) ❶ 받침소리로 'ㄱ, ㄴ, ㄷ, ㄹ, ㅁ, ㅂ, ㅇ'의 7개의 자음만 발음되는 것.
(세로 열쇠) ❷ 독립하여 발음할 수 있는 가장 작은 소리의 단위.

2 빈칸에 알맞은 말을 초성을 바탕으로 써 보자.

(1) 형태소: ㄸ 을 가진 가장 작은 말의 단위.

(2) 겹받침: 서로 다른 두 개의 ㅈ ㅇ ㅈ 로 이루어진 받침.

(3) 이중 모음: 발음할 때 혀나 ㅇ ㅅ 모양이 달라지면서 소리가 나오는 모음.

3 문장에 어울리는 단어를 ( ) 안에서 골라 ○표 해 보자.

(1) '몫'의 'ㄳ'은 서로 다른 두 개의 자음자로 이루어진 (쌍받침 , 겹받침)이다.
(2) '갚다'에서 받침 'ㅍ'이 [ㅂ]으로 소리 나는 것은 'ㅍ'의 (대표음 , 형태소)이/가 'ㅂ'이기 때문이다.

4 단어의 뜻과 예를 찾아 선으로 이어 보자.

(1) 어미 • • 어근이나 단어에 붙어 특별한 뜻을 더하거나 단어의 품사를 바꾸는 것. • •
예
먹다, 먹으니

(2) 접사 • • 용언, 서술격 조사를 활용할 때 변하는 부분. • •
예
군밤, 가위질

✏️ 단어와 그 뜻을 익히고, 빈칸에 알맞은 단어를 써 보자.

낙후
떨어질 落 + 뒤떨어질 後
🖱 '後'의 대표 뜻은 '뒤'임.

기술이나 문화, 생활 등의 수준이 뒤떨어짐.
예 러시아의 알렉산드르 2세는 전쟁에서 패배하여 경제가 ⬜⬜ 되자 개혁을 실시하였다.

플러스 개념어 **후진**
어떤 발전 수준에 뒤지거나 뒤떨어짐.

제국주의
임금 帝 + 나라 國 + 주장할 主 + 뜻 義
🖱 '主'의 대표 뜻은 '임금', '義'의 대표 뜻은 '옳다'임.

힘이 강한 나라가 군사력과 경제력을 앞세워 힘이 약한 나라를 식민지로 삼는 정책.
예 19세기에 교통과 통신이 발달하면서 강대국들은 식민지를 점령하기 위해 ⬜⬜⬜⬜ 정책을 내세웠다.

플러스 개념어 **제국**
왕이나 제후를 거느리고 나라를 통치하는 황제가 다스리는 나라.

거점
근거 據 + 점 點

어떤 활동을 하는 데 중요한 근거지가 되는 지점.
예 19세기에 프랑스는 영토를 넓히기 위해 아프리카의 알제리를 ⬜⬜ 으로 정하였다.

이권
이로울 利 + 권리 權
🖱 '權'의 대표 뜻은 '권세'임.

경제적 이익을 얻을 수 있는 권리.
예 19세기에 영국은 라틴 아메리카에 자본을 빌려준 대가로 철도와 광산 등의 ⬜⬜ 을 차지하면서 경제적 이익을 얻었다.

봉쇄
봉할 封 + 잠글 鎖
🖱 '鎖'의 대표 뜻은 '쇠사슬'임.

굳게 막거나 잠그는 것.
예 전쟁이 일어나 국경이 ⬜⬜ 되자 사람들은 몰래 국경을 넘어 탈출하였다.

급진적
급할 急 + 나아갈 進 + ~한 상태로 되는 的
🖱 '的'의 대표 뜻은 '과녁'임.

발전 또는 변화의 속도가 급히 이루어지는 것.
예 짧은 기간에 ⬜⬜⬜ 성장을 이루어 내었다.

플러스 개념어 **점진적**
조금씩 앞으로 나아가는 것.
예 점진적인 개선

수공업
손 手 + 장인 工 + 업 業

손이나 도구를 사용하여 생산하는 규모가 작은 공업.
예 18세기에 영국에서 기계 공업이 증가하면서 전통적인 ⬜⬜⬜ 은 점차 설 자리를 잃었다.

확인 문제

1 뜻에 알맞은 단어를 보기 에서 찾아 사다리를 타고 내려간 곳에 써 보자.

보기

낙후   제국주의   이권   수공업

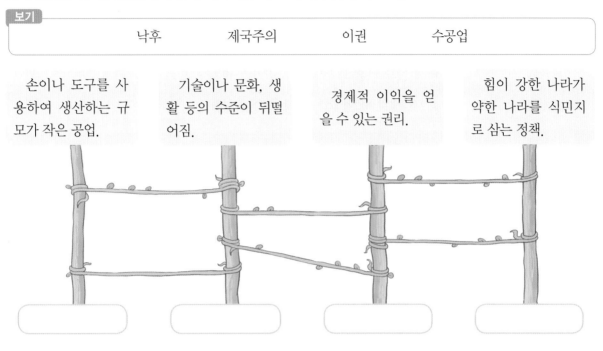

손이나 도구를 사용하여 생산하는 규모가 작은 공업.

기술이나 문화, 생활 등의 수준이 뒤떨어짐.

경제적 이익을 얻을 수 있는 권리.

힘이 강한 나라가 약한 나라를 식민지로 삼는 정책.

2 밑줄 친 부분과 바꿔 쓸 수 있는 단어로 알맞은 것은?

(1) 전염병이 돌자 성문을 굳게 막고 잠가 사람들이 드나들지 못하게 하였다. (   )

① 개방하여   ② 파쇄하여   ③ 공개하여   ④ 봉쇄하여   ⑤ 봉인하여

(2) '급히 먹는 밥이 목이 멘다.'라는 말처럼 속도가 급하게 이루어지는 개혁은 부작용이 생길 수 있다.

(   )

① 점진적   ② 급진적   ③ 편파적   ④ 순차적   ⑤ 진보적

3 (   ) 안에 들어갈 단어를 보기 에서 찾아 써 보자.

보기

거점   이권   수공업

(1) 이번 계획의 성공은 유리한 (   )을/를 확보하는 것에 달려 있다.

(2) 19세기는 식민지를 차지하려는 강대국들의 경쟁과 (   ) 다툼이 많았던 시기였다.

(3) 그 장인은 5대째 가업으로 이어 온 (   ) 기술로 전통 부채를 만드는데, 기술뿐만 아니라 예술성도 뛰어나 무형 문화재로 인정받았다고 한다.

✏️ 단어와 그 뜻을 익히고, 빈칸에 알맞은 단어를 써 보자.

이항
옮길 移 + 항목 項

한 변에 있는 항을 부호를 바꾸어 다른 변으로 옮기는 것.

📗 $x-3>2$의 좌변에 있던 -3을 우변으로 옮겨 [   ]하면 $x>2+3$, 즉 $x>5$이다.

일차부등식
한 一 + 횟수 次 +
아닐 不 + 같을 等 + 법식 式
🖐 '次'의 대표 뜻은 '버금', '等'의 대표 뜻은 '무리'임.

부등식의 모든 항을 좌변으로 이항하여 정리한 식이 (일차식)>0, (일차식)<0, (일차식)≥ 0, (일차식)≤ 0 중 어느 하나의 꼴로 나타나는 부등식.

📗 $3x-1\geq 4$의 4를 좌변으로 이항하면 $3x-5\geq 0$이다. 이는 (일차식)≥ 0의 꼴로 나타나는 부등식이므로 [   ]이다.

일차방정식
한 一 + 횟수 次 +
모 方 + 가늠할 程 + 법식 式
🖐 '程'의 대표 뜻은 '한도'임.

방정식에서 구하려고 하는 수
미지수의 가장 높은 차수가 일차인 방정식으로, (x에 대한 일차식)$=0$의 꼴로 변형되는 방정식.

📗 $2x-1=x-3$에서 우변에 있는 항 x와 -3을 모두 좌변으로 이항하여 정리한 식 $2x-x-1+3=0$, $x+2=0$의 꼴로 변형된 방정식이 [   ]이다.

미지수가 2개인 일차방정식

미지수가 2개이고 차수가 1인 방정식.
$ax+by+c=0$ (a, b, c는 상수, $a\neq 0$, $b\neq 0$)

📗 $3x-4=2$는 [   ]가 x로 1개인 일차방정식이고, $2x-3y-1=0$은 [   ]가 x, y로 2개이고 차수가 1인 방정식이다.

연립방정식
나란히 할 聯 + 설 立 +
모 方 + 가늠할 程 + 법식 式

여러 개의 방정식을 하나로 묶어 나타낸 방정식.

📗 미지수가 x, y인 두 일차방정식을 묶어 놓은 $\begin{cases} x-2y=-3 \\ 2x+y=4 \end{cases}$를 미지수가 2개인 [   ]이라고 한다.

플러스 개념어 연립
여럿이 어울려 섬. 또는 그렇게 서서 하나의 형태로 만듦.

연립방정식의 해
나란히 할 聯 + 설 立 +
모 方 + 가늠할 程 + 법식 式 +
의 + 풀 解

연립방정식의 두 방정식을 동시에 만족시키는 x, y의 값.

📗 연립방정식 $\begin{cases} x+y=5 & \cdots\cdots \text{㉠} \\ 2x+y=7 & \cdots\cdots \text{㉡} \end{cases}$ 에서

㉠의 해는

x	1	2	3	4
y	4	3	2	1

㉡의 해는

x	1	2	3
y	5	3	1

이므로 두 방정식을 동시에 만족시키는 x, y의 값 $x=2$, $y=3$은 [   ]의 [ ]이다.

1 뜻에 알맞은 단어를 글자판에서 찾아 묶어 보자.(단어는 가로, 세로, 대각선 방향에서 찾기)

연	식	미	전	일
장	립	과	차	등
이	등	방	허	수
항	정	구	정	면
식	부	호	이	식

❶ 여러 개의 방정식을 하나로 묶어 나타낸 방정식.

❷ 한 변에 있는 항을 부호를 바꾸어 다른 변으로 옮기는 것.

❸ 미지수의 가장 높은 차수가 일차인 방정식으로, (x에 대한 일차식)=0의 꼴로 변형되는 방정식.

2 문장에서 밑줄 친 단어의 사용이 알맞으면 ○표, 알맞지 <u>않으면</u> ✕표 해 보자.

(1) $-x < -x+5$는 <u>일차부등식</u>이다. (　　　)

(2) $2x^2 - x = x^2 - 2x$는 <u>일차방정식</u>이다. (　　　)

(3) $\begin{cases} x-4y=-7 \\ 3x+y=6 \end{cases}$ 은 <u>연립방정식</u>이다. (　　　)

(4) $x+3y=2-x$는 <u>미지수가 2개인 일차방정식</u>이다. (　　　)

3 빈칸에 알맞은 말을 초성을 바탕으로 써 보자.

(1) $2x-1 > x+3$에서 좌변의 -1을 우변으로, 우변의 x를 좌변으로

각각 | ㅇ | ㅎ | 하면

$2x-x > 3+1$, $x > 4$ 이다.

(2) $x^2 + 3x + 1 < 2x + x^2$에서 우변의 항을 | ㅇ | ㅎ |

하여 정리하면

$x^2 - x^2 + 3x - 2x + 1 < 0$, $x+1 < 0$이므로

| ㅇ | ㅊ | ㅂ | ㄷ | ㅅ |

이다.

(3) $\begin{cases} 3x-y=4 \\ x-y=2 \end{cases}$ 는

| ㅁ | ㅈ | ㅅ | 가 x, y인

일차방정식을 묶어 놓은 것으로

| ㅇ | ㄹ | ㅂ | ㅈ | ㅅ |

이라고 한다.

과학 교과서 어휘

✏️ 단어와 그 뜻을 익히고, 빈칸에 알맞은 단어를 써 보자.

지구의 자전
땅 地 + 공 球 + 의 +
스스로 自 + 회전할 轉

북극과 남극을 일자로 연결한 축
지구가 자전축을 중심으로 하루에 한 바퀴씩 서쪽에서 동쪽으로 회전하는 운동.
예 낮과 밤이 반복되는 현상은 지구의 ☐☐ 때문이다.

일주 운동
날 日 + 두루 周 +
옮길 運 + 움직일 動

천구상의 천체가 하루에 한 바퀴씩 동에서 서로 원을 그리며 움직이는 운동. 지구가 자전하기 때문에 나타나는 겉보기 운동임.
예 우리나라에서 바라본 별의 ☐☐☐ 모습은 북쪽 하늘에서는 북극성을 중심으로 별이 동쪽에서 서쪽으로 움직인다.

지구의 공전
땅 地 + 공 球 + 의 +
공평할 公 + 회전할 轉

지구가 태양을 중심으로 일 년에 한 바퀴씩 서쪽에서 동쪽으로 회전하는 운동.
예 계절에 따른 변화 현상은 지구의 ☐☐ 때문이다.

연주 운동
해 年 + 두루 周 +
옮길 運 + 움직일 動

지구의 공전으로 인해 지구상의 관측자에게는 태양이 서에서 동으로 움직이는 것으로 보이는 겉보기 운동.
예 태양의 ☐☐☐ 은 태양이 별자리 사이를 하루에 약 1°씩 동쪽으로 이동하여 1년 후에 원래의 위치로 돌아오는 운동이다.

황도
누를 黃 + 길 道

태양이 연주 운동을 하며 별자리 사이를 지나가는 길.
예 ☐☐ 상의 태양의 위치를 전체 4등분하여 춘분, 하지, 추분, 동지점을 표시한다.

황도 12궁
누를 黃 + 길 道 +
12 + 별자리 宮
👉'宮'의 대표 뜻은 '집'임.

황도 주변에 있는 12개의 주요 별자리.
예 황도 전체를 30°씩 12등분한 영역마다 물고기자리, 양자리, 황소자리, 쌍둥이자리, 게자리, 사자자리, 처녀자리, 천칭자리, 전갈자리, 궁수자리, 염소자리, 물병자리의 12 별자리가 있는데 이를 ☐☐ 12 ☐ 이라고 한다.

달의 위상
달의 + 위치 位 + 모양 相

지구에서 볼 때, 달 표면이 빛을 받아 나타나는 여러 가지 달의 모양.
예 달의 ☐☐ 이 변하는 까닭은 달이 지구 주위를 음력 한 달을 주기로 공전하기 때문이다.
• **삭**: 달이 태양과 지구 사이에 들어가 일직선을 이루는 때. 달이 빛을 반사하지 않아 보이지 않음.
• **망**: 지구를 기준으로 달과 태양이 정반대에 놓여 보름달로 보일 때.
• **상현**: 삭과 망 사이에 위치하여 오른쪽 반달이 보일 때.
• **하현**: 망과 삭 사이에 위치하여 왼쪽 반달이 보일 때.

확인 문제

1 뜻에 알맞은 단어가 되도록 보기 의 글자를 조합해 써 보자.(같은 글자가 여러 번 쓰일 수 있음.)

보기

| 공 | 동 | 일 | 전 | 운 | 자 | 주 |

(1) 지구가 자전축을 중심으로 하루에 한 바퀴씩 서에서 동으로 회전하는 운동. → 지구의 [　][　]

(2) 지구가 태양을 중심으로 일 년에 한 바퀴씩 서에서 동으로 회전하는 운동. → 지구의 [　][　]

(3) 천구상의 천체가 하루에 한 바퀴씩 동에서 서로 원을 그리며 도는 운동. → [　][　][　][　]

2 뜻에 알맞은 단어를 찾아 선으로 이어 보자.

(1) 망과 삭 사이에 위치하여 왼쪽 반달이 보일 때. •
　　　　　　　　　　　　　　　　　　　　　　　• 망

(2) 삭과 망 사이에 위치하여 오른쪽 반달이 보일 때. •
　　　　　　　　　　　　　　　　　　　　　　　• 삭

(3) 달이 태양과 지구 사이에 들어가 일직선을 이뤄 보이지 않을 때. •
　　　　　　　　　　　　　　　　　　　　　　　• 상현

(4) 지구를 기준으로 달과 태양이 정반대에 놓여 보름달로 보일 때. •
　　　　　　　　　　　　　　　　　　　　　　　• 하현

3 (　　) 안에 들어갈 단어를 보기 에서 찾아 써 보자.

보기

| 공전 | 황도 | 위상 | 연주 운동 | 황도 12궁 |

(1) 북반구에서 관측할 때와 남반구에서 관측할 때 달의 (　　　　)이/가 변하는 방향은 서로 반대이다.

(2) 지구가 태양을 (　　　　)하면 태양이 황도를 따라 (　　　　)을/를 하므로 계절에 따라 밤 하늘에서 관측되는 별자리가 달라진다.

(3) '황소자리'와 '쌍둥이자리'는 태양이 연주 운동을 하면서 지나가는 길인 (　　　　) 주변에 위치한 주요 별자리인 (　　　　)에 속한다.

✏️ 단어와 그 뜻을 익히고, 빈칸에 알맞은 단어를 써 보자.

의사소통 뜻 意 + 생각 思 + 소통할 疏 + 통할 通	가지고 있는 생각이나 뜻이 서로 통함. 예 외국인과 대화할 때에는 서로의 문화 차이를 고려하면서 [　　　　]을 해야 한다.	
발화 펼 發 + 말할 話	의사소통하는 상황에서 생각이 문장 단위로 나타나는 것. 예 말하는 이의 상황이 어떤지에 따라 똑같은 [　　]를 하더라도 그 의미가 달라질 수 있다.	동음이의어 발화(펼 發 + 불 火) 불이 일어나거나 타기 시작함. 또는 그렇게 되게 함. 예 소방관들은 화재를 진압한 뒤 발화의 원인을 찾아 나섰다.
담화 말씀 談 + 말할 話	발화가 모여서 이루어진 것. 예 말하는 이와 듣는 이, 전하는 내용이 있어야 하나의 완전한 [　　]가 이루어질 수 있다.	다의어 담화 ① 서로 이야기를 주고받음. 　예 담화를 나누다. ② 한 단체나 공적인 자리에 있는 사람이 어떤 문제에 대한 견해나 태도를 밝히는 말. 　예 특별 담화
상황 맥락 형상 狀 + 상황 況 + 줄기 脈 + 이을 絡	말하는 이, 듣는 이, 구체적 시간과 공간, 주제와 목적 등에 따라 형성되는 맥락. 예 대화를 나눌 때 말하는 이가 처한 상황을 파악해야 [　　　]을 이해하는 데 도움이 된다.	플러스 개념어 맥락 말하는 이와 듣는 이 사이의 담화에 영향을 끼치는 배경이나 환경. 상황 맥락과 사회·문화적 맥락으로 나누어짐. 예 그는 대화의 맥락을 파악하지 못하고 엉뚱한 말만 계속하고 있다.
사회·문화적 맥락 모일 社 + 모일 會 + 글월 文 + 될 化 + ~한 상태로 되는 的 + 줄기 脈 + 이을 絡	역사적·사회적 환경, 가치, 신념 등에 의해 형성되는 맥락. 예 제주도 방언인 '옵데강?'을 다른 지역 사람들이 알아듣지 못하는 것은 [　　]·[　　　] [　　]을 이해하지 못했기 때문이다.	
지시 표현 가리킬 指 + 보일 示 + 드러낼 表 + 나타날 現 🖱 '表'의 대표 뜻은 '겉'임.	무엇을 가리킴의 기능을 하는 표현. 예 "이 공을 차서 거기로 보낼 테니까 잘 막아 봐."에서 밑줄 친 '이'나 '거기'는 어떤 대상이나 장소를 가리키는 [　　　]이다.	

1 빈칸에 공통으로 들어갈 단어를 초성을 바탕으로 써 보자.

- [　　　]은/는 '가지고 있는 생각이나 뜻이 서로 통함'을 뜻한다.
- [　　　]하는 상황에서 생각이 문장 단위로 나타나는 것을 '발화'라 한다.

→ | ㅇ | ㅅ | ㅅ | ㅌ |

2 단어의 뜻을 찾아 선으로 이어 보자.

(1) 상황 맥락 •

(2) 사회·문화적 맥락 •

• 역사적·사회적 환경, 가치, 신념 등에 의해 형성되는 맥락.

• 말하는 이, 듣는 이, 구체적 시간과 공간, 주제와 목적 등에 따라 형성되는 맥락.

3 빈칸에 들어갈 말을 초성을 바탕으로 써 보자.

와~ 국이 정말 시원하다!

국이 뜨거운데 왜 시원하다고 하는 거지?

뜨거운 국을 먹으며 '시원하다'라고 말하는 것을 외국인이 이상하게 생각한 이유는 담화의 | ㅅ | ㅎ | · | ㅁ | ㅎ | ㅈ | ㅁ | ㄹ |을 이해하지 못했기 때문이다.

4 (　　) 안에 들어갈 단어를 보기 에서 찾아 써 보자.

보기 ┌─────────────────────────────────────┐
　　　　　　담화　　　　　　지시 표현

(1) '이 반지가 마음에 든다.'에서 반지가 말하는 이와 가까이 있음을 알 수 있는 것은 '이'라는 (　　　　　) 때문이다.

(2) 정부가 추진 중인 쓰레기 소각장 건립 때문에 주민들이 모여 (　　　　　)을/를 나누었으나 서로의 입장 차이로 결론을 내지 못했다.

역사 교과서 어휘

🖉 단어와 그 뜻을 익히고, 빈칸에 알맞은 단어를 써 보자.

자유방임주의

스스로 自 + 말미암을 由 +
놓을 放 + 맡길 任 +
주장할 主 + 뜻 義
👆 '主'의 대표 뜻은 '임금', '義'의 대표 뜻은 '옳다'임.

정부의 간섭을 최소한으로 제한하고 개인의 재산과 기업의
자유를 보장해야 한다는 이론.

예 애덤 스미스는 생산자와 소비자의 자유로운 경제 활동을 보장해야
한다는 내용의 ☐☐☐☐☐☐를 주장하였다.

플러스 개념어 방임
간섭하거나 돌보지 않고
아무렇게나 내버려 둠.

적자생존

알맞을 適 + 사람 者 +
살 生 + 있을 存
👆 '生'의 대표 뜻은 '나다'임.

환경에 적응할 수 있는 생물만 살아남고, 그렇지 못한 것은 없어지는 현상.

예 19세기에 다윈은 『종의 기원』이라는 책에서 환경에 대한 적응력이 강한 생물만이 살아남는
☐☐☐☐의 원리를 주장하였다.

정당화

바를 正 + 마땅 當 + 될 化

사리에 맞고 옳아 정의로운 성질
정당성이 없거나 정당성에 의문이 있는 것을 무엇으로 둘러대어 정당한 것으로
만듦.

예 제국주의 국가들은 아프리카의 민족이 미개하므로 그들을 식민지로 삼아 문명화하는 것이 그
들에게 베푸는 은혜라며 식민지 침략을 ☐☐하였다.

조약

조목 條 + 맺을 約
👆 '條'의 대표 뜻은 '가지'임. '조목'은 법률
이나 규정 등에 제시된 낱낱의 항목을 뜻
함.

국가와 국가 사이에 권리와 조건 등을 문서로 작성하여 합의한 약속.

예 1876년에 조선이 일본과 맺은 강화도 ☐☐은 조선에 불리한 내용을 담고 있었다.

개항

열 開 + 항구 港

외국의 배나 상품 등이 들어올 수 있도록 항구를 여는 것.

예 19세기에 영국과의 전쟁에서 패한 청은 영국에 홍콩을 넘겨주고, 상하이 등 5개 항구를 ☐☐
하였다.

보수적

지킬 保 + 지킬 守 +
~한 상태로 되는 的
👆 '的'의 대표 뜻은 '과녁'임.

새로운 것이나 변화를 반대하고 전통적인 것을 지키
려는 것.

예 19세기 후반에 조선은 개혁을 주장하는 급진적 세력과 전통
질서를 지키려는 ☐☐☐ 세력이 서로 대립하였다.

반의어 진보적
사회의 발전과 변화를 추구하는 것.
예 우리나라 최초의 여성 서양화
가인 나혜석은 여성 운동을 이
끈 진보적 인물이다.

자강

스스로 自 + 힘쓸 強

스스로 힘써 마음과 몸을 가다듬음.

예 조선은 나라 이름을 대한 제국으로 바꾼 뒤 군사 제도를 개혁하고 상공업을 일으켜 ☐☐을
꾀하였다.

확인 문제

1 뜻에 알맞은 단어를 빈칸에 써 보자.

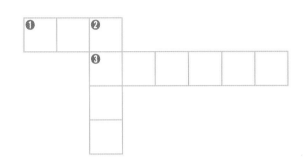

가로 열쇠
❶ 새로운 것이나 변화를 반대하고 전통적인 것을 지키려는 것.
❸ 정부의 간섭을 최소한으로 제한하고 개인의 재산과 기업의 자유를 보장해야 한다는 이론.

세로 열쇠
❷ 환경에 적응할 수 있는 생물만 살아남고, 그렇지 못한 것은 없어지는 현상.

2 뜻에 알맞은 단어를 찾아 선으로 이어 보자.

(1) 스스로 힘써 마음과 몸을 가다듬음. •
• 개항

(2) 외국의 배나 상품 등이 들어올 수 있도록 항구를 여는 것. •
• 자강

(3) 국가와 국가 사이에 권리와 조건 등을 문서로 작성하여 합의한 약속. •
• 조약

3 ( ) 안에 들어갈 단어를 보기에서 찾아 써 보자.

보기

보수적   적자 생존   정당화

(1) 민주 사회에서 폭력은 어떠한 방법으로도 (   )될 수 없다.

(2) 우리 아버지는 (   )(이)라 민소매 옷이나 짧은 반바지를 못 입게 하신다.

(3) 텔레비전에서 본 생존 게임은 강한 자만이 살아남는 (   )의 법칙을 따르고 있다.

수학 교과서 어휘

✏️ 단어와 그 뜻을 익히고, 빈칸에 알맞은 단어를 써 보자.

대입
대신할 代 + 들어갈 入

문자를 사용한 식에서 문자 대신 수를 넣는 것.

예 $2x-y$에서 x 대신에 3을, y 대신에 2를 [　　] 한 식의 값은 $2\times3-2=4$이다.

대입법
대신할 代 + 들어갈 入 + 방법 法

한 방정식을 하나의 미지수에 대하여 정리한 후, 다른 방정식에 대입하여 한 미지수를 없앤 후 해를 구하는 방법.

예 한 방정식을 $y=(x$에 관한 식) 또는 $x=(y$에 관한 식)의 꼴로 바꾼 후 나머지 방정식에 대입하여 한 미지수를 없앤 후 방정식을 푸는 방법은 [　　　] 이다.

가감법
더할 加 + 뺄 減 + 방법 法

두 방정식을 변끼리 더하거나 빼어서 하나의 미지수를 없앤 후 연립방정식의 해를 구하는 방법.

예 양변에 적당한 수를 곱하여 없애려고 하는 미지수의 계수의 절댓값을 같게 한 뒤, 변끼리 더하거나 빼어 다른 미지수의 값을 구하는 연립방정식의 풀이 방법은 [　　　] 이다.

함수
상자 函 + 셈 數

두 변수 x, y에 대하여 x의 값에 따라 y의 값이 오직 하나씩 정해지는 관계가 있을 때, y를 x의 함수라고 한다.

예 정비례 관계 $y=ax(a\neq0)$와 반비례 관계 $y=\dfrac{a}{x}(a\neq0)$는 x의 값이 변함에 따라 y의 값이 하나씩 정해지므로 y는 x의 [　　] 이다.

함숫값
상자 函 + 셈 數 + 값

함수 $y=f(x)$에서 x의 값에 따라 하나씩 정해지는 y의 값 $f(x)$.

예 함수 $f(x)=3x$에서 $f(1)=3\times1=3$은 $x=1$일 때의 [　　] 이다.

플러스 개념어 **함수의 기호**
함수를 나타낼 때 사용하는 f는 함수의 영어 단어 '$function$'의 첫 글자를 딴 것임. 예를 들어 y가 x의 함수라는 것을 나타낼 때는 $y=f(x)$와 같이 표시함.

일차함수
한 一 + 횟수 次 + 상자 函 + 셈 數
↳ '次'의 대표 뜻은 '버금'임.

$y=ax+b(a, b$는 상수, $a\neq0)$과 같이 y가 x에 대한 일차식으로 표시된 함수.

예 $x+5, -2x+3$은 일차식이므로 $y=x+5, y=-2x+3$은 [　　　] 이다.

확인 문제

정답과 해설 ▶ 32쪽

1 뜻에 알맞은 단어를 빈칸에 써 보자.

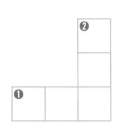

가로 열쇠
❶ 두 방정식을 변끼리 더하거나 빼어서 하나의 미지수를 없앤 후 연립방정식의 해를 구하는 방법.

세로 열쇠
❷ 한 방정식을 다른 방정식에 대입하여 한 미지수를 없앤 후 해를 구하는 방법.

2 빈칸에 들어갈 단어를 보기 의 글자를 조합해 써 보자. (같은 글자가 여러 번 쓰일 수 있음.)

보기
차	대	함	입	일	값	수	숫

(1)
$x-2y$에서 x 대신에 2를, y 대신에 1을 □□ 한 식의 값은 0이다.

(2)
$y=2x-1$은 y가 x에 대한 □□□ 이다.

(3)
반비례 관계 $y=\dfrac{5}{x}$는 x의 값이 변함에 따라 y의 값이 하나씩 정해지므로 y는 x의 □□ 이다.

(4)
함수 $f(x)=-x$에서 $x=1$일 때의 □□□ 은 $f(1)=-1$이다.

3 ( ) 안에 알맞은 단어를 보기 에서 찾아 써 보자.

보기
함수	함숫값	일차함수

(1) y가 x에 대한 일차식으로 함수 $y=-x+3$은 ( )이다.

(2) 함수 $y=f(x)$에서 $x=4$일 때의 y의 값 $f(4)$를 ( )(이)라고 한다.

(3) 두 변수 x, y에 대하여 $y=\dfrac{1}{2}x$는 x의 값에 따라 y의 값이 오직 하나씩 정해지므로 y를 x의 ( )(이)라고 한다.

과학 교과서 어휘

✏️ 단어와 그 뜻을 익히고, 빈칸에 알맞은 단어를 써 보자.

달의 공전 달의 + 공평할 公 + 회전할 轉	달이 일정한 주기로 지구 주위를 돌고 있는 것. 예 달의 ☐☐ 방향은 서쪽에서 동쪽이다.
일식 해 日 + 갉아 먹을 蝕	지구와 태양 사이에 달이 있을 때, 달이 태양을 가려 태양의 전체 또는 일부가 보이지 않는 현상. 예 태양이 완전히 가려지는 현상을 개기 ☐☐, 태양의 일부가 가려지는 현상을 부분 ☐☐ 이라고 한다.
월식 달 月 + 갉아 먹을 蝕	태양과 달 사이에 지구가 있을 때, 지구의 그림자가 달을 가려 달의 전체 또는 일부가 보이지 않는 현상. 예 ☐☐은 태양−지구−달의 위치로 배열되어 지구의 그림자에 달이 가려지는 현상이다.
행성 다닐 行 + 별 星	움직이는 별로, 태양 주위를 공전하며 스스로 빛을 내지 않는 천체. 예 태양계 ☐☐은 태양 주위를 도는 수성, 금성, 지구, 화성, 목성, 토성, 천왕성, 해왕성의 8개 천체를 말한다.
내행성 안 內 + 다닐 行 + 별 星	지구보다 안쪽에서 태양 주위를 돌고 있는 행성. 수성과 금성. 예 ☐☐☐인 수성과 금성은 위성을 거느리고 있지 않다. **플러스 개념어** 위성 행성 주위를 도는 천체. 8개의 태양계 행성 중 수성과 금성을 제외한 6개의 행성은 위성을 가지고 있음.
외행성 바깥 外 + 다닐 行 + 별 星	지구보다 바깥쪽에서 태양 주위를 돌고 있는 행성. 화성, 목성, 토성, 천왕성, 해왕성. 예 ☐☐☐인 목성은 태양계 행성 중 크기가 가장 크다.
지구형 행성 땅 地 + 공 球 + 모양 型 + 다닐 行 + 별 星	지구와 물리적 특징이 비슷한 행성인 수성, 금성, 지구, 화성. 예 ☐☐☐☐인 수성, 금성, 지구, 화성은 크기와 질량이 작고 표면이 단단한 암석으로 이루어져 있다.
목성형 행성 나무 木 + 별 星 + 모양 型 + 다닐 行 + 별 星	목성과 물리적 특징이 비슷한 행성인 목성, 토성, 천왕성, 해왕성. 예 ☐☐☐☐인 목성, 토성, 천왕성, 해왕성은 크기와 질량이 크고 표면이 기체로 이루어져 있어 단단한 표면이 없다.

1 뜻에 알맞은 단어를 찾아 선으로 이어 보자.

(1) 달이 일정한 주기로 지구 주위를 돌고 있는 것.   •

• 일식

(2) 지구의 그림자가 달을 가려 달의 전체 또는 일부가 보이지 않는 현상.   •

• 월식

(3) 달이 태양을 가려 태양의 전체 또는 일부가 보이지 않는 현상.   •

• 달의 공전

2 빈칸에 들어갈 단어를 보기의 글자를 조합해 써 보자.(같은 글자가 여러 번 쓰일 수 있음.)

보기

외   행   내   성

(1) 지구보다 안쪽에서 태양 주위를 돌고 있는 행성은 ☐☐☐ 이다.

(2) 지구보다 바깥쪽에서 태양 주위를 돌고 있는 행성은 ☐☐☐ 이다.

(3) ☐☐ 은/는 태양 주위를 공전하며 스스로 빛을 내지 않는 천체이다.

3 설명하고 있는 대상에 알맞은 단어를 빈칸에 써 보자.

(1)
• 물리적 특징이 지구와 비슷한 행성이다.
• 크기와 질량이 작고 표면이 단단하다.
• 수성, 금성, 지구, 화성이 포함된다.

☐☐☐ 행성

(2)
• 물리적 특징이 목성과 비슷한 행성이다.
• 크기와 질량이 크고 표면이 단단하지 않다.
• 목성, 토성, 천왕성, 해왕성이 포함된다.

☐☐ 행성

한자 어휘

分(분), 配(배)가 들어간 단어

分
나눌 분

분(分)은 주로 '나누다', '베풀어 주다'라는 뜻으로 쓰여. 분(分)이 '인연'이나 '운명'의 뜻으로 쓰일 때도 있어.

配
나눌 배

배(配)는 주로 '나누다'라는 뜻으로 쓰여. 배(配)가 '짝'이라는 뜻으로 쓰일 때도 있어.

✏️ 단어와 그 뜻을 익히고, 빈칸에 알맞은 단어를 써 보자.

분리
나눌 分 + 떨어질 離
🖱 '離'의 대표 뜻은 '떠나다'임.

서로 나뉘어 떨어지거나 떨어지게 함.
예 이번에 집을 고치면서 주방과 거실을 구분하여 ☐☐했더니 집이 훨씬 넓어 보인다.

플러스 개념어 **분할**
나누어 쪼갬.
예 해방 이후 한반도는 삼팔선을 경계로 하여 남북으로 분할되었다.

연분
인연 緣 + 인연 分

'분(分)'이 '인연'이라는 뜻으로 쓰였어. '인연'은 '사람들 사이에 맺어지는 관계'란 뜻이야.

서로 관계를 맺게 되는 인연.
예 그와 한 번쯤은 마주칠 법도 한데 도저히 ☐☐이 닿지 않는다.

안분지족
편안할 安 + 분수 分 + 알 知 + 만족할 足
🖱 '足'의 대표 뜻은 '발'임.

'분(分)'이 '분수'라는 뜻으로 쓰였어. '분수'는 '자기 신분에 맞는 한도'란 뜻이야.

편안한 마음으로 제 분수를 지키며 만족할 줄을 앎.
예 우리 주위에는 물질에 집착하지 않고 주어진 것에 만족할 줄 아는 ☐☐☐☐의 삶을 실천하는 분들이 많이 있다.

배정
나눌 配 + 정할 定

나누어 몫을 정함.
예 선생님께서는 우리들을 각 방마다 다섯 명씩 ☐☐하셨다.

플러스 개념어 **배치**
사람이나 물자를 일정한 자리에 나누어 둠.
예 거실의 가구 배치가 편리하게 되었다.

천생배필
하늘 天 + 날 生 + 짝 配 + 짝 匹

'배(配)'가 '짝'이라는 뜻으로 쓰였어.

하늘에서 미리 정해 준 짝.
예 유치원 친구로 만나 결혼까지 하게 된 것을 보면 너희는 하늘이 맺어 준 ☐☐☐☐인 것 같아.

플러스 개념어 **천생연분**
하늘이 정하여 준 연분.
예 짚신도 짝이 있다는데 나의 천생연분은 언제 나타날지 궁금하다.

확인 문제

정답과 해설 ▶ 34쪽

1 뜻에 알맞은 단어를 찾아 선으로 이어 보자.

(1) 나누어 몫을 정함. •   • 분리

(2) 하늘에서 미리 정해 준 짝. •   • 배정

(3) 서로 관계를 맺게 되는 인연. •   • 연분

(4) 서로 나뉘어 떨어지거나 떨어지게 함. •   • 천생배필

2 대화의 ( ) 안에 들어갈 단어를 보기 에서 찾아 써 보자.

보기

천생배필

연분

천생연분

안분지족

 보기 에는 '인연'이나 '짝'과 관계가 없는 단어가 하나 있어. 그게 뭘까?

 바로 (   )이야. '편안 한 마음으로 제 분수를 지키며 만족 할 줄을 앎.'을 뜻하는 말이지.

3 빈칸에 들어갈 단어를 보기 의 글자를 조합해 써 보자.(같은 글자가 여러 번 쓰일 수 있음.)

보기

치   분   배   리   정

(1) 훈련을 마친 선수들은 각자 [ ][ ]된 숙소로 돌아갔다.

(2) 토론 대회 참석자들이 서로 마주 보도록 좌석이 [ ][ ]되었다.

(3) 각종 생활 쓰레기를 줄이기 위해 쓰레기는 재질에 따라 잘 [ ][ ]해서 버려야 한다.

비교란 두 대상 간의 크기, 형태, 모양, 성질 등을 견주는 것을 나타내는 말이야. 영어에서 비교는 비교 대상이 동등할 때 사용하는 '원급', 비교 대상에 우열이 있을 때 사용하는 '비교급'과 '열등비교', 셋 이상의 비교 대상에서 최고임을 나타내는 '최상급'이 있어. 이제 그 뜻과 예를 공부해 보자.

✏️ 단어와 그 뜻을 익히고, 빈칸에 알맞은 단어를 써 보자.

the positive degree **원급** 근원 原 + 등급 級	비교 대상이 서로 동등할 때 사용하는 형용사나 부사를 가리키는 말. 동등비교라고도 하며 「as+형용사/부사+as」의 형태로 '~만큼 ~하다'라는 의미를 가짐. • Tom is **as kind as** James. (Tom은 James만큼 친절하다.) 　　　as kind as에서 형용사 kind는 원급 예 "Horses run as fast as cheetahs.(말은 치타만큼 빠르게 달린다.)"에서 as fast as는 동등비교이며 fast는 ☐☐ 부사이다.	
comparative degree **비교급** 견줄 比 + 견줄 較 + 등급 級	비교 대상에서 상대적으로 우등하다는 것을 나타내는 형용사나 부사를 가리키는 말. 우등비교라고도 하며 보통 「원급er+than」의 형태로 '~보다 더'라는 의미를 가짐. • Tom is **kinder than** James. (Tom은 James보다 　　　kinder than에서 kinder는 비교급 형용사 더 친절하다.) 예 "Cheetahs run faster than horses.(치타는 말보다 더 빨리 달린다.)"에서 faster는 ☐☐ 부사이다.	**플러스 개념어** **more** 비교급 다소 철자가 긴 형용사에는 어미에 er를 붙이지 않고 more를 이용하여 비교급을 만듦. 예 This flower is more beautiful than that flower. (이 꽃은 저 꽃보다 더 아름다워.)
inferior comparative **열등비교** 못할 劣 + 같을 等 + 견줄 比 + 견줄 較	우등비교와 반대되는 것으로, 비교 대상에서 상대적으로 열등하다는 것을 나타내는 형용사나 부사를 가리키는 말. 보통 앞에 not을 붙여 만듦. • Tom is **not kinder than** James. (Tom은 James보다 덜 친절하다.) 예 "Horses don't run faster than cheetahs.(말은 치타보다 더 빨리 달리지 못한다.)"에서 not faster는 ☐☐☐ 이다.	
superlative degree **최상급** 가장 最 + 윗 上 + 등급 級	셋 이상의 비교 대상에서 최고를 나타내는 형용사나 부사를 가리키는 말. 보통 「the+원급est」의 형태로 '가장 ~한'이라는 의미를 가짐. • Tom is **the kindest** in the classroom. (Tom은 교실 　　　the kindest에서 kindest가 최상급 형용사 에서 가장 친절하다.) 예 "Cheetahs run fastest in the field.(들판에서 치타가 가장 빨리 달린다.)"에서 fastest는 ☐☐ 부사이다.	**플러스 개념어** **most** 최상급 다소 철자가 긴 형용사에는 어미에 est를 붙이지 않고 most를 이용하여 최상급을 만듦. 예 This flower is the most beautiful in the garden. (이 꽃은 그 정원에서 가장 아름다워.)

확인 문제

1 뜻에 알맞은 단어를 글자판에서 찾아 묶어 보자.(단어는 가로, 세로, 대각선 방향에서 찾기)

최	등	원	급
장	상	대	교
비	교	급	동
우	열	등	정
열	등	비	교

❶ 동등한 비교를 나타낼 때 사용하는 형용사나 부사를 가리키는 말.

❷ 상대적으로 더 우등함을 나타낼 때 사용하는 형용사나 부사를 가리키는 말.

❸ 상대적으로 더 열등함을 나타낼 때 사용하는 형용사나 부사를 가리키는 말.

❹ 비교 대상 중 최고임을 나타낼 때 사용하는 형용사나 부사를 가리키는 말.

2 단어가 나타내고 있는 비교를 찾아 선으로 이어 보자.

(1) long(긴) •　　　　　　　　　　　• 원급

(2) longer(더 긴) •　　　　　　　　　• 최상급

(3) longest(가장 긴) •　　　　　　　　• 비교급

(4) not longer (더 길지 않은) •　　　　• 열등비교

3 밑줄 친 부분이 어떤 비교를 나타내고 있는지 보기 에서 찾아 써 보자.

보기

열등비교　　　　비교급　　　　원급　　　　최상급

(1) Come as **quickly** as you can.(가능한 한 빨리 와라.)　→ (　　　　)

(2) Mt. Everest is the **highest**.(에베레스트 산이 제일 높다.)　→ (　　　　)

(3) I am **not stronger** than you.(나는 너보다 더 강하지 않다.)　→ (　　　　)

(4) Spain is **larger** than Portugal.(스페인은 포르투갈보다 크다.)　→ (　　　　)

🖊 3주차 1~5회에서 공부한 단어를 떠올리며 문제를 풀어 보자.

국어

1 ( ) 안에서 알맞은 단어를 골라 ○표 해 보자.

(1) (형태소 , 음운): 뜻을 가진 가장 작은 말의 단위.

(2) 음절: 독립하여 (발음 , 표기)할 수 있는 가장 작은 소리의 단위.

(3) 대표음: (첫소리 , 받침소리)로 'ㄱ, ㄴ, ㄷ, ㄹ, ㅁ, ㅂ, ㅇ'의 7개의 자음만 발음되는 것.

사회

2 밑줄 친 말과 바꿔 쓸 수 있는 단어를 골라 ○표 해 보자.

> ㉠사회의 변화와 발전을 추구하는 세력 중에는 사회 구성원이 적응할 수 있도록 변화와 발전의 속도 가 ㉡조금씩 앞으로 나아가는 것을 원하는 이들이 있었다.

(1) ㉠ → (진보적 , 보수적)   (2) ㉡ → (급진적인 , 점진적인)

과학

3 보기 의 ㉠~㉢에 들어갈 단어를 순서대로 짝지은 것은? ( )

> 보기
>
> • 계절의 변화는 지구의 (㉠)으로 인해 생긴다.
> • 옛날에는 태양이 달에 가려지는 (㉡)이 나타나면 나라에 어려운 일이 생긴다고 믿었다.
> • 지구에서 볼 때 달은 망, 삭, 상현, 하현 등의 여러 가지 모양으로 나타나는데, 이를 달의 (㉢)(이) 라고 한다.

① 자전, 월식, 위상   ② 자전, 일식, 변모   ③ 공전, 월식, 위상

④ 공전, 월식, 변모   ⑤ 공전, 일식, 위상

한자

4 빈칸에 보기 의 뜻을 가진 단어를 초성을 바탕으로 써 보자.

> 보기
>
> 편안한 마음으로 제 분수를 지키며 만족할 줄을 앎.

더 좋은 것을 누리려고 경쟁하는 사회에 살면서 | ㅇ | ㅂ | ㅈ | ㅈ | 의 도를 지키는 것은 쉽지 않은 일 이다.

국어

5 ( ) 안에서 알맞은 단어를 골라 ○표 해 보자.

> 말하는 이, 듣는 이, 구체적 시간과 공간, 주제와 목적 등에 따라 형성되는 것은 (상황 , 사회·문화적) 맥락이고, 역사적·사회적 환경, 가치, 신념 등에 의해 형성되는 것은 (상황 , 사회·문화적) 맥락이다.

사회

6 빈칸에 알맞은 단어를 초성을 바탕으로 써 보자.

(1)
ㅈ	ㅈ	ㅅ	ㅌ

은 환경에 적응할 수 있는 생물만 살아남고, 그렇지 못한 것은 없어지는 현상을 뜻한다.

(2)
ㅈ	ㄱ	ㅈ	ㅇ

는 힘이 강한 나라가 군사력과 경제력을 앞세워 힘이 약한 나라를 식민지로 삼는 정책을 뜻한다.

수학

7 ( ) 안에 들어갈 단어를 보기 에서 골라 써 보자.

> 보기
>
> 이항   일차부등식   연립방정식

(1)
> $2x^2+4x+1<3x+2x^2$에서 우변의 항을 ( )하여 정리하면,
> $2x^2-2x^2+4x-3x+1<0$, $x+1<0$이므로 ( )이다.

(2)
> $\begin{cases} x-2y=-3 \\ 2x+y=4 \end{cases}$ 는 미지수가 x, y인 두 방정식을 묶어 놓은 것으로 ( )이다.

영문법

8 밑줄 친 단어에 대한 설명이 알맞으면 ○표, 알맞지 <u>않으면</u> ✕표 해 보자.

(1) <u>최상급</u>은 셋 이상의 비교 대상에서 최고를 나타내는 형용사나 부사를 가리키는 말로, 보통 「the+원급est」의 형태로 만든다. ( )

(2) <u>비교급</u>은 비교 대상에서 상대적으로 우등하다는 것을 나타내는 형용사나 부사를 가리키는 말로, 보통 「원급er+than」의 형태로 만든다. ( )

(3) <u>원급</u>은 비교 대상에서 상대적으로 열등하다는 것을 나타내는 형용사나 부사를 가리키는 말로, 「as+형용사/부사+as」의 형태로 만든다. ( )

4주차 어휘 미리 보기

한 주 동안
공부할 어휘들이야.
쏙 한번 훑어볼까?

1회 학습 계획일 ◯월 ◯일

국어 교과서 어휘	역사 교과서 어휘
공감	대공황
관점	전제 군주
신뢰감	민족 자결주의
유대감	군국주의
재진술하기	참정권
건성	유린
닦달하다	학살

2회 학습 계획일 ◯월 ◯일

수학 교과서 어휘	과학 교과서 어휘
좌표축	광구
좌표평면	흑점
순서쌍	채층
사분면	코로나
평행이동	플레어
	홍염
	자기 폭풍
	광합성
	엽록체

3회 학습 계획일 ◯월 ◯일

국어 교과서 어휘	역사 교과서 어휘
속담	냉전
격언	열강
창의적	공화정
관용 표현	국유화
관습적	반전 운동
경계	지구촌
참신하다	난민

4회 학습 계획일 ◯월 ◯일

수학 교과서 어휘	과학 교과서 어휘
x절편	기공
y절편	증산 작용
기울기	공변세포
일차함수 그래프의 평행	식물의 호흡
일차함수 그래프의 일치	기체 교환
$x=p$의 그래프	포도당
$y=q$의 그래프	체관
	물관

5회 학습 계획일 ◯월 ◯일

한자 어휘	영문법 어휘
보전	감각동사
보증	수여동사
삼한사온	사역동사
온고지신	지각동사
상온	
온유	

어휘력 테스트

1학기 어휘 학습 끝! 2학기 어휘 학습으로 가 보자.

📝 단어와 그 뜻을 익히고, 빈칸에 알맞은 단어를 써 보자.

공감
한가지 共 + 느낄 感

다른 사람의 의견, 감정, 주장 등에 대하여 자기도 그렇다고 느낌. 또는 그렇게 느끼는 기분.

예 고난을 이겨 낸 그의 솔직한 사연은 많은 사람들에게 [　　]을 불러일으켰다.

플러스 개념어 **공감하며 대화하기**
상대방의 감정을 깊이 있게 이해하고 상대방의 입장에서 문제를 바라보며 협력적으로 소통하기 위한 대화를 말함.

관점
볼 觀 + 점 點

사물이나 현상을 보고 생각하는 개인의 태도나 입장.

예 UFO를 바라보는 [　　]은 여러 가지가 있기 때문에 어느 한쪽의 주장에 치우치는 것은 바람직하지 않다.

신뢰감
믿을 信 + 의뢰할 賴 + 느낄 感

서로 굳게 믿고 의지하는 마음.

예 그는 부지런하고 성실해서 사람들의 [　　]을 얻고 있다.

유대감
끈 紐 + 띠 帶 + 느낄 感
🔖 '紐'의 대표 뜻은 '맺다'임.

서로 밀접하게 연결되어 있는 공통된 느낌.

예 같은 취미를 가진 친구들끼리는 서로 가까이 연결되어 있다는 [　　]을 느끼게 된다.

플러스 개념어 **공감하며 대화하기의 효과**
• 대화 상대방과의 신뢰감과 유대감을 형성할 수 있음.
• 원만한 인간관계를 형성하고 유지할 수 있음.

재진술하기
두 再 + 말할 陳 + 말할 述
🔖 '陳'의 대표 뜻은 '베풀다', '述'의 대표 뜻은 '펴다'임.

대화할 때 상대방이 이야기한 내용을 나의 말로 바꾸어 다시 말해 주는 것.

예 밤늦게까지 공부하다가 오히려 시험을 망쳤다며 하소연하는 친구에게 "잠을 못 자 시험 시간에 집중을 못했구나."라며 친구가 한 말을 요약하여 다시 말해 주는 것을 [　　　　]라고 한다.

플러스 개념어 **진술**
어떤 일이나 상황을 자세하게 이야기함. 또는 그런 이야기.

건성

진지한 자세나 성의 없이 대충 하는 태도.

예 다른 사람의 말을 [　　]으로 듣는 태도는 대화하는 상대방의 기분을 망치게 한다.

닦달하다

다른 사람을 단단히 윽박질러서 혼을 내다.

예 그는 약속 장소로 빨리 나오라고 [　　]했다.

플러스 개념어 **윽박지르다**
심하게 짓눌러 기를 꺾다.

확인 문제

1 뜻에 알맞은 단어를 글자판에서 찾아 묶어 보자.(단어는 가로, 세로, 대각선 방향에서 찾기)

재	유	대	감	성
수	진	세	중	신
공	배	술	뢰	변
감	뢰	감	하	결
유	질	대	탄	기

❶ 서로 굳게 믿고 의지하는 마음.

❷ 서로 밀접하게 연결되어 있는 공통된 느낌.

❸ 상대방이 이야기한 내용을 나의 말로 바꾸어 다시 말해 주는 것.

❹ 다른 사람의 의견, 감정, 주장 등에 대하여 자기도 그렇다고 느낌. 또는 그렇게 느끼는 기분.

2 밑줄 친 단어의 뜻을 골라 ○표 해 보자.

(1) 그는 내 말에 답은 하지 않고 <u>건성으로</u> 고개만 끄덕거렸다.

① 긴장으로 굳은 태도로 (　　　　)

② 성의 없이 대충 하는 태도로 (　　　　)

(2) 어른들이 아이를 <u>닦달한다고</u> 해서 아이가 늘 어른의 뜻대로 하는 것은 아니다.

① 끈덕지게 자꾸 요구한다고 (　　　　)

② 단단히 윽박질러서 혼을 낸다고 (　　　　)

3 (　　　) 안에서 알맞은 단어를 골라 ○표 해 보자.

(1) 세상을 어떻게 보느냐의 (중점 , 관점)에 따라 낙관주의자나 비관주의자가 될 수 있어.

(2) 상대방의 말을 들을 때는 고개를 끄덕여 (공감 , 반대)한다는 반응을 보이는 것이 바람직해.

(3) 우리는 피부색이나 언어는 다르지만 끈끈한 (자신감 , 유대감)을 가진 공동체야.

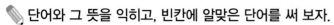

📝 단어와 그 뜻을 익히고, 빈칸에 알맞은 단어를 써 보자.

대공황

큰 大 + 두려울 恐 +
어리둥절할 慌

세계적으로 일어나는 큰 규모의 경제 공황. 흔히 1929년에 발생한 세계적인 공황을 이름.

예 세계적인 경제 ⬚⬚으로 인해 많은 실업자가 생겨 사회 불안이 커졌다.

다의어 **공황**
① 두려움이나 공포로 갑자기 생기는 심리적 불안 상태.
② 경제 순환 과정에서 나타나는 경제 혼란의 현상.

전제 군주

마음대로 專 + 지을 制 +
임금 君 + 임금 主
🖐 '專'의 대표 뜻은 '오로지'임.

국가 권력을 백성의 뜻이나 법률에 제약을 받지 않고 마음대로 행사하는 정치를 하는 군주.

예 한 국가에 대해 절대적 통치권을 가진 ⬚⬚는 행정, 정치, 경제 등 국가의 모든 방향을 결정한다.

민족 자결주의

백성 民 + 겨레 族 +
스스로 自 + 결단할 決 +
주장 主 + 뜻 義
🖐 '主'의 대표 뜻은 '임금', '義'의 대표 뜻은 '옳다'임.

한 민족의 문제는 다른 민족이나 국가의 간섭을 받지 않고 해당 민족 스스로가 결정해야 한다는 주장.

예 제1차 세계 대전 이후에 미국의 윌슨 대통령은 한 민족이 그들 국가의 독립 문제를 스스로 결정하게 하는 ⬚⬚⬚⬚를 주장하였다.

군국주의

군사 軍 + 나라 國 +
주장 主 + 뜻 義

국가의 가장 중요한 목적을 군대의 병력에 의한 대외적 발전에 두고, 전쟁과 그 준비를 위한 정책이나 제도를 국민 생활 속에서 최상위에 두려는 주장.

예 군대가 월등한 지위를 차지하는 ⬚⬚⬚ 사회에서는 전쟁 준비를 위한 정책을 최상위에 둔다.

참정권

참여할 參 + 정사 政 + 권리 權
🖐 '權'의 대표 뜻은 '권세'임.

국민이 정치에 직접 또는 간접으로 참여할 수 있는 권리.

예 여성의 사회적·경제적 참여가 늘어나면서 여성의 ⬚⬚이 확대되어 점차 민주적인 제도들이 확립되었다.

플러스 개념어 **시민권**
시민으로서의 행동, 사상, 재산, 신앙의 자유가 보장되고 정치에 참여할 수 있는 권리.

유린

밟을 蹂 + 짓밟을 躪

남의 권리나 인격을 마구 억누르거나 짓밟음.

예 제2차 세계 대전 중에 독일과 일본은 의학적 지식을 얻는다며 살아 있는 사람을 상대로 실험을 하는 인권 ⬚⬚을 자행하였다.

플러스 개념어 **침해**
침범하여 해를 끼침.
예 사생활 침해, 인권 침해

학살

모질 虐 + 죽일 殺

사람을 가혹하게 마구 죽임.

예 유럽 각지의 수용소에서 나치스는 600만 명이 넘는 유대인을 ⬚⬚하였다.

확인 문제

정답과 해설 ▶ 39쪽

1 단어의 뜻을 보기 에서 찾아 사다리를 타고 내려간 곳에 기호를 써 보자.

보기
ㄱ 세계적으로 일어나는 큰 규모의 경제 공황.
ㄴ 남의 권리나 인격을 마구 억누르거나 짓밟음.
ㄷ 국가 권력을 백성의 뜻이나 법률에 제약을 받지 않고 마음대로 행사하는 정치를 하는 군주.
ㄹ 국가의 가장 중요한 목적을 군대의 병력에 의한 대외적 발전에 두고, 전쟁과 그 준비를 위한 정책이
나 제도를 국민 생활 속에서 최상위에 두려는 주장.

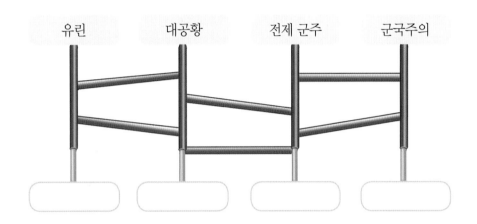

2 뜻을 참고하여 빈칸에 들어갈 단어를 써 보자.

(1) 아우슈비츠 수용소 사진들은 끔찍한 ☐☐ 현장들을 생생하게 보여 주고 있다.
　　　　　　　　　　　　　　　　사람을 가혹하게 마구 죽임.

(2) 3·1 운동은 정치적 운명을 민족 스스로 결정할 권리가 있다는 ☐☐ ☐☐☐
　정신의 영향을 받았다.　　　　　　　　　한 민족의 문제는 해당 민족 스스로가 결정해야 한다는 주장.

(3) 과거에는 일부 특권 계층에게만 ☐☐☐ 이 부여되었으나, 인권 선언을 계기로 일반 국민
　들에게도 부여되었다.　국민이 정치에 직접 또는 간접으로 참여할 수 있는 권리.

3 ( ) 안에서 알맞은 단어를 골라 ○표 해 보자.

(1) 인간의 인격과 존엄성을 (유린 , 유발)하는 고문은 법으로 금지되었다.

(2) (전제 군주 , 전체 군주)는 전적으로 군주의 영향력을 행사하려 하기 때문에 바른말을 하는 학자들
　을 싫어하는 경향이 있었다.

수학 교과서 어휘

✏️ 단어와 그 뜻을 익히고, 빈칸에 알맞은 단어를 써 보자.

좌표축

자리 座 + 표할 標 + 축 軸

🖱 '軸'의 대표 뜻은 '굴대'임. 굴대는 '수레바퀴의 한가운데에 뚫린 구멍에 끼우는 긴 나무 막대나 쇠막대'를 일컬음.

좌표를 만드는 기준이 되는 축.

예 두 수직선이 점 O에서 서로 수직으로 만날 때, 가로의 수직선을 x축, 세로의 수직선을 y축이라 하고, 이 두 축을 [   ]이라고 한다.

좌표평면

자리 座 + 표할 標 + 평평할 平 + 평면 面

🖱 '面'의 대표 뜻은 '낯'임.

좌표축이 정해져 있는 평면으로, x축과 y축으로 이루어진 평면.

예 두 좌표축이 만나는 점 O를 원점이라고 할 때, 좌표축이 정해져 있는 평면이 [   ]이다.

순서쌍

순서 順 + 차례 序 + 쌍 雙

🖱 '順'의 대표 뜻은 '순하다'임.

두 수의 순서를 정하여 짝지어 나타낸 것으로, 수나 문자의 순서를 정하여 짝지어 나타낸 쌍.

예 순서가 있는 두 수를 짝지어 괄호 안에 나타낸 것을 [   ]이라 하고, 좌표평면에서는 (x좌표, y좌표)로 나타낸다.

사분면

넷 四 + 나눌 分 + 평면 面

좌표평면이 x축과 y축에 의해 나누어지는 네 부분으로, 각각 제1사분면, 제2사분면, 제3사분면, 제4사분면이라고 함.

예

▲ 좌표평면의 사분면

점 A$(1, 2)$는 제1[   ]에 속하는 점이고, 점 B$(-3, 1)$은 제2[   ]에 속하는 점이다.

평행이동

평평할 平 + 나아갈 行 + 옮길 移 + 움직일 動

🖱 평행이동은 위치만 옮기는 것이므로 모양은 변하지 않음. 초등학교 때 배운 '밀기'와 같음.

좌표평면에서 한 도형 위의 모든 점을 일정한 방향으로 일정한 거리만큼 옮기는 것.

예 $y=x+3$의 그래프는 $y=x$의 그래프를 y축의 양의 방향으로 3만큼 [   ]한 것이다.

확인 문제

1 뜻에 알맞은 단어를 글자판에서 찾아 묶어 보자.(단어는 가로, 세로, 대각선 방향에서 찾기)

평	면	좌	면	평
사	행	형	행	면
보	분	이	동	좌
원	동	면	치	표
점	순	서	쌍	축

❶ 좌표를 만드는 기준이 되는 축.
❷ 수나 문자의 순서를 정하여 짝지어 나타낸 쌍.
❸ 좌표평면이 x축과 y축에 의해 나누어지는 네 부분.
❹ 좌표평면에서 한 도형 위의 모든 점을 일정한 방향으로 일정한 거리만큼 옮기는 것.

2 ( ) 안에 들어갈 단어를 보기에서 찾아 써 보자.

> **보기**
>
> x축   좌표평면 y축   사분면

(1) 좌표축이 정해져 있는 평면을 (   )이라고 한다.

(2) 두 좌표축에 의하여 나누어지는 네 부분을 (   )이라고 한다.

(3) 두 수직선이 원점 O에서 서로 수직으로 만날 때, 가로의 수직선을 (   ), 세로의 수직선을
   (   )이라고 한다.

3 문장에서 밑줄 친 단어의 쓰임이 알맞으면 ○표, 알맞지 않으면 ✕표 해 보자.

(1) 점 $(-1, 3)$의 x좌표는 음수, y좌표는 양수이므로 제4사분면 위의 점이다. (   )

(2) 점 $(3, -5)$의 x좌표는 양수, y좌표는 음수이므로 제2사분면 위의 점이다. (   )

(3) 점 $(-2, -2)$의 x좌표와 y좌표가 모두 음수이므로 제3사분면 위의 점이다. (   )

(4) $y = -x + 2$의 그래프는 $y = -x$의 그래프를 y축의 양의 방향으로 2만큼 평행이동한 것이다.
   (   )

과학 교과서 어휘

✎ 단어와 그 뜻을 익히고, 빈칸에 알맞은 단어를 써 보자.

광구 빛 光 + 공 球	태양의 빛나는 둥근 표면. 예 지구에서 태양을 볼 때 ⬜⬜의 온도는 약 6000K(절대온도)이다.	 광구 흑점
흑점 검을 黑 + 점 點	태양의 표면에 주변보다 온도가 낮아 검게 보이는 부분. 예 ⬜⬜은 일정한 수명을 가지고 있어 만들어진 후 모양과 위치가 변하다가 소멸한다.	
채층 채색 彩 + 층 層	광구 바로 위의 붉은색으로 보이는 대기층. 예 ⬜⬜은 광구에 비해 시각적으로 투명하며 채층의 바깥에 코로나가 있다.	
코로나	진줏빛으로 보이는 태양 대기의 가장 바깥층. 예 평상시 태양을 관측할 때는 볼 수 없지만 개기 일식 때 태양이 달에 가려지면서 그 둘레에 백색으로 빛나는 부분이 보이는데, 이것이 ⬜⬜⬜이다.	
플레어	주로 흑점 부근에서 일어나는 폭발 현상. 예 ⬜⬜⬜의 에너지원은 자기장의 에너지에 의한 것으로 추정된다.	
홍염 붉을 紅 + 불꽃 焰	태양 표면 위에서 폭발적으로 가스가 뿜어져 나오는 현상. 예 태양 활동 현상 중의 하나로 마치 태양의 불꽃이 올라오는 것처럼 보여 ⬜⬜이라고 이름 붙여졌다.	
자기 폭풍 자석 磁 + 기운 氣 + 사나울 暴 + 바람 風	지구 자기장이 갑자기 불규칙하게 일시적으로 변하는 현상. 태양 표면의 폭발과 함께 전하를 띤 수많은 입자들이 쏟아지면서 일어남. 예 ⬜⬜ ⬜⬜은 태양 표면에서 폭발이 일어날 때 발생하는 많은 양의 물질과 에너지로 인해 지구의 자기장이 갑자기 변하는 현상이다.	플러스 개념어 **델린저 현상** 태양의 표면에서 폭발이 일어날 때 방출되는 강한 전자기파들의 영향으로 통신에 사용되는 파동이 약해져 통신이 끊어지는 현상.
광합성 빛 光 + 합할 合 + 이룰 成	식물이 빛에너지를 이용하여 물과 이산화 탄소로부터 포도당과 산소를 만드는 과정. 예 식물은 ⬜⬜⬜을 통해 스스로 양분을 만든다.	
엽록체 잎 葉 + 초록빛 綠 + 몸 體	식물의 잎 세포에 들어 있는 초록색의 세포 기관으로, 광합성을 하는 곳. 예 ⬜⬜⬜가 많이 들어 있는 세포일수록 광합성이 활발하다.	

 **확인 문제**

정답과 해설 ▶ 41쪽

1 단어의 뜻을 찾아 선으로 이어 보자.

(1) 플레어 •　　　　　　　　• 태양의 빛나는 둥근 표면.

(2) 광구 •　　　　　　　　• 태양의 표면에 검게 보이는 부분.

(3) 흑점 •　　　　　　　　• 광구 바로 위의 붉은색으로 보이는 대기층.

(4) 채층 •　　　　　　　　• 흑점 부근에서 일어나는 폭발 현상.

2 뜻에 알맞은 단어가 되도록 [보기]의 글자를 조합해 써 보자.

[보기]

| 자 | 코 | 풍 | 나 | 홍 | 기 | 폭 | 염 | 로 |

(1) 진줏빛으로 보이는 태양 대기의 가장 바깥층. → ☐☐☐

(2) 태양 표면 위에서 폭발적으로 가스가 뿜어져 나오는 현상. → ☐☐

(3) 지구 자기장이 갑자기 불규칙하게 일시적으로 변하는 현상. → ☐☐ ☐☐

3 (　) 안에 들어갈 단어를 [보기]에서 찾아 써 보자.

[보기]

　　　　광합성　　　　델린저 현상　　　　엽록체　　　　코로나

(1) (　　　　　　)에 영향을 주는 요인에는 빛의 세기, 이산화 탄소의 농도, 물 등이 있다.

(2) 광합성이 이루어지는 장소인 (　　　　　　)은/는 주로 식물의 잎을 구성하는 세포에 들어 있다.

(3) 개기 일식 때 태양을 둘러싸며 진줏빛으로 보이는 왕관 모양의 바깥층을 (　　　　　　)(이)라고 한다.

(4) 태양 활동이 활발한 시기에 지구에서는 자기 폭풍이 발생하여 통신에 장애가 생기는 (　　　　　　) 이/가 나타난다.

✏️ 단어와 그 뜻을 익히고, 빈칸에 알맞은 단어를 써 보자.

속담 풍속 俗 + 말씀 談	오랜 세월 동안 사람들의 생활에서 얻은 생각이나 교훈을 담고 있는 말. 예 내 신세는 ▢▢ 그대로 개밥에 도토리 같은 신세가 됐다.

격언 격식 格 + 말씀 言	오래전부터 전해지는, 인생에 대한 교훈이나 타이름을 간결하게 표현한 짧은 글. 예 언론인들은 펜은 칼보다 강하다는 ▢▢을 자랑스럽게 생각하고 있다.	**플러스 개념어 명언** 사리에 맞는 훌륭한 말. 예 "아는 것이 힘이다."는 베이컨이 한 명언이다.

창의적 비롯할 創 + 뜻 意 + ~한 상태로 되는 的	새로운 의견을 생각하여 내거나 가진 것. 예 그는 새롭고 ▢▢▢인 발명품을 제출하여 대회에서 금상을 받았다.

관용 표현 익숙할 慣 + 쓸 用 겉 表 + 나타날 現	둘 이상의 단어가 합쳐져 원래의 뜻과는 다른 새로운 의미를 만들어 낸 말. 속담, 관용어 등을 관용 표현이라고 함. 예 단어 하나하나의 뜻만을 알고 있다면 우리말의 ▢▢ ▢▢을 이해하는 것은 어려울 것이다.	**플러스 개념어 관용어** 둘 이상의 단어가 결합하여 특별한 의미를 나타내는 관습적인 말. 유의어로 '관용구'가 있음. 예 그는 발이 넓다. → 아는 사람이 많아 활동 범위가 넓다.

관습적 익숙할 慣 + 풍습 習 + ~한 상태로 되는 的 🖱 '習'의 대표 뜻은 '익히다'임.	어떤 사회에서 오랫동안 지켜 내려와 그 사회를 이루는 사람들이 널리 인정하는 규범이나 생활 방식에 따른 것. 예 세시 풍속은 사계절을 따라 ▢▢▢으로 반복되는 생활 양식을 말한다.	**플러스 개념** •**습관**: 어떤 행위를 오랫동안 되풀이하는 과정에서 저절로 익혀진 행동 방식. •**풍습**: 풍속과 습관을 아울러 이르는 말.

경계 깨우칠 警 + 경계할 戒	옳지 않거나 잘못된 일이 생기지 않도록 타일러서 주의하게 함. 예 노학자는 실패한 사람들에 대한 이야기를 글로 적어 세상에 대한 ▢▢를 삼고자 하였다.	**동음이의어 경계**(지경 境 + 지경 界) 사물이 어떠한 기준에 의하여 분간되는 한계. 예 꿈과 현실의 경계가 분명하지 않다.

참신하다 매우 斬 + 새 新 🖱 '斬'의 대표 뜻은 '베다'임.	새롭고 산뜻하다. 예 독서 일기를 쓸 때는 기발하고 ▢▢한 표현을 활용하면 내용을 효과적으로 전달할 수 있다.

확인 문제

4
주
차

3회

1 뜻에 알맞은 단어가 되도록 보기 의 글자를 조합해 써 보자.

보기
| 용 | 계 | 참 | 의 | 신 | 창 | 관 | 적 | 현 | 경 | 표 |

(1) 새롭고 산뜻하다. → ☐☐ 하다.

(2) 새로운 의견을 생각하여 내거나 가진 것. → ☐☐☐

(3) 옳지 않거나 잘못된 일이 생기지 않도록 타일러서 주의하게 함. → ☐☐

(4) 둘 이상의 단어가 합쳐져 원래의 뜻과는 다른 새로운 의미를 만들어 낸 말. → ☐☐☐☐

2 문장에 어울리는 단어를 ( ) 안에서 골라 ○표 해 보자.

(1) 쉬운 일도 협력하면 훨씬 쉽다는 의미인 '백지장도 맞들면 낫다.'는 오랜 세월 동안 생활에서 얻은 교훈을 담고 있는 (격언 , 속담)이다.

(2) 시간의 소중함을 알려 주는 '시간은 금이다.'는 인생에 대한 교훈을 짧게 표현한 (격언 , 속담)이다.

3 문장에서 밑줄 친 단어의 쓰임이 알맞으면 ○표, 알맞지 않으면 ✕표 해 보자.

(1) 나는 아침마다 관습적으로 운동을 하고 있다. ( )

(2) '손이 크다'처럼 관용어는 둘 이상의 단어가 결합된 말이다. ( )

(3) 시험 기간에는 게임의 유혹에 빠지지 않도록 경계가 필요하다. ( )

(4) 우리 민족 고유의 전통과 풍습을 잘 보존해 후세에게 물려주어야 한다. ( )

(5) 남을 지나치게 칭찬할 때 쓰는 '비행기를 태우다'는 오랜 세월 동안 생활에서 얻은 속담에 해당한다.

( )

역사 교과서 어휘

✏️ 단어와 그 뜻을 익히고, 빈칸에 알맞은 단어를 써 보자.

냉전

찰 冷 + 싸움 戰

전쟁을 직접 하지는 않으면서 경제·외교·정보 등을 수단으로 하는 국제적 대립.

예 제2차 세계 대전 이후 세계는 전쟁을 직접 하지는 않았지만 미국과 소련이라는 두 강대국에 의해 ☐☐ 체제가 유지되었다.

열강

여러 列 + 강할 強

👉 '列'의 대표 뜻은 '벌이다'임.

세력이 강한 여러 나라.

예 제2차 세계 대전 이후에 동남아시아의 여러 나라들은 서구 ☐☐ 의 지배에서 벗어나고자 하였다.

플러스 개념어 **약소국**

정치·경제·군사적으로 힘이 약한 작은 나라.

공화정

함께 共 + 화할 和 + 정사 政

👉 '共'의 대표 뜻은 '한가지'임.

국민이 뽑은 대표자 또는 대표 기관이 맡아서 하는 정치.

예 세습 군주가 전쟁에서 패배하자 사람들은 왕정을 몰아내고 대표 기관이 의사를 결정하는 ☐☐ 을 세웠다.

국유화

나라 國 + 가질 有 + 될 化

👉 '有'의 대표 뜻은 '있다'임.

나라 소유가 아닌 것을 나라 소유로 바꿈.

예 사회주의 국가에서는 모든 생산 수단을 개인이 소유하지 못하게 ☐☐☐ 한다.

반의어 **사유화**

개인의 소유로 만듦.

반전 운동

반대할 反 + 싸움 戰 + 움직일 運 + 움직일 動

👉 '運'의 대표 뜻은 '옮기다'임.

전쟁을 반대하고 평화를 지키려는 사회 운동.

예 세계 곳곳에서는 전쟁과 대량의 살상 무기 개발에 반대하는 ☐☐ ☐☐ 이 펼쳐지고 있다.

지구촌

땅 地 + 공 球 + 마을 村

지구 전체를 한 마을처럼 여겨 이르는 말.

예 21세기에 들어서면서 세계는 점차 국가의 개념이 사라지고 인류가 하나가 되는 ☐☐☐ 이 되고 있다.

난민

어려울 難 + 백성 民

전쟁이나 재난 등을 당하여 어려움에 빠진 사람.

예 지구 곳곳의 분쟁으로 많은 ☐☐ 이 생겨나 국제 문제가 되고 있다.

확인 문제

4주차

3회

1 뜻에 알맞은 단어를 글자판에서 찾아 묶어 보자.(단어는 가로, 세로, 대각선 방향에서 찾기)

난	열	국	반	국
강	냉	약	유	정
유	월	전	운	화
공	화	정	동	난
사	계	국	민	적

❶ 세력이 강한 여러 나라.
❷ 나라 소유가 아닌 것을 나라 소유로 바꿈.
❸ 전쟁이나 재난 등을 당하여 어려움에 빠진 사람.
❹ 국민이 뽑은 대표자 또는 대표 기관이 맡아서 하는 정치.
❺ 전쟁을 직접 하지는 않으면서 경제·외교·정보 등을 수단으로 하는 국제적 대립.

2 ( ) 안에 들어갈 단어를 보기 에서 찾아 써 보자.

> **보기**
>
> 냉전   지구촌   열강   국유화

(1) '( )은/는 하나'라는 깃발 아래 세계인은 평화를 유지하기 위해 노력하고 있다.

(2) 서구 ( )은/는 식민지를 개척하기 위해 원주민들의 생활 터전을 무참히 짓밟았다.

(3) 국가는 외국인 재산을 포함한 사유 재산을 강제적으로 취득하는 ( )을/를 시도하였다.

(4) 소련과 미국이 주도하는 ( ) 체제가 무너졌지만 지구상에는 크고 작은 전쟁이 끊임없이 일어나고 있다.

3 대화를 읽고, ㉠과 ㉡에 들어갈 단어를 초성을 바탕으로 써 보자.

> 뉴스에서 전쟁으로 집을 잃고 (㉠)이 된 아이들의 안타까운 모습을 보았어. 세계 각국에서 그들을 외면하지 말고 온정을 베풀어 주면 좋겠어.

> 전쟁은 인간의 삶을 파괴하는 가혹한 일이야. 그래서 나는 전쟁을 반대하고 평화를 지키려는 (㉡) 운동에 관심을 갖게 되었어.

㉠ | ㄴ | ㅁ |

㉡ | ㅂ | ㅈ |

✏️ 단어와 그 뜻을 익히고, 빈칸에 알맞은 단어를 써 보자.

x절편 x + 끊을 截 + 조각 片	그래프가 x축과 만나는 점의 x좌표. 예 일차함수 $y=x-5$에서 $y=0$을 대입하면 $0=x-5$에서 $x=5$이므로 x ☐☐ 은 5이다.
y절편 y + 끊을 截 + 조각 片	그래프가 y축과 만나는 점의 y좌표. 예 일차함수 $y=x-5$에서 $x=0$을 대입하면 $y=0-5$에서 $y=-5$이므로 y ☐☐ 은 -5이다.
기울기	수평선 또는 수평면에 대한 기울어진 정도로, 일차함수 $y=ax+b$에서 x의 값의 증가량에 대한 y의 값의 증가량의 비율. 일차함수 $y=ax+b$의 그래프의 기울기는 x의 계수 a임. 예 일차함수 $y=2x+1$의 그래프는 x의 값이 1만큼 증가할 때 y의 값은 2만큼 증가, x의 값이 2만큼 증가할 때 y의 값은 4만큼 증가하므로 $\dfrac{(y\text{의 값의 증가량})}{(x\text{의 값의 증가량})}=2$가 일차함수 $y=2x+1$의 그래프의 ☐☐☐ 이다.
일차함수 그래프의 평행 평평할 平 + 나아갈 行	한 평면 위의 두 직선이 서로 만나지 않는 것. 두 일차함수 $y=ax+b$, $y=cx+d$에서 $a=c$, $b\neq d$이면 두 그래프는 서로 평행함. 기울기가 같고, y절편이 다름. 예 두 일차함수 $y=x+1$과 $y=x-2$의 그래프는 기울기가 1로 서로 같고, y절편이 다르므로 서로 ☐☐ 한 직선이다.
일차함수 그래프의 일치 하나 一 + 이를 致	두 직선이 포함하는 점이 완전히 같은 것. 두 일차함수 $y=ax+b$, $y=cx+d$에서 $a=c$, $b=d$이면 두 그래프는 일치함. 기울기, y절편이 같음. 예 두 일차함수의 그래프가 기울기와 y절편이 각각 같으면 서로 ☐☐ 한다.
$x=p$의 그래프 (p는 상수, $p\neq 0$)	x의 값이 일정한 y축에 평행한 직선. 예 일차방정식 ☐=☐ 의 그래프 위의 점은 ⋯, $(p, 0)$, $(p, 1)$, $(p, 2)$, ⋯와 같이 x의 값이 p로 일정하다. (p는 상수)
$y=q$의 그래프 (q는 상수, $q\neq 0$)	y의 값이 일정한 x축에 평행한 직선. 예 일차방정식 ☐=☐ 의 그래프 위의 점은 ⋯, $(0, q)$, $(1, q)$, $(2, q)$, ⋯와 같이 y의 값이 q로 일정하다. (q는 상수)

확인 문제

1 ( ) 안에서 알맞은 단어를 골라 ○표 해 보자.

(1)
그래프가 x축과 만나는 점의 x좌표를 (x절편 , y절편)이라 하고, y축과 만나는 점의 y좌표를 (x절편 , y절편)이라고 한다.

(2)
$x=p$의 그래프는 x의 값이 일정한 (x축 , y축)에 평행한 직선이고,
$y=q$의 그래프는 y의 값이 일정한 (x축 , y축)에 평행한 직선이다.

2 빈칸에 알맞은 단어를 써 보자.

일차함수 $y=ax+b$에서 x의 값의 증가량에 대한 y의 값의 증가량의 비율은 항상 a로 일정하다.
이 증가량의 비율 a를 일차함수 $y=ax+b$의 그래프의 [ ][ ][ ]라고 한다.

3 ㉠~㉣에 알맞은 그래프를 찾아 선으로 이어 보자.

㉠ 일차함수
그래프의 평행

㉡ 일차함수
그래프의 일치

㉢ $x=5$의 그래프

㉣ $y=-7$의 그래프

·   ·   ·   ·

·   ·   ·   ·

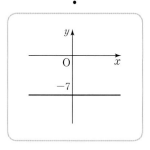
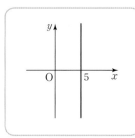
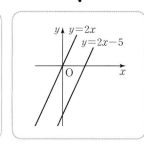
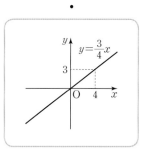

✏️ 단어와 그 뜻을 익히고, 빈칸에 알맞은 단어를 써 보자.

기공 공기 氣 + 구멍 孔 🐭 '氣'의 대표 뜻은 '기운'임.	잎의 표면에 있는 작은 공기 구멍. 📗 광합성에 필요한 이산화 탄소가 들어오고 광합성의 결과로 만들어진 산소가 나가는 공기의 이동 통로는 　　　이다.
증산 작용 증발할 蒸 + 흩을 散 + 일으킬 作 + 작용 用 🐭 '蒸'의 대표 뜻은 '찌다', '作'의 대표 뜻은 '짓다', '用'의 대표 뜻은 '쓰다'임.	잎의 뒷면에 있는 기공을 통해 식물체 내의 물이 수증기 상태로 공기 중으로 빠져나가는 현상. 📗 광합성에서 쓰이고 남은 물은 대부분 잎의 뒷면에 있는 기공을 통해 수증기 상태로 공기 중으로 나가는데 이런 현상이 　　　　　이다.
공변세포 구멍 孔 + 가장자리 邊 + 작을 細 + 세포 胞 🐭 '細'의 대표 뜻은 '가늘다'임.	식물체 내 이산화 탄소 등의 기체 출입과 증산 작용을 조절하는 세포. 📗 기공이 열리고 닫힘을 조절하는 역할을 하는 세포는 　　　　　이다.
식물의 호흡 심을 植 + 만물 物 + 의 + 내쉴 呼 + 들이쉴 吸	광합성으로 만들어진 포도당과 산소를 사용하여 생명 활동에 필요한 에너지를 생성하는 과정. 📗 식물이 광합성을 할 때는 이산화 탄소를 흡수하고 산소를 방출하지만, 　　　을 할 때는 산소를 흡수하고 이산화 탄소를 방출한다.
기체 교환 공기 氣 + 물질 體 + 주고받을 交 + 바꿀 換 🐭 '體'의 대표 뜻은 '몸'임.	생물체가 필요한 기체를 받아들이고 필요 없는 기체를 내보내는 작용. 📗 낮에 빛의 세기가 강하여 광합성량이 호흡량보다 많아지면 식물에서 이산화 탄소를 흡수하고 산소를 내보내는 　　　　　이 일어난다.
포도당 포도 葡 + 포도 萄 + 엿 糖	광합성의 최종 산물로 세포 호흡의 원료로 쓰이는 물질. 📗 식물은 빛에너지를 에너지원으로 하여 물과 이산화 탄소로부터 　　　을 만든다.
체관 체 + 대롱 管	식물의 잎에서 만들어진 영양분이 이동하는 통로. 📗 잎에서 광합성으로 만들어진 영양분은 　　　을 통하여 줄기와 뿌리로 이동된다.
물관 물 + 대롱 管	식물의 뿌리에서 흡수한 물이 이동하는 통로. 📗 뿌리에서 흡수한 물과 물에 녹아 있는 질소, 인 등의 양분은 　　　을 통하여 식물의 각 부위로 이동된다.

체관
형성층 }관다발
물관
물관
체관

확인 문제

1 뜻에 알맞은 단어가 되도록 보기의 글자를 조합해 써 보자.(같은 글자가 여러 번 쓰일 수 있음.)

보기

공	관	체
호	기	물

(1) 잎의 표면에 있는 작은 공기 구멍. → ☐☐

(2) 식물의 뿌리에서 흡수한 물이 이동하는 통로. → ☐☐

(3) 식물의 잎에서 만들어진 영양분이 이동하는 통로. → ☐☐

2 뜻에 알맞은 단어를 보기에서 찾아 써 보자.

보기

포도당	공변세포	기체 교환	식물의 호흡	증산 작용

(1) 광합성의 최종 산물로 세포 호흡의 원료로 쓰이는 물질. → (   )

(2) 식물체 내 이산화 탄소 등의 기체 출입과 증산 작용을 조절하는 세포. → (   )

(3) 생물체가 필요한 기체를 받아들이고 필요 없는 기체를 내보내는 작용. → (   )

(4) 포도당과 산소를 사용하여 생명 활동에 필요한 에너지를 생성하는 과정. → (   )

(5) 잎의 뒷면에 있는 기공을 통해 식물체 내의 물이 수증기 상태로 공기 중으로 빠져나가는 현상.

→ (   )

3 설명이 알맞으면 ○표, 알맞지 <u>않으면</u> ✕표를 따라가며 선을 긋고, 몇 번으로 나오는지 써 보자.

 출발

(1) 증산 작용은 기공이 열릴 때 일어나는데 기공은 주로 밤에 열리고 낮에 닫힌다.

 ✕

(2) 낮에는 식물이 광합성도 하고 호흡도 한다.

✕ → ❶

○ ↓

○ ↓

(3) 호흡은 생활에 필요한 에너지를 얻는 과정으로 밤에만 일어난다.

 ✕

(4) 밤에는 식물이 호흡만 일어나므로 산소를 흡수하고 이산화 탄소를 내보내는 기체 교환이 일어난다.

 ✕ → ❷

○ ↓
❸

○ ↓
❹

(   )

한자 어휘

保(보), 溫(온)이 들어간 단어

保
지킬 보

'보(保)'는 어머니가 아이를 안고 있는 모양을 본뜬 글자야. '지키다', '보호하다', '유지하다', '책임지다'라는 뜻을 가지고 있어.

溫
따뜻할 온

'온(溫)'은 주로 '따뜻하다'라는 뜻으로 쓰이지만 '익히다', '온도', '온순하다'라는 뜻으로 쓰일 때도 있어.

✎ 단어와 그 뜻을 익히고, 빈칸에 알맞은 단어를 써 보자.

보전
보전할 保 + 온전할 全

'保'가 '보호하여 유지하다'라는 뜻으로 쓰였어.

온전하게 잘 보호하여 유지함.

예 인류의 미래를 위해서 생태계 ☐☐에 힘써야 한다.

> **플러스 개념어** 보존
> 잘 보호하고 간수하여 현재 상태 그대로 남김.
> 예 후손을 위해 환경 보존에 힘써야 한다.

보증
책임질 保 + 증명할 證

'保'가 '책임지다'라는 뜻으로 쓰였어.

어떤 사물이나 사람에 대하여 책임지고 틀림이 없음을 증명함.

예 선생님께서는 보람이가 책임감이 강한 학생임을 ☐☐할 수 있다고 장담하셨다.

삼한사온
석 三 + 찰 寒 +
넉 四 + 따뜻할 溫

사흘 동안 춥고 나흘 동안 따뜻함이 이어지는 기후 현상.

예 겨울철에 우리나라에서는 3일 가량 추운 날씨가 계속되다가, 다음 4일 가량은 따뜻한 날씨가 이어지는 ☐☐☐☐ 현상이 나타난다.

온고지신
익힐 溫 + 옛 故 +
알 知 + 새 新

> 온고 + 지신
> 옛것을 익힘 새것을 앎
> '溫'이 '익히다'라는 뜻으로 쓰였어.

옛것을 익히고 그것을 미루어서 새것을 앎.

예 옛것만 강조해서도 안 되고 새것만 좇아서도 안 된다는 ☐☐☐☐의 정신으로 과거와 미래를 조화롭게 대해야 한다.

상온
항상 常 + 온도 溫

'溫'이 '온도'라는 뜻으로 쓰였어.

가열하거나 냉각하지 않은 자연 그대로의 보통 기온. 대개 섭씨 15도를 가리킴.

예 냉동 식품을 ☐☐에서 장기간 보관하면 식품이 부패할 수 있다.

> **다의어** 상온
> ① 늘 일정한 온도.
> ② 일년 동안의 기온을 평균한 온도.

온유
온순할 溫 + 부드러울 柔

'溫'이 '온순하다'라는 뜻으로 쓰였어.

성격, 태도가 온순하고 부드러움.

예 분명히 우리들이 잘못했음에도 불구하고 어머니는 화를 내지 않고 ☐☐한 미소를 보이셨다.

확인 문제

4주차

5회

1 뜻에 알맞은 단어를 빈칸에 써 보자.

가로 열쇠
❷ 사흘 동안 춥고 나흘 동안 따뜻함이 이어지는 기후 현상.
❸ 옛것을 익히고 그것을 미루어서 새것을 앎.
❹ 온전하게 잘 보호하여 유지함.

세로 열쇠
❶ 가열하거나 냉각하지 않은 자연 그대로의 보통 기온.
❸ 성격, 태도가 온순하고 부드러움.
❹ 어떤 사물이나 사람에 대하여 책임지고 틀림이 없음을 증명함.

2 밑줄 친 부분과 바꿔 쓸 단어로 알맞지 <u>않은</u> 것은? (   )

① 그녀는 성격이 <u>온순하고 부드러워</u> 친구들이 많다. → 온유
② 우리 고유의 전통문화를 <u>온전하게 보호하여 유지</u>해야 한다. → 보전
③ 여름에는 음식을 <u>자연 그대로의 기온</u>에서 방치하면 안 된다. → 상온
④ 기후 변화로 겨울에 <u>3일은 춥고 4일은 따뜻한</u> 현상이 잘 나타나지 않는다. → 삼한사온
⑤ 아버지께서 <u>틀림이 없는 사람임을 책임지고 증명</u>하셔서 삼촌은 취업할 수 있었다. → 보안

3 대화에 어울리는 단어를 (   ) 안에서 골라 ○표 해 보자.

영문법 어휘

> 영어의 동사는 어떤 기능을 하느냐에 따라 감각동사, 수여동사, 사역동사, 지각동사로 구분할 수 있어. '감각', '수여', '사역', '지각'이란 이름들은 동사의 기능과 관련된 것이므로 이름의 뜻을 알면 동사의 기능도 짐작할 수 있겠지? 이 동사들이 어떤 뜻을 가지고 있는지 공부해 보자.

🖊 단어와 그 뜻을 익히고, 빈칸에 알맞은 단어를 써 보자.

---

sensory verb
감각동사
느낄 感 + 깨달을 覺 +
움직일 動 + 말씀 詞

몸이 느끼는 감각과 관련이 있는 동사를 가리키는 말. 감각동사로는 look(~처럼 보이다), sound(~처럼 들리다), taste(~한 맛나다), smell(~한 냄새나다) 등이 있음.

• They **look** happy.(그들은 행복해 보인다.)
  '~처럼 보이다'라는 의미의 감각동사

예 "This story sounds good.(이 이야기는 좋게 들린다.)"에서 sounds(~처럼 들리다)는 ☐☐☐☐이다.

---

dative verb
수여동사
줄 授 + 줄 與 +
움직일 動 + 말씀 詞
↪'與'의 대표 뜻은 '더불다'임.

두 개의 목적어가 연달아 나와 '~에게 ~을 (해) 주다'라는 뜻의 동사를 가리키는 말. 수여동사로는 give(주다), tell(말해 주다), send(보내 주다) 등이 있음.

플러스 개념어 수여
증서, 상장, 훈장 따위를 줌.
예 임명장 수여는 강당에서 한다.

• He **shows** me his note.(그는 나에게 그의 노트를 보여 준다.)
  목적어로 me(나에게)와 his note(그의 노트) 두 개를 가지는 수여동사

예 "Tell me the truth.(나에게 진실을 말해 줘.)"에서 목적어로 me와 the truth를 가진 동사 tell은 ☐☐☐☐이다.

---

causative verb
사역동사
부릴 使 + 부릴 役 +
움직일 動 + 말씀 詞

목적어가 어떤 행동을 하도록 하는 동사를 가리키는 말. 사역동사로는 make(~하게 만들다), have(~하게 하다), let(~하게 허락하다) 등이 있음.

플러스 개념어 사역
사람을 부리어 일을 시킴.

• The police **made** me stop.(그 경찰은 나를 멈추게 만들었다.)
  목적어 me를 stop 하도록 만드는 사역동사

예 "Let her go out.(그녀가 밖으로 나가게 해라.)"에서 목적어 her가 go out하게 허락하는 동사 Let은 ☐☐☐☐이다.

---

perception verb
지각동사
알 知 + 깨달을 覺 +
움직일 動 + 말씀 詞

감각 기관을 통해 목적어의 행위를 인지하는 동사를 가리키는 말. 지각동사로는 see(보다), watch(보다), hear(듣다) 등이 있음.

다의어 지각
① 알아서 깨달음.
② 사물의 이치나 도리를 분별하는 능력.
③ 감각 기관을 통해 대상을 인식함.

• I **saw** you enter the room.(나는 네가 방으로 들어
  목적어 you가 enter the room하는 것을 보는 지각동사
가는 것을 보았다.)

예 "We heard someone crying.(우리는 누군가 울고 있는 것을 들었다.)"에서 목적어 someone이 crying하는 것을 인지한 동사 heard(들었다)는 ☐☐☐☐이다.

확인 문제

1 빈칸에 들어갈 단어를 글자판에서 찾아 묶어 보자.(단어는 가로, 세로, 대각선 방향에서 찾기)

동	수	여	인
민	간	접	사
정	지	용	역
감	각	원	인

❶ [   ] 동사: 몸이 느끼는 감각과 관련이 있는 동사.

❷ [   ] 동사: 목적어가 어떤 행동을 하도록 하는 동사.

❸ [   ] 동사: 감각 기관을 통해 목적어의 행위를 인지하는 동사.

❹ [   ] 동사: 두 개의 목적어가 연달아 나와 '~에게 ~을 (해) 주다'
라는 뜻의 동사.

2 밑줄 친 단어의 종류가 맞으면 ○표, 맞지 않으면 ✕표 해 보자.

(1)
This milk **smells** bad. (이 우유는 냄새가 고약하다.)
감각동사
(   )

(2)
Please **make** me a chair. (부디 나에게 의자를 만들어 줘.)
수여동사
(   )

(3)
We **watched** him shouting. (우리는 그가 소리치는 것을 보았다.)
사역동사
(   )

(4)
She **had** me do the homework. (그녀는 내가 숙제를 하도록 했다.)
지각동사
(   )

3 ( ) 안에 밑줄 친 동사의 종류를 써 보자.

(1) This scarf **feels** good.(이 스카프는 좋은 느낌이다.) → (   )

(2) My father **buys** you a book.(우리 아버지는 너에게 책을 사 주신다.) → (   )

(3) He **had** us solve the problem.(그는 우리에게 그 문제를 풀게 하였다.) → (   )

(4) He **saw** Jim crossing the bridge.(그는 Jim이 다리를 건너는 것을 보았다.)

→ (   )

✏️ 4주차 1~5회에서 공부한 단어를 떠올리며 문제를 풀어 보자.

국어

1 [보기]의 ㉠~㉢에 들어갈 단어와 그 뜻이 알맞으면 ○표, 알맞지 <u>않으면</u> ✕표 해 보자.

보기

- 실패한 사람의 이야기를 글로 적어 세상에 대한 (㉠)를 삼고자 한다.
- 체육 대회에서 함께 응원하다 보니 반 친구들과의 (㉡)이 더욱 깊어졌다.
- 상대방과 원활하게 의사소통을 하려면 상대방의 처지와 감정을 존중하고 상대방이 (㉢)할 수 있는 내용을 말해야 한다.

(1) ㉠ 경계– 사물이 어떠한 기준에 의하여 분간되는 한계. (　　　　)

(2) ㉡ 유대감– 서로 밀접하게 연결되어 있는 공통된 느낌. (　　　　)

(3) ㉢ 공감– 다른 사람의 감정, 의견, 주장 등에 대하여 자기도 그렇다고 느낌. (　　　　)

사회

2 [보기]의 뜻을 참고하여 (　) 안에 들어갈 단어를 써 보자.

보기

㉠ 전쟁이나 재난 등을 당하여 어려움에 빠진 사람.
㉡ 지구 전체를 한 마을처럼 여겨 이르는 말.
㉢ 남의 권리나 인격을 마구 억누르거나 짓밟음.

　분쟁이 잦은 국가에서 대규모로 (㉠)이/가 발생하여 (㉡)의 문제가 되고 있다. 이들이 수용된 곳은 환경이 열악할 뿐만 아니라 인권 (㉢) 문제도 심각하다.

(1) ㉠ → (　　　　　)　　　(2) ㉡ → (　　　　　)　　　(3) ㉢ → (　　　　　)

한자

3 밑줄 친 말과 뜻이 같은 단어가 되도록 알맞은 글자에 ○표 해 보자.

(1)
　콩쥐는 <u>성격이나 태도가 온순하고 부드러워</u> 사람들의 칭찬이 자자했다.

→ 비　온　도　고　수　유

(2)
　민족의 전통은 <u>옛것을 익히고 그것을 미루어서 새것을 안다</u>는 정신에 바탕하여 창조적으로 계승되어야 한다.

→ 온　익　고　이　지　신

과학

4 ( ) 안에서 알맞은 단어를 골라 ○표 해 보자.

> 태양의 표면에 주변보다 온도가 낮아 검게 보이는 부분을 (흑점 , 홍염)이라 하고, 이 부근에서 일어나는 폭발 현상을 (플레어 , 코로나)라고 한다.

국어

5 밑줄 친 단어의 쓰임이 문장에 어울리는 것은? ( )

① 이 시는 낯익은 표현이 많이 사용되어 <u>참신한</u> 맛이 있다.
② 그의 디자인은 사람들 눈에 익숙하므로 <u>참신하다는</u> 평을 받았다.
③ 이 장난감은 아이들에게 아무 위험이 없으므로 <u>참신하게</u> 만들어졌다.
④ 이 소설은 그동안 볼 수 없었던 <u>참신한</u> 표현과 서정미가 돋보이는 작품이다.
⑤ 이 영화는 많은 작품에서 선보인 사랑과 우정이라는 <u>참신한</u> 주제를 다루었다.

영문법

6 밑줄 친 단어의 쓰임이 알맞으면 ○표, 알맞지 <u>않으면</u> ✕표 해 보자.

(1) make, have, let은 목적어가 어떤 행동을 하도록 하는 <u>사역동사</u>로 사용된다. ( )

(2) see, watch는 감각 기관을 통해 목적어의 행위를 인지하는 <u>수여동사</u>로 사용된다. ( )

수학

7 뜻에 알맞은 단어를 초성을 바탕으로 써 보자.

(1) 좌표평면에서 한 도형 위의 모든 점을 일정한 방향으로 일정한 거리만큼 옮기는 것.

→ | ㅍ | ㅎ | ㅇ | ㄷ |

(2) 수평선 또는 수평면에 대한 기울어진 정도로, 일차함수 $y=ax+b$에서 x의 값의 증가량에 대한 y의 값의 증가량의 비율. → | ㄱ | ㅇ | ㄱ |

과학

8 밑줄 친 단어의 뜻으로 알맞은 것을 골라 ○표 해 보자.

> 공변세포는 식물체 내 이산화 탄소 등의 기체 출입과 <u>증산 작용</u>을 조절한다.

① 광합성을 통해 식물에게 필요한 영양분을 더 많이 생산해 내는 현상. ( )
② 식물의 수분이 잎의 뒷면에 있는 기공을 통해 수증기 상태로 공기 중으로 빠져나가는 현상. ( )

찾아보기

『어휘가 문해력이다』에 수록된 모든 어휘를
과목별로 나누어 ㄱ, ㄴ, ㄷ, … 순서로 정리했습니다.

과목별로 뜻이 궁금한 어휘를 바로바로 찾아보세요!

차례

국어 교과서 어휘

역사 교과서 어휘

수학 교과서 어휘

과학 교과서 어휘

찾아보기

한자 어휘

ㄱ

ㄷ

ㅂ

ㅅ

ㅇ

ㅊ

영문법 어휘

ㄱ

ㅁ

ㅂ

ㅅ

ㅇ

ㅈ

ㅊ

ㅌ

ㅎ

사진 자료 출처

· 셔터스톡, 아이엠서치

"
어휘가
문해력이다

어휘 학습으로
문해력 키우기
"

1 주차 어휘 학습 점검

1주차에서 학습한 어휘를 잘 알고 있는지 ☑ 해 보고,
잘 모르는 어휘는 해당 쪽으로 가서 다시 한번 확인해 보세요.

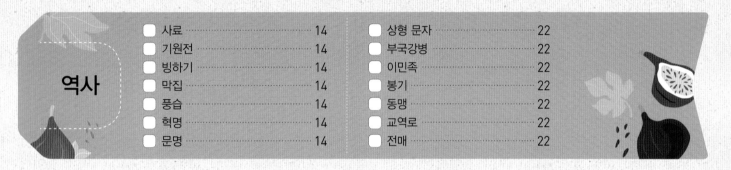
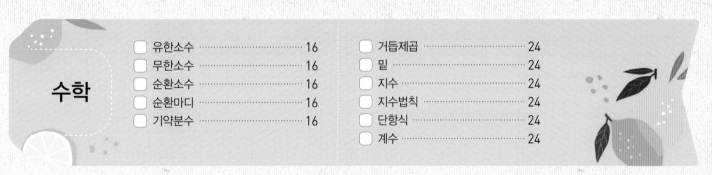
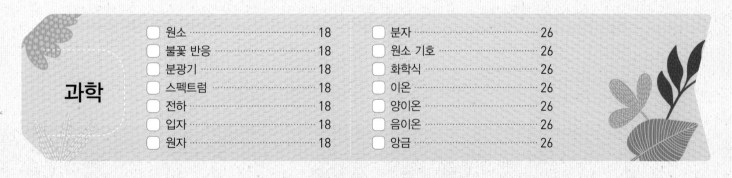

정리서 책갈피로 활용해 보세요.

2 주차

어휘 학습 점검

2주차에서 학습한 어휘를 잘 알고 있는지 ✔ 해 보고,
잘 모르는 어휘는 해당 쪽으로 가서 다시 한번 확인해 보세요.

중학 2학년 1학기

어휘가
문해력이다

중학 2학년 1학기
교과서 어휘

정답과 해설

EBS
당신의 문해력

어휘가
문해력
이다

중학 2학년 1학기

1주차 정답과 해설

1주차 1회

국어 교과서 어휘

수록 교과서 | 문학 - 시

단어와 그 뜻을 익히고, 빈칸에 알맞은 단어를 써 보자.

운율 韻 운 운 + 律 가락 률
↳ 韻의 대표 뜻은 '운율임'
- 시에서 느낄 수 있는 말의 가락.
- 에 이 시는 각 연마다 독같은 시어를 반복적으로 사용함으로써 **운율**을 형성하고 있다.

음보 音 소리 음 + 步 걸음 보
↳ 步의 대표 뜻은 '걸음임'. 여기서 나는 발음은 /음뽀/ 또는 /음보/
- 시에서 운율을 이루는 기본 단위.
- 에 '오늘도 다 새거다가 호미 메고 가자스라'는 4 **음 보** 로 이루어져 있다.

정형시 定 정할 정 + 型 모형 형 + 詩 시 시
↳ 定의 대표 뜻은 '정할 정임'
- 정해진 형식과 규칙 등을 지켜서 지은 시.
- 에 시는 형식에 따라 일정한 형식에 맞추어 쓰는 **정형시**, 형식적 제약에서 벗어나 자유롭게 쓰는 자유시, 행이 구분 없이 산문처럼 쓰는 산문시로 나눌 수 있다.

시조 時 때 시 + 調 가락 조
↳ 調의 대표 뜻은 '고르다임'
- 고려 말부터 발달하여 온 우리나라 고유의 정형시.
- 에 우리 할아버지께서는 기분이 좋으실 때면 우리 할의 시인 **시 조** 를 읊고는 하신다.

모방 模 본뜰 모 + 倣 본뜰 방
- 남의 것을 보거나 흉내 냄.
- 에 예술 작품에서는 남의 작품을 그대로 본뜨는 **모 방** 보다 창조를 더 소중히 여긴다.

반어 反 반대로 반 + 語 말씀 어
↳ 反의 대표 뜻은 '반대로임'
- 표현하고자 하는 내용을 실제와 반대로 말하여 강조하는 표현 방식.
- 에 그는 나에게, "참 빨리도 왔네."라며 **반 어** 표현을 사용하여 늦음을 강조했다.

풍자 諷 풍자할 풍 + 刺 비웃을 자
↳ 諷의 대표 뜻은 '풍자할 풍임'
- 부정적인 대상을 과장하거나 비꼬아 우스꽝스럽게 표현함으로써 간접적으로 비판하는 표현 방식.
- 에 탈춤은 양반의 행동을 비꼬아 우스꽝스럽게 나타냄으로써 그들의 위선을 **풍 자** 하였다.

확인 문제

1 뜻에 알맞은 단어를 글자판에서 찾아 묶어 보자. (단어는 가로, 세로, 대각선 방향에서 찾기)

① 남의 것을 보거나 흉내 냄.
② 시에서 느낄 수 있는 말의 가락.
③ 시에서 운율을 이루는 기본 단위.
④ 표현하고자 하는 내용을 실제와 반대로 말하여 강조하는 표현 방식.
⑤ 부정적인 대상을 과장하거나 비꼬아 우스꽝스럽게 표현함으로써 간접적으로 비판하는 표현 방식.

2 다음을 읽고, 빈칸에 들어갈 단어를 초성을 바탕으로 써 보자.

> 먼 훗날 당신이 찾으시면
> 그때에 내 말이 '잊었노라'
> 당신이 속으로 나무라면
> '무척 그리다가 잊었노라'
> — 김소월, 「먼 후일」 중에서

(1) 이 시는 한 행이 자연스럽게 3개의 덩어리로 읽히므로 3음보로
되어 이 시는 임에 대한 그리움을 강조하기 위해 마음 속 진 부분처럼 속마음과 반대로 나타내고 있는데 이
란 표현 방식으로 **반 어** 라고 한다.

해설 (1) 김소월의 「먼 후일」은 한 행이 자연스럽게 3개의 덩어리로 읽히므로 3음보의 운율을 가진 시이다. (2) 표현하고
자 하는 내용을 실제와 반대로 말하여 강조하는 표현 방식은 '반어'이다.

3 다음을 읽고, ( ) 안에서 알맞은 단어를 골라 ○표 해 보자.

(1)
> 「오우가」와 같은
> 우리 고유의 시를
> (가요, **시조**)라고 해.

> 작은 것이 높이 떠서 만물을 다 비추니
> 밤중에 광명이 너만 한 이 또 있느냐.
> 보고도 말 아니하니 내 벗인가 하노라.
> — 윤선도, 「오우가」 중에서

(2)
> 「오우가」처럼 일정한 규칙이나
> 형식에 맞춰 쓰는 시를
> (**정형시**, 자유시)라고 해.

해설 (1) 윤선도의 「오우가」와 같은 우리 고유의 시를 '시조'라고 한다. (2) 윤선도의 「오우가」처럼 일정한 규칙이나 형식에 맞
춰 쓴 것은 정형시이다.

1주차 1회 역사 교과서 어휘

수록 교과서 역사① Ⅰ. 문명의 발생과 고대 세계의 형성

단어와 그 뜻을 익히고, 빈칸에 알맞은 단어를 써 보자.

사료 역사 史 + 거리 料
↳ 뜻이 대표 뜻이 '차'이 대표 뜻이 헤아리다임.

역사 연구에 필요한 자료나 기록, 유물.
예) 오래된 건물 아래서 조선 시대의 역사를 기록한 **사 료** 가 발견되었다.

동음이의어 사료
• 사료(생각 思 + 헤아릴 料): 지금 상황을 분명히 밝히지 않으면 관련해질 것으로 사료됨.
• 사료(기를 飼 + 거리 料): 가축이 먹는지 소가 잘 먹지 않는다.

기원전 해 紀 + 으뜸 元 + 앞 前
↳ 뜻이 대표 뜻이 '해'임. 버리는 그물을 뻗은 혹은 또는 일이 나올에 뻗치게 되는 줄거리를 뜻함.

예수가 태어나기 이전.
예) 중국에서는 황하강 주변의 기름진 땅을 중심으로 농경이 발달하면서 기원전 2500년경부터 초기 국가가 나타났다.

방하기 얼음 氷 + 물 河 + 기간 期
↳ 뜻이 대표 뜻이 '빙'임.

땅 표면이 많은 양의 방하로 뒤덮여 있던 주은 시기.
예) 지구는 방하가 아는 **방 하 기** 와 나는 간방기를 여러 번 겪어왔다.

동음이의어 '-기'
방하 + 기 : '기간', '시기'의 뜻을 더함.
예) • 이동기: 6~13세의 시기.
• 초기: 처음 시기.
• 사춘기: 육체적・정신적으로 성인이 되어가는 가는 시기.

막집 정막 幕 + 집
↳ 뜻이 대표 뜻이 '막'임.

임시로 비바람을 겨우 막을 정도로 지은 집. 역사적으로는 구석기 시대에 나뭇가지와 가죽 등을 이용해 만든 집을 가리킨다.
예) 구석기인들은 자주 이동해야 해서 동물이나 임시로 지은 **막 집** 에서 생활하였다.

풍습 풍속 風 + 습관 習
↳ 뜻이 대표 뜻이 '바람', '벌이' 음의 대표 뜻임.

예낯부터 그 사회에 전해 오는 생활 습관.
예) 민속촌에 가면 옛 조상들의 삶의 모습을 재현하고 있어서 우리의 전통 **풍 습** 을 엿볼 수 있다.

혁명 고칠 革 + 하늘의 뜻 命
↳ 뜻이 대표 뜻이 '가죽', '슬의'대표 뜻임. 목숨임.

이전의 풍습이나 제도, 방식 등을 단번에 깨뜨리고 새로운 것을 급히 세우는 일.
예) 신석기 시대에 농사를 짓고 정착 생활을 하면서 인류에게 큰 변화를 가져왔는데 이를 신석기 **혁 명** 이라고 한다.

문명 글월 文 + 밝을 明
↳ 뜻이 대표 뜻이 '글'임.

인류가 만든 물질적, 기술적, 사회적인 발전.
예) 메소포타미아에서 여러 도시 국가가 생겨나면서 인류 최초의 **문 명** 이 시작되었다.

▲ 막집

확인 문제

정답과 해설 ▶ 3쪽

1 뜻에 알맞은 단어를 빈칸에 써 보자.

[십자말풀이 표]

가로 열쇠
② 예수가 태어나기 이전.
④ 인류가 만든 물질적, 기술적, 사회적인 발전.

세로 열쇠
① 땅 표면이 많은 양의 방하로 뒤덮여 있던 주은 시기.
③ 이전의 풍습이나 제도, 방식 등을 단번에 깨뜨리고 새로운 것을 급히 세우는 일.

2 밑줄 친 단어가 보기 의 뜻으로 쓰인 것을 골라 ○표 해 보자.

보기 사료: 역사 연구에 필요한 자료나 기록, 유물.

(1) 나는 김고양이에게 매일 사료를 챙겨 주고 있다. ( )
(2) 이곳을 통행하는 사람들의 안전을 위해 육교를 설치해야 한다고 사료된다. ( )
(3) 어제 경주에서 발견된 문화재는 신라 시대의 생활상을 보여 주는 중요한 사료이다. (○)

해설 (1) '기록에게 주는 먹을거리'를 뜻하는 말임. (2) '깊이 생각하여 헤아림'을 뜻하는 말임. (3) '역사 연구에 필요한 자료나 기록, 유물'을 뜻하는 말이다.

3 밑줄 친 단어의 '기'가 보기 의 '-기'와 다른 뜻으로 사용된 것은? (②)

보기 인류는 불을 사용하여 방하기에도 추위를 견딜 수 있게 되었다.

① 환절기에는 감기가 걸리기 쉽다.
② 이 토기는 신석기 시대를 대표하는 유물이다.
③ 조선 초기에는 문화와 과학 기술이 발달하였다.
④ 나이를 여행하려면 우기를 피하는 것이 좋다.
⑤ 인생에서 청년기는 마음과 몸이 조화된 균형이 가장 요구되는 시기이다.

해설 보기 의 '방하기'에서 '-기'는 '기간'의 뜻을 더하는 말이다. 도, '-기'는 시기, 기간 을 뜻하는 말이다. ②의 '토기'의 '-기'는 그릇을 뜻한다.

4 ( ) 안에 들어갈 단어를 보기 에서 찾아 써 보자.

보기 막집 풍습 혁명

(1) 불의 발명은 인류의 진화 속도를 높인 (혁명)과도 같은 사건이었다.
(2) 박물관에 구석기 시대의 임시 주거 시설인 (막집)이 전시되어 있다.
(3) 우리 시대에서는 지역 고유의 (풍습)을 보존하기 위해 다양한 행사를 하고 있다.

해설 (1) '이전의 풍습이나 제도, 방식 등을 단번에 깨뜨리고 새로운 것을 급히 세우는'을 뜻하는 '혁명'을 써야 한다. (2) '임시로 비바람을 겨우 막을 정도로 지은 집'을 뜻하는 '막집'을 써야 한다. (3) '옛날부터 그 사회에 전해 오는 생활 습관'을 뜻하는 '풍습'을 써야 한다.

수학 교과서 어휘

수학 2 1. 유리수와 순환소수

단어와 그 뜻을 익히고, 빈칸에 알맞은 단어를 써 보자.

유한소수
있을 有 + 끝限 + 작을 小 + 셈 數
→ 옛날 대표 뜻인 '한데다'라는 뜻이 '어떤 조건 범위에 제한되다'라는 뜻임.

소수점 아래에 0이 아닌 숫자가 유한 번 나타나는 끝이 있는 소수.
예 소수점 아래에 자릿수가 길더라도 언젠가 끝이 나는 소수는 유한소 수 이다.

무한소수
없을 無 + 끝限 + 작을 小 + 셈 數

소수점 아래에 0이 아닌 숫자가 무한 번 나타나는 끝이 없는 소수.
예 소수점 아래에 자릿수가 무한히 이어진다면 그 소수는 무한소 수 이다.

순환소수
돌 循 + 고리 環 + 작을 小 + 셈 數

무한소수 중에서 소수점 아래의 어떤 자리에서부터 일정한 숫자의 배열이 한없이 되풀이되는 무한소수.
예 소수점 아래의 수가 일정한 규칙으로 무한히 되풀이되는 1.454545…가 순환소 수 이다.

[헷갈리는 개념인] **순환마디의 표현**
순환소수에서 순환되는 앙 끝 숫자 위에 점을 찍어 나타냄.
• 0.323232… → 0.32̇ 순환마디 숫자가 2개
• 0.321321321… → 0.3̇21̇ 순환마디 숫자가 3개

순환마디
돌 循 + 고리 環 + 마디

순환소수의 소수점 아래에서 일정한 숫자의 배열이 되풀이되는 한 부분.
예 순환소수 0.3444…에서 순환 마 디는 4이다.

기약분수
이미 旣 + 나눌(맺을) 約 + 나눌 分 + 셈 數
→ 約의 대표 뜻은 '맺다'임.

분모와 분자의 공약수가 1뿐이어서 더 이상 약분되지 않는 분수.
예 $3 \div 3$ = $\frac{1}{4}$ 과 같이 분모와 분자의 공약수가 1뿐인 분수 $\frac{1}{4}$을 기 약 분 수 라고 한다.
$12 \div 3$ 4

반의어
유한 (有限): 수數, 양量, 공간, 시간 따위에 일정한 한도나 한계가 있음.
무한 (無限): 수數, 양量, 공간, 시간 따위에 일정한 한도나 한계가 없음.

확인 문제

정답과 해설 ▶4쪽

1 뜻에 알맞은 단어를 빈칸에 써 보자.

	❶유		
❷무	한	소	수
	소		
❸순	수		
	한		
	소		
	수		

가로 열쇠
❷ 소수점 아래에 0이 아닌 숫자가 무한 번 나타나는 끝이 없는 소수.
❸ 소수점 아래의 어떤 자리에서부터 일정한 숫자의 배열이 한없이 되풀이되는 무한소수.

세로 열쇠
❶ 소수점 아래의 0이 아닌 숫자가 유한 번 나타나는 끝이 있는 소수.

2 ( ) 안에 들어갈 단어를 보기 에서 찾아 써 보자.

보기   기약분수   유한소수   무한소수   순환마디

(1) 분모와 분자의 공약수가 1뿐이어서 더 이상 약분이 되지 않는 $\frac{3}{5}$ 은 (기약분수)이다.

(2) 소수점 아래에 0이 아닌 숫자가 무한히 이어지는 소수 1.323435…는 (무한소수)이다.

(3) 소수점 아래에 자릿수가 길더라도 끝이 나는 소수 3.732109242431은 (유한소수)이다.

(4) 순환소수 2.151515…에서 숫자의 배열이 한없이 되풀이되는 가장 짧은 한 부분인 (순환마디)는 15이다.

해설 | (1) 분모와 분자의 공약수가 1뿐이라 더 이상 약분되지 않으므로 '기약분수'이다. (2) 소수점 아래의 자릿수가 무한해 '무한소수'이다. (3) 소수점 아래의 자릿수가 길더라도 언젠가 끝이 나므로 '유한소수'이다. (4) 순환소수의 소수점 아래에서 되풀이되는 15가 '순환마디'이다.

3 친구들의 설명이 맞으면 ○표, 맞지 않으면 ✕표 해 보자.

(1) 1.666…은 유한소수야. (✕)

(2) 2.535353…의 순환마디는 53이야. (○)

(3) $\frac{3}{15} = \frac{1}{5}$ 로 약분되므로 $\frac{3}{15}$ 은 기약분수야. (✕)

해설 | 1.666…은 순환마디가 6인 순환소수이다. (3) $\frac{3}{15} = \frac{1}{5}$ 로 약분되므로 기약분수가 아니다.

수록 교과서 과학 2
1. 물질의 구성

단어와 그 뜻을 익히고, 빈칸에 알맞은 단어를 써 보자.

원소 근원元+바탕素
물질을 이루는 기본 성분.
예 수소, 산소와 같이 더 이상 다른 물질로 분해할 수 없는 한 종류로 성분으로만 이루어져 있는 것이 [원소]이다.

불꽃 반응 불꽃+돌이킬反+응할應
금속 원소가 포함된 물질을 겉불꽃에 넣었을 때 원소의 종류에 따라 특정한 불꽃색이 나타나는 반응.
예 질산 나트륨과 염화 나트륨은 서로 다른 물질이지만 둘 다 나트륨을 포함하므로 [불꽃] 반응 색이 모두 노란색이다. [반응]

분광기 나눌分+빛光+그릇器
빛을 파장에 따라 분리하여 관찰하는 장치.
예 햇빛을 [분광기]로 관찰하면 여러 가지 색의 띠를 볼 수 있다.

스펙트럼
빛의 성분을 파장의 순서로 나열한 것.
예 빛을 파장에 따라 분광기에 통과시키면 여러 가지 색의 띠가 나타나는데 이를 [스펙트럼]이라고 한다.

전하 전기電+짊어질荷
전기 현상을 일으키는 원인으로, 물체가 띠고 있는 정전기의 양.
예 정전기나 전류 등의 전기 현상은 [전하]에 의해 일어난다.

입자 낟알粒+아들子
물질을 구성하는 아주 작은 크기의 물체. 소립자, 원자, 분자 등을 일컫는다.
예 물질은 더 작은 [입자]인 원자로 이루어져 있다.

원자 근원原+아들子
물질을 구성하는 기본 입자.
예 원자는 (+) 전하를 띠는 원자핵과 (−)전하를 띠는 전자로 이루어져 있다.

핵심 개념 파장
빛은 물결처럼 출렁거리면서 앞으로 뻗어 나가는데, 이때 한 번 출렁거리는 길이를 '파장'이라고 함.

핵심 개념 스펙트럼의 종류
연속 스펙트럼: 어떤 파장 범위에 연속적으로 나타나는 스펙트럼.
선 스펙트럼: 하나 또는 몇 개의 특정한 파장만 포함하는 빛의 스펙트럼.

핵심 개념 전하량
전하의 양으로, 양의 전하량은 (+) 부호를, 음의 전하량은 (−) 부호를 붙임.

핵심 개념
· 원자핵: 원자의 중심에 있는 입자로 양전하를 띰.
· 전자: 원자핵 주위를 도는 입자로 음전하를 띰.

▲ 원자의 구조

확인 문제

정답과 해설 ▶ 5쪽

1 뜻에 알맞은 단어를 글자판에서 찾아 묶어 보자. (단어는 가로, 세로, 대각선 방향에서 찾기)

① 물질을 이루는 기본 성분.
② 물체가 띠고 있는 정전기의 양.
③ 빛의 성분을 파장의 순서로 나열한 것.
④ 빛을 파장에 따라 분리하여 관찰하는 장치.

2 단어의 뜻을 찾아 선으로 이어 보자.

원자핵 · — 물질을 구성하는 기본 입자.

전자 · — 음전하를 띠면서 원자핵의 주위를 도는 것.

원자 · — 양전하를 띠면서 원자핵의 중심에 있는 것.

3 ( ) 안에 들어갈 단어를 [보기]에서 찾아 써 보자.

보기: 불꽃 반응 원소 스펙트럼 분광기

(1) 물은 수소와 산소로 분해되므로 물질을 이루는 기본 성분인 (원소)이/가 아니다.
(2) 햇빛을 파장에 따라 분리하는 장치인 (분광기)(으)로 관찰하면 색이 따라 연속적으로 나타나는 (스펙트럼)을/를 볼 수 있다.
(3) 금속 원소에 불을 붙이면 나트륨은 노란색, 리튬은 빨간색 등 이러한 (불꽃 반응)을/를 통해 일부 금속 원소를 구별할 수 있다.

해설 | (1) 물질을 구성하는 기본 성분은 '원소'이다. (2) 빛을 파장에 따라 분리하는 장치는 '분광기'이고, 색의 띠가 연속적으로 나타나는 스펙트럼은 '연속 스펙트럼'이다. (3) 금속 원소나 금속 원소가 포함된 물질을 겉불꽃에 넣었을 때 원소의 종류에 따라 특정한 불꽃색이 나타나는 반응을 '불꽃 반응'이라고 한다.

국어 교과서 어휘

수록 교과서 국어 2-1
문학 – 소설

단어와 그 뜻을 익히고, 빈칸에 알맞은 단어를 써 보자.

서술자 (敍펼 서 + 述말할 술 + 者사람 자)
소설에서 독자에게 이야기를 전달해 주는 사람.
예) 소설 「사랑방 손님과 어머니」에 나오는 어린아이를 서술자로 내세워 어른들의 사랑 이야기를 순수하게 그려 냈다.

> [함께 알면 좋은 개념어] 서술 : 사건이나 생각 등을 차례대로 말하거나 적음.

주목 (注물댈 주 + 目눈 목)
관심을 가지고 주의 깊게 살핌. 또는 그 시선.
예) 소설의 주제나 분위기를 잘 이해하려면 서술자가 등장인물이나 사건을 바라보는 태도에 주목하여 소설을 감상해야 한다.

설정 (設베풀 설 + 定정할 정)
어떤 내용을 마련하여 정함. 또는 새로 만들어 정해 둠.
예) 이 소설은 각 사건마다 주인공을 다르게 설정하여 여러 각도에서 사건을 추리하는 재미가 있다.

시점 (視볼 시 + 點점 점)
소설에서 인물이나 사건을 바라보며 서술하여 나가는 방식이나 태도. 관점.
예) 이 소설은 주인공인 '나'가 현실에서 생각하고 느끼는 심리가 잘 나타나 있다.

> [함께 알면 좋은 개념어] **시점의 종류**
> • 서술자가 작품 안에 위치하는 경우
>
> | | |
> |---|---|
> | 1인칭 주인공 시점 | 주인공인 '나'가 자신의 이야기를 함. |
> | 1인칭 관찰자 시점 | 주변 인물이 '나'가 주인공의 이야기를 함. |
>
> • 서술자가 작품 밖에 위치하는 경우
>
> | | |
> |---|---|
> | 3인칭 관찰자 시점 | 서술자가 인물의 행동을 통해 성격, 심리를 간접적으로 제시함. |
> | 3인칭 전지적 시점 | 서술자가 사건이나 인물의 마음을 다 알고 직접 제시함. |

관찰자 (觀볼 관 + 察살필 찰 + 者사람 자)
사물이나 움직임이나 상태 등을 주의 깊게 살펴보는 사람.
예) 이 소설에서 '그'라는 인물은 사건을 관찰하여 이해 주는 관찰자의 역할을 하고 있다.

전지적 (全온전할 전 + 知알 지 + 的과녁 적)
사물과 현상의 모든 것을 다 아는 것.
예) 3인칭 전지적 시점은 독자가 등장인물의 성격이나 내면을 다 들여다볼 수 있다.

모티프
예술 작품에서 창작의 동기가 되는 중심적 제재나 생각.
예) 이 소설에 등장하는 여러 가지 사건들은 누에 보도된 실제 사건에서 모티프를 얻은 것이라고 한다.

확인 문제

1 뜻에 알맞은 단어가 되도록 보기 의 글자를 조합해 써 보자.

> 보기
> 주 관 정 전 자 목 적 설 참

(1) 관심을 가지고 주의 깊게 살핌. 또는 그 시선. → 주목
(2) 사물과 현상의 모든 것을 다 아는, 또는 그런 것. → 전지적
(3) 어떤 내용을 마련하여 정함. 또는 새로 만들어 정해 둠. → 설정
(4) 사물의 움직임이나 상태 등을 주의 깊게 살펴보는 사람. → 관찰자

2 ( ) 안에 들어갈 단어를 보기 에서 찾아 써 보자.

> 보기
> 관점 전달 독자
> 모티프 전달

(1) 서술자: 소설에서 (독자)에게 이야기를 전달해 주는 사람.
(2) (모티프): 예술 작품에서 창작을 하는 동기가 되는 중심적 제재나 생각.
(3) 시점: 소설에서 인물이나 사건을 바라보며 서술하여 나가는 방식이나 태도. (관점).

3 다음을 읽고, 빈칸에 들어갈 단어를 조성을 바탕으로 써 보자.

> 책상 사람을 넣어 보상을 때 보기는 모 종 놀랐다. 서랍 속에 감춰 둔 생안경이 보이질 않는다. 그것뿐이 아니다. 서랍 안이 뒤죽박죽이고 누가 손을 댔음이 분명하다. '이게 엄마 안 있으면 작은아버지가 화사에서 돈이 들어오시겠지. 그리고 필시 있는 거 나고 말리라.'
> 보기는 책상 앞에 돌아앉아 책을 펴 들었다. 그러나 눈은 이물이을 가슴 두근두근 도시 글이 읽혀질 않는다.
>
> — 현덕, 「하늬는 안」중에서

해설 (1) '소설에서 독자에게 이야기를 전달해 주는 사람'을 뜻하는 '서술자'를 써야 한다. (2) 소설 밖의 서술자가 사건의 상황이나 인물의 심리를 다 알고 전달해 주는 것은 3인칭 전지적 시점의 특징이다. 따라서 '시점과 현상의 모든 것을 다 아는 것'을 뜻하는 '전지적'을 써야 한다.

(1)

이 소설에서 이야기를 전달해 주는 사람은 서 술 자 작품이 바깥에 위치하에 있어.

(2)
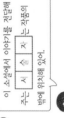
이 소설은 서술자가 인물의 마음속 생각과 심리를 다 알고 이야기해 주고 있으니 3인칭 전 지 적 시점임을 알 수 있어.

1주차 3회

역사 교과서 어휘

수록 교과서 역사① 1. 문명의 발생과 고대 세계의 형성

✎ 단어와 그 뜻을 익히고, 빈칸에 알맞은 단어를 써 보자.

상형 문자
모양 象 + 모양 形 + 글자 文 + 글자 字
↳ 꽃이 대표 뜻인 꼬리말임

물건의 모양을 본떠 그 물건을 떠올릴 수 있게 만든 글자.

예 이집트인들은 사물의 모양을 본떠 만든 상형 문자 를 사용하였다.

부국강병
부유할 富 + 나라 國 + 강할 強 + 병사 兵

나라를 부유하게 만들고 군대를 강하게 함. 또는 그 나라.

예 아테네는 지중해에서 무역을 하여 부를 쌓고 세력을 확장하면서 부 국 강 병 을 이루었다.

이민족
다를 異 + 백성 民 + 겨레 族

언어와 풍습 등이 서로 다른 민족.

예 이집트는 사막과 바다로 둘러싸인 지형 덕분에 이 민 족 의 침략을 비교적 적게 받았다.

봉기
벌 蜂 + 일어날 起

벌 떼처럼 떼를 지어 드세게 일어남.

예 후한 시대에 관리들의 횡포가 극심해지자 농민들이 봉 기 를 일으켰다.

동맹
같을 同 + 맹세 盟

둘 이상의 개인이나 단체, 국가가 자신의 이익이나 목적을 위하여 동일하게 행동하기로 맹세하여 맺은 조직체. 또는 그런 관계를 맺음.

예 아테네는 페르시아의 침입에 대비하기 위해 주변 나라들과 동 맹 을 맺었다.

교역로
서로 交 + 바꿀 易 + 길 路
↳ 꽃이 대표 뜻인 사자대임

상인이 물건을 사고팔기 위해 지나다니는 길.

예 마케도니아는 페르시아를 정복한 뒤 인더스강에 진출하여 인도에서 지중해에 이르는 교 역 로 를 열었다.

전매
독차지할 專 + 팔 賣
↳ 꽃이 대표 뜻인 '오로지'임

어떤 물건을 독차지하여 파는 일.

예 한나라 무제는 계속된 전쟁으로 재정이 어려워지자 문제를 해결하기 위해 소금과 철의 거래를 금지하고 국가가 전 매 하는 정책을 펼쳤다.

확인 문제

1 뜻에 알맞은 단어를 글자판에서 찾아 묶어 보자. (단어는 가로, 세로, 대각선 방향에서 찾기)

① 언어와 풍습 등이 서로 다른 민족.
② 벌 떼처럼 떼를 지어 드세게 일어남.
③ 나라를 부유하게 만들고 군대를 강하게 함. 또는 그 나라.
④ 둘 이상의 개인이나 단체가 자신의 이익이나 목적을 위하여 동일하게 행동하기로 맹세하여 맺은 조직체. 또는 그런 관계를 맺음.

해설 (1) 전매는 어떤 물건을 독점하여 파는 일을 뜻하므로 '이민족'이 들어가야 한다. (2) 둘 이상의 개인이나 단체, 국가가 자신의 이익이나 목적을 위하여 동일하게 행동하기로 맹세하여 맺은 '동맹'을 골라야 한다. '선점'은 '남보다 앞서서 차지함'이란 뜻이다. (2) 상인이 물건을 사고팔기 위해 지나다니는 길이란 뜻이 단어는 '교역로'다. '교차로'는 두 길이 서로 엇갈려 지나는 곳이란 뜻이다.

2 ( ) 안에서 알맞은 단어를 골라 ○표 해 보자.

(1) 전매: 어떤 물건을 (선점 . ⃝독점)하여 파는 일.

(2) (⃝교역로 . 교차로): 상인이 물건을 사고팔기 위해 지나다니는 길.

해설 (1) '언어와 풍습 등이 서로 다른 민족'을 뜻하는 '이민족'이 들어가야 한다. (2) 둘 이상의 개인이나 단체가 자신의 이익이나 목적을 위해 만든 조직체를 '동맹'이라고 한다.

3 빈칸에 들어갈 단어를 초성을 바탕으로 써 보자.

(1) 로마 제국이 군사적·정치적으로 쇠퇴하자 주변의 ㅇ ㅣ ㅁ ㅈ 이 국경을 넘어 침입해 있다.

(2) 1902년 영국과 일본은 러시아의 공격이나 방어에 대하여 서로 돕는 군사 동 맹 을 맺었다.

해설 (1) 물건의 모양을 본떠 그 물건을 떠올릴 수 있게 만든 글자를 '상형 문자'를 써야 한다. (2) 나라를 부유하게 만들고 군대를 강하게 함 또는 그 나라라 군대를 뜻하는 부국강병을 써야 한다. (3) 벌 떼처럼 떼를 지어 드세게 일어남을 뜻하는 '봉기'를 써야 한다.

4 ( ) 안에 들어갈 단어를 보기 에서 찾아 써 보자.

보기 봉기 부국강병 상형 문자

(1) 한자·티(일)은 해의 모양을 본떠 만든 (상형 문자)이다.

(2) 백제는 천도와 더불어 막강한 군사력으로 (부국강병)을/를 이루어 삼국 중 가장 먼저 전성 한강 유역을 차지하였다.

(3) 전정으로 생활이 어려워진 러시아의 노동자들은 식량 배급과 전쟁 중지를 요구하며 (봉기)

수학 교과서 어휘

1주차 4회

수록 교과서 **수학 2** Ⅱ. 문자와 식

단어와 그 뜻을 익히고, 빈칸에 알맞은 단어를 써 보자.

거듭제곱
같은 수나 문자를 거듭해서 곱한 것을 간단히 나타낸 것.
예 $2 \times 2 = 2^2$ (2의 제곱), $2 \times 2 \times 2 = 2^3$ (2의 세제곱), $2 \times 2 \times 2 \times 2 = 2^4$ (2의 네제곱)처럼 같은 수 2를 거듭해서 곱한 것을 간단히 나타낸 것을 **거듭제곱** 이라고 한다.

밑
거듭제곱에서 여러 번 곱한 수나 문자.
예 $3 \times 3 \times 3 \times 3 = 3^4$에서 **밑** 은 3이다.

지수
指數 + 셈數
어떤 수나 문자의 오른쪽 위에 쓰여 그 거듭제곱을 한 횟수를 나타내는 문자나 숫자.
예 $3 \times 3 \times 3 \times 3 = 3^4$에서 3이 몇 번 곱해져 있는지 횟수를 가리키는 수 4를 **지수** 라고 한다.

【단어의】 지수
(경제) 물가나 임금 따위와 같이, 해마다 변화하는 사항을 알기 쉽도록 보이기 위해 어느 해의 수량을 기준으로 잡아 100으로 하고, 그것에 대한 해당 수량을 비율로 나타낸 수치.
예 경기 지수, 물가 지수, 임금 지수

지수법칙
指數법 + 법칙法則
같은 문자나 수의 거듭제곱의 곱셈, 나눗셈을 지수의 덧셈, 뺄셈으로 계산할 수 있는 법칙.
예 밑이 같은 거듭제곱의 곱셈에서 $5^2 \times 5^3 = (5 \times 5) \times (5 \times 5 \times 5) = 5^{2+3} = 5^5$이므로 지수의 덧셈으로 계산하는 것을 **지수법칙** 이라고 한다.

지수끼리의 합
$a^2 \times a^3 = a^{2+3}$
지수끼리의 곱
$(a^2)^3 = a^{2 \times 3}$
지수끼리의 차
$a^5 \div a^3 = a^{5-3}$
지수끼리의 차
$a^3 \div a^5 = \dfrac{1}{a^{5-3}}$

단항식
하나의 項 + 항목項 + 법式
하나의 항으로 이루어진 식. 수와 문자의 곱으로만 이루어짐.
예 $12x^2y$와 같이 수와 문자의 곱으로 된 하나의 항으로 이루어진 식이 **단항식** 이다.

계수
係數 + 셈數
단항식 또는 다항식에서의 지목된 변수 이외의 부분.
예 $4x^2$과 같이 수와 문자의 곱으로 이루어진 항에서 문자에 곱해진 수 4가 x^2의 **계수** 이다.

플러스 개념어 **상수, 변수**
• 상수: 변하지 않고 항상 같은 값을 가지는 수. $4x^2$에서 4는 상수이면서 x^2의 계수임.
• 변수: 문자가 여러 값을 가질 때, 그 문자를 변수라 함. $4x^2$에서 x가 변수임.

확인 문제

정답과 해설 ▶ 8쪽

1 뜻에 알맞은 단어가 되도록 보기의 글자를 조합해 써 보자. (같은 글자가 여러 번 쓰일 수 있음)

보기: 곱 거 밑 법 수 제 지 듭 칙

(1) 거듭제곱을 한 횟수를 나타내는 문자나 숫자. → **지 수**

(2) 같은 수나 문자를 거듭해서 곱한 것을 간단히 나타낸 것. → **거 듭 제 곱**

(3) 같은 문자나 수의 거듭제곱의 곱셈, 나눗셈을 지수의 덧셈, 뺄셈으로 계산할 수 있는 법칙.
→ **지 수 법 칙**

2 ( )안에 들어갈 단어를 보기에서 찾아 써 보자.

해설 (1) $-3x + 7 = 100$에서 문자 x에 곱해진 수 -3은 x의 계수이다. (2) $-3x + 7 = 100$에서 문자 x는 여러 값을 가질 수 있으므로 변수이다. (3) 변하지 않고 항상 일정한 값을 갖는 수를 상수라고 한다. 7과 10은 상수이다.

보기: 상수   변수   계수

$$-3x + 7 = 10$$

(1) x의 (계수)
(2) (변수)
(3) (상수)

3 ( )안에 들어갈 단어를 보기에서 찾아 써 보자.

해설 (1) 같은 수나 문자를 거듭해서 곱한 것을 간단히 나타낸 것이 거듭제곱이다. (2) $-10a^3b^2c$와 같이 여러 문자와 수가 곱셈으로만 된 하나의 항으로 이루어진 식이 단항식이다. (3) $4 \times 4 \times 4 \times 4 = 4^5$에서 4는 밑이고, 4가 몇 번 곱해져 있는지 횟수를 가리키는 수 5가 지수이다.

보기: 거듭제곱   밑   단항식   지수

(1) 7^2, 7^3, 7^4, ···과 같이 같은 수나 문자를 거듭해서 곱한 것을 간단히 나타낸 것이 (거듭제곱)이다.

(2) $-10a^3b^2c$와 같이 여러 문자와 수가 곱으로 된 하나의 항으로 이루어진 식이 (단항식)이다.

(3) $4 \times 4 \times 4 \times 4 = 4^5$에서 4가 (밑)이고, 4가 몇 번 곱해져 있는지 횟수를 가리키는 수 5가 (지수)이다.

1주차 4회

과학 교과서 어휘

수록 교과서 과학 2
I. 물질의 구성

단어와 그 뜻을 익히고, 빈칸에 알맞은 단어를 써 보자.

분자 나눌 分 + 아들 子	물질의 성질을 나타내는 가장 작은 입자. 일반적으로 2개 이상의 원자들이 결합하여 보내라는 새로운 물질을 만듦. 예 물 분자는 수소 원자 2개와 산소 원자 1개로 이루어져 있다.
원소 기호 근본 元 + 바탕 素 + 기록할 記 + 부호 號	원소 이름 대신 나타낸 간단한 기호. 예 원소 기호 로 헬륨은 He, 칼슘은 Ca로 나타낸다.
화학식 될 化 + 배울 學 + 법 式	원소 기호와 숫자를 이용하여 물질을 간단하게 나타낸 것. 예 질소(N) 원자 1개와 수소(H) 원자 3개로 이루어진 암모니아를 화학식 으로 나타내면 NH_3이다.
이온 	전기적으로 중성인 원자가 전자를 잃거나 얻어 전하를 띠는 입자. 예 원자가 이온 이 될 때는 전자를 주고받을 뿐 원자핵 속 양성자의 개수나 종류는 달라지지 않는다.
양이온 볕 陽 + 이온	원자가 전자를 잃어 (+) 전하를 띠는 입자. 예 나트륨 원자가 전자 1개를 잃으면 양전하를 띠는 입자인 양이온 이 된다.
음이온 응달 陰 + 이온	원자가 전자를 얻어 (−) 전하를 띠는 입자. 예 산소 원자가 전자 2개를 얻으면 음전하를 띠는 입자인 음이온 이 된다.
앙금 	물에 녹지 않는 물질. 예 두 종류의 수용액을 섞었을 때, 수용액 속의 이온들이 반응하여 물에 녹지 않고 가라앉는 물질인 앙금 이 생긴다.

NH₃: NH_3 — N 수소 H 질소 수소 수소

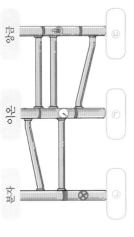

원자 / 양이온 / 음이온 (전자를 잃음 / 전자를 얻음)

정답과 해설 ▶ 9쪽

확인 문제

1 단어의 뜻을 보기 에서 찾아 사다리를 타고 내려간 곳에 기호를 써 보자.

분자 이온 앙금

ⓒ ⓐ ⓑ

보기
ⓐ 물에 녹지 않는 물질. → 앙금
ⓑ 물질의 성질을 나타내는 가장 작은 입자. → 분자
ⓒ 원자가 전자를 잃거나 얻어 전하를 띠는 입자. → 이온

2 뜻에 알맞은 단어가 되도록 보기 의 글자를 조합해 써 보자. (같은 글자가 여러 번 쓰일 수 있음)

보기
원 이 기 양 온 소 음 호

(1) 원자가 전자를 잃어 (+) 전하를 띠는 입자. → 양 이 온

(2) 원자가 전자를 얻어 (−) 전하를 띠는 입자. → 음 이 온

(3) 원소 이름 대신 나타낸 간단한 기호. → 원 소 기 호

해설 (1) 원자가 전자를 잃어 (+) 전하를 띠는 입자를 못하는 단어는 '양이온'이다. (2) 원자가 전자를 얻어 (−) 전하를 띠는 입자를 못하는 단어는 '음이온'이다. (3) 원소를 나타내는 간단한 기호를 못하는 단어는 '원소 기호'이다.

3 ( ) 안에 들어갈 단어를 보기 에서 찾아 써 보자.

보기
분자 앙금 화학식

(1) 수소 원자 2개와 산소 원자 1개가 결합하면 물의 성질을 나타내는 (분자)이/가 된다.

(2) 샘물에 들어 있는 탄산 이온은 강슘 이온과 반응하여 물에 녹지 않는 흰색 (앙금)이/가 만듦 어진다.

(3) 탄소 원자 1개와 산소 원자 2개로 이루어진 이산화 탄소를 원소 기호를 사용하여 나타낸 (화학식)은/는 CO_2이다.

해설 (1) 2개 이상의 원자들이 결합하여 만듦에 녹는 새로운 물질은 '분자'이다. (2) 물에 녹지 않는 물질은 '앙금'이다.
(3) 원소 기호와 숫자를 이용하여 물질을 간단하게 나타낸 것이 '화학식'이다.

한자 어휘

對(대), 決(결)이 들어간 단어

對 대할 대

'대(對)'는 주로 누군가를 마주한다는 데서 '대하다', '마주하다'라는 뜻으로 쓰이고, '대(對)'가 '맞추어 보다'라는 뜻으로 쓰일 때도 있어.

決 결정할 결

'결(決)'은 주로 '결정하다'라는 뜻으로 쓰이고, '결하다', '끝내다'라는 뜻으로 쓰일 때도 있어.

단어와 그 뜻을 익히고, 빈칸에 알맞은 단어를 써 보자.

괄목상대
비빌 刮 + 눈 目 +
서로 相 + 대할 對
例 刮目相對 괄목상대

눈을 비비고 상대편을 본다는 뜻으로, 다른 사람의 지식이나 재주가 놀랄 만큼 늘었음을 이르는 말.
例 우리 회사는 세계 최초의 신기술을 개발하여 괄목상대할 만한 성장을 이루었다.

대조
맞추어 볼 對 + 비출 照
'대조(對照)'가 '맞추어 보다'라는 뜻으로 쓰여.

둘 이상인 대상의 내용을 맞대어 같고 다름을 검토함.
例 장부에 적힌 금액이 맞지 않아 영수증과 정부를 대조 해 보았다.

다의어 대조
서로 달라서 대비가 됨.
例 그의 까만 얼굴과 흰 이가 선명한 대조를 보인다.

속전속결
빠를 速 + 싸움 戰 +
빠를 速 + 결정할 決

싸움을 오래 끌지 아니하고 빨리 몰아쳐 이기고 결정함.
例 두 선수의 실력 차가 커서 경기를 시작하자마자 속전속결로 승부가 났다.

다의어 속전속결
어떤 일을 빨리 진행하여 결정함을 비유적으로 이르는 말.
例 시간이 없으니 자세한 설명은 생략하고 급한 문제부터 속전속결로 처리하자.

결사
결심할 決 + 죽을 死
'결(決)'이 '결심하다'라는 뜻으로 쓰였어.

죽기를 각오하고 있는 힘을 다할 것을 결심함.
例 독립군은 일제에 맞서기 위해 결사 투쟁을 벌였다.

결산
끝낼 決 + 계산할 算
'결(決)'이 '끝내다'라는 뜻으로 쓰였어.

일정한 기간 동안의 수입과 지출을 마감하여 계산함.
例 이번 달 말까지 회사의 일 년 동안의 수입과 지출을 모두 결산하여 보고해야 한다.

확인 문제

1 뜻에 알맞은 단어를 빈칸에 써 보자.

| ❶속 | 전 | 속 | ❷결 |
| | | | 사 |

가로 열쇠 ❶ 싸움을 오래 끌지 아니하고 빨리 몰아쳐 이기고 결정함.
세로 열쇠 ❷ 죽기를 각오하고 있는 힘을 다할 것을 결심함.

2 단어의 뜻을 찾아 선으로 이어 보자.

(1) 결산

(2) 대조

(3) 괄목상대

(4) 속전속결

- 나날이 다달이 발전하거나 자람.
- 둘 이상인 대상의 내용을 맞대어 같고 다름을 검토함.
- 일정한 기간 동안의 수입과 지출을 마감하여 계산함.
- 눈을 비비고 상대편을 본다는 뜻으로, 다른 사람의 지식이나 재주가 놀랄 만큼 늘었음을 이르는 말.

3 ⊙~ⓒ에 들어갈 단어를 보기에서 찾아 써 보자.

보기
대조   괄목상대   속전속결

진영: 나는 물건을 살 때 따질 거 다 따지면서 내 동생이랑 내 동생은 사고 싶은 물건이 있으면 바로 (⊙)되는구나. 나랑 내 동생은 둘 다 성격이 급해서 바로 빨리 결정해야 해.

경철: 나의 형제는 둘의 성격이 확실히 (ⓒ)돼.

현지: 진영이는 오래 고민하는 대신 끈기가 대단하잖아. 주년에 시작한 기타도 꾸준히 연습하더니 실력이 이 부쩍 늘었더라. 선생님께서도 (ⓒ)이라며 칭찬하셨지!

⊙→(속전속결), ⓒ→(대조), ⓒ→(괄목상대)

1주차 5회
영역별 영문 어휘
to부정사

to부정사는 역할이 일정하게 정해지지 않아 문장에서 여러 가지 기능을 수행할 수 있어. to부정사가 명사처럼 쓰일 때는 명사적 용법, 형용사처럼 쓰일 때는 형용사적 용법, 부사처럼 쓰일 때는 부사적 용법이라고 하지. to부정사의 뜻에 맞춰 그 쓰임을 공부해 보자.

단어와 그 뜻을 익히고, 빈칸에 알맞은 단어를 써 보자.

to infinitive
to부정사
to + 이불不 + 정할定 + 말씀詞
~(의 뜻의 대표 말임)

문장에서 특정한 품사로 정해져 있지 않고, 여러 가지 품사의 역할을 하는 말.
• To travel abroad is my dream.
to부정사가 명사적 역할을 함
(해외로 여행하는 것이 내 꿈이다.)

예 "The boys need time to play. (소년들은 놀 시간이 필요하다.)"에서 time을 수식하고 있는 to play는 **형용사** 적 역할을 하는 말이다.

※ 용법소 개념 **to + 동사 원형**
to부정사를 만드는 방법은 to에다가 동사의 원형이 오도록 해야 함.
• to play (○)
• to plays (×)
• to played (×)

to infinitive as a noun
명사적 용법
이름 名 + 말씀 詞 + ~한 성질로 또는 的 + 쓸用 + 방법法
~인 성질로 또는 쓰임의 대표 방법임

문장에서 to부정사가 주어나 목적어, 또는 보어 역할을 하는 경우를 가리키는 말.
• I want to go home. (나는 집에 가기를 원한다.)
to부정사가 목적어 역할을 하는 명사적 용법
예 "My plan is to pass the exam. (내 계획은 시험에 합격하는 것이다.)"에서 to pass(합격하는)는 주격 보어로서 문장에서 보어 역할을 하므로 to부정사의 **명사적** 용법에 해당한다.

to infinitive as an adjective
형용사적 용법
모양形 + 모양 容 + 말씀 詞 + ~한 성질로 또는 的 + 쓸用 + 방법法
~인 성질로 또는 쓰임의 대표 방법임

문장에서 to부정사가 명사를 수식하거나 주어를 보충 설명하는 보어 역할을 하는 경우를 가리키는 말.
• There is no chair to sit on. (거기에 앉을 의자가 없다.)
• We have many things to do. (우리는 해야 할 일이 많이 있다.)"에서 명사 things을 수식하는 to do는 to부정사의 **형용사** 적 **용법** 이다.

to infinitive as an adverb
부사적 용법
버금副 + 말씀 詞 + ~한 성질로 또는 的 + 쓸用 + 방법法
~인 성질로 또는 쓰임의 대표 방법임

문장에서 to부정사가 동사, 형용사, 부사를 수식하는 경우를 가리키는 말.
• This computer is easy to use. (이 컴퓨터는 사용하기 쉽다.)
to부정사가 형용사 easy를 수식하는 부사적 용법
예 "We eat food to live. (우리는 살기 위해 음식을 먹는다.)"에 서 to live는 동사 eat을 수식하는 to부정사의 **부사적** **용법** 이다.

※ 용법소 개념 **목적의 부사적 용법**
부사적 용법에서 '~하기 위해서'라는 의미를 가질 때, 목적의 부사적 용법이라고 함.
예 I go to Shanghai to learn Chinese.
(나는 중국어를 배우기 위해 상하이에 간다.)

확인 문제

1 뜻에 알맞은 단어를 빈칸에 써 보자.

(십자말풀이 퍼즐)
① 명 사 적
② 부 사 적
③ 용 법
④ 형 용 사

2 보기 의 ⊙~ⓒ에 대해 바르게 말한 친구에게 ○표 해 보자.

보기
• ⊙ To know something is power. (원기를 아는 것이 힘이다.)
• 1 dollar is enough ⓒ to buy it. (1달러는 그것을 사기에 충분하다.)
• Jake will find something ⓒ to eat. (Jake는 먹을 것을 찾을 것이다.)

(1) ⊙은 문장의 주어로 쓰였으므로 to부정사의 명사적 용법에 해당하는 단어야. ( )

(2) ⓒ은 형용사 enough을 수식하므로 to부정사의 형용사적 용법에 해당해. ( )

(3) ⓒ은 명사 something을 수식하므로 to부정사의 부사적 용법에 해당하는군. ( )

해설 (1) ⊙은 문장의 주어로 쓰였으므로 to부정사의 명사적 용법이다. (2) to부정사가 형용사 enough을 수식하므로 부사적 용법이다. (3) to부정사가 명사 something을 수식하므로 형용사적 용법이다.

3 밑줄 친 to부정사의 용법을 보기 에서 찾아 그 기호를 써 보자.

보기
⊙ 형용사적 용법   ⓒ 부사적 용법   ⓒ 명사적 용법

(1) I expect to succeed. (나는 성공할 것을 기대한다.) …… (ⓒ)
(2) We have no time to prepare. (우리는 준비할 시간이 없다.) …… (⊙)
(3) We visit the library to borrow books. (책을 빌리러 우리는 도서관에 간다.) …… (ⓒ)

해설 (1) to succeed는 동사 expect의 목적어 역할을 하므로 명사적 용법이다. (2) to prepare는 명사 time을 수식하므로 형용사적 용법이다. (3) to borrow는 동사 visit을 수식하므로 부사적 용법이다.

1주차 5회_정답과 해설

과학

4. 뜻에 알맞은 단어를 조성을 바탕으로 써 보자.

(1) 빛의 성분을 파장의 순서로 나열한 것. → 스 펙 트 럼

(2) 원소 기호와 숫자를 이용하여 물질을 간단하게 나타낸 것. → 화 학 식

국어

5. 빈칸에 들어갈 단어를 보기에서 찾아 써 보자.

보기   반어   전지적   음보

(1) 평시조의 초장, 중장, 종장은 각각 4(음보)(으)로 구성된다.

(2) 작가는 모든 것을 다 아는 (전지적) 시점에서 이야기를 풀고 있다.

(3) (반어)은/는 못하는 것처럼 반대로 표현함으로써 원래의 뜻을 강조하는 효과를 가진다.

해설 ┃ (1) 평시조는 '종장'의 첫째 마디가 3음절로 고정되어 있다. (2) 전지적 시점은 '신적인 현상의 모든 것을 다 아는 것'을 뜻한다. (3) '반어'는 표현하고자 하는 내용을 실제와 반대로 말하여 강조하는 표현 방식이다.

수학

6. 문장에서 밑줄 친 단어의 사용이 알맞으면 ○표, 알맞지 않으면 ×표 해 보자.

(1) $7x+3$에서 x의 공해진 수 7이 계수이다. (×)

(2) $3ax+4by$ 같이 수와 문자로 이루어진 식이 단항식이다. (○)

해설 ┃ (1) 문자 x에 곱해진 수가 계수로 개수는 일맞게 사용되었다. (2) 단항식은 $3ax$처럼 수와 문자의 곱으로만 된 하나의 항으로 이루어진 식이다. 제시된 식은 $3ax$와 $4by$라는 두 개의 항이 +로 결합한 것이므로 단항식이 아니다.

영문법

7. 보기의 의 글자를 조합해 빈칸에 들어갈 단어를 써 보자.

보기   용   부   사   정   형   평

(1) to 사 ~는 문장에서 특정한 품사로 정해져 있지 않고, 여러 가지 품사의 역할을 한다.

(2) 문장에서 to부정사가 주어, 목적어, 보어의 역할을 할 때 명 사 적 용법이라고 한다.

(3) to부정사가 명사를 수식하거나 주어를 보충하는 보어 역할을 할 때 형 용 사 적 용법(으)로 대응한 점

한자

8. 문장에 어울리는 단어를 ( )안에서 골라 ○표 해 보자.

(1) 한 해의 수입과 지출을 (결산)(결산 · 이자)해 보니 사업이 (팽창상대)(팽창상대 · 이무구비)할 만큼 성장하였다.

(2) 어버이도 왜자의 침험하고 (순수수정)(순수무제 · 순수수정)(으)로 대응한 점과 대응을 가두었다.

국어

1. 보기의 ㉠, ㉡과 바꿔 쓸 수 있는 단어끼리 묶은 것은? (⑤)

보기
㉠ 소설에서 독자에게 이야기를 전달해 주는 사람은 드러나는 도으로 모든 것을 해결하려는 물질 만드주의를
㉡ 비꼬고 우수꽝스럽게 표현하여 간접적으로 비판하였다.

① 서술자, 모방하였다   ㉡ 관찰자, 모방하였다   ③ 서술자, 주목하였다
④ 관찰자, 주목하였다   ㉡ 서술자, 종시하였다

해설 ┃ ㉠ 소설에서 독자에게 이야기를 전달해 주는 사람을 '서술자'라고 한다. ㉡ 부정적인 대상을 과장하거나 비꼬아 우스꽝스럽게 표현하는 표현 방식을 풍자라고 한다.

수학

2. 단어에 알맞은 뜻과 해를 찾아 선으로 이어 보자.

(1) 유한소수 — 소수점 아래에 0이 아닌 숫자가 유한 번 나타나는 끝이 있는 소수. — 예 $\dfrac{7}{2}$

(2) 순환소수 — 분모와 분자가 공약수가 1뿐이어서 더 이상 약분되지 않는 분수. — 예 1.357159678

(3) 기약분수 — 소수점 아래의 어떤 자리에서부터 일정한 숫자의 배열이 한없이 되풀이되는 소수. — 예 3.575757…

사회

3. 밑줄 친 말과 뜻이 같은 단어가 되도록 알맞은 글자에 ○표 해 보자.

(1) 옛 정타에서 역사 연구에 필요한 자료나 기록, 유물을 많이 발견되었다.   유 사 물 고 증

(2) 상인들은 ㅅㅅ로 물건을 사고팔기 위하여 지나여 지나다니는 길을 개척해 가면서 이동하였다.   교 매 역 물 전

(3) 임진왜란 전에 음무 이어는 부유함을 나리와 강한 규제를 주장하여 10만의 군사를 기르자고 했다.   부 국 뇌 강 병

해설 ┃ (1) '역사 연구에 필요한 자료나 기록, 유물'을 뜻하는 단어는 '사료'이다. (2) '상인이 물건을 사고팔기' 위해 지나다니는 길을 뜻하는 단어는 '교역로'이다. (3) '나라를 부유하게 만들고 군대를 강하게 함'을 뜻하는 단어는 '부국강병'이다.

어휘가
문해력
이다

중학 2학년 1학기

2주차 정답과 해설

2주차 1회

국어 교과서 어휘

수록 교과서 국어 2-1
읽기의 가치와 중요성

단어와 그 뜻을 익히고, 빈칸에 알맞은 단어를 써 보자.

막간
정막 幕 + 사이 間
- 어떤 일이 진행되는 동안 잠시 쉬는 기간.
예 친구는 발표 후 막간을 이용하여 자기 동아리로 찾아와 달라고 했다.

지향
뜻 志 + 향할 向
- 일정한 목표로 뜻이 쏠리어 향함. 또는 그 방향이나 그쪽으로 쏠리는 의지.
예 우리는 과거를 뒷걸음치기보다 앞으로 무엇을 지향해야 할지를 생각해야 한다.

사유
생각 思 + 생각할 惟
- 대상을 두루 생각하는 일.
예 사물에 대한 편견을 버리고 사유를 통해 사물의 본질을 파악해야 한다.

망명
달아날 亡 + 목숨 命
- 정치나 종교, 사상 등을 이유로 자기 나라에서 받는 탄압이나 위협을 피하기 위하여 다른 나라로 몸을 옮김.
예 그는 정치적인 이유로 가해지던 모진 박해를 피해 이웃 나라로 망명을 했다.

이타적
이로울 利 + 다른 사람 他 + ~한 상태로 ~된 것 的
- 자기의 이익보다는 다른 사람의 이익을 더 꾀하는 것.
예 그녀는 자기 자신보다는 타인을 더 배려하는 이타적인 모습을 보이곤 했다.

일반화
하나 一 + 가지 般 + 될 化
- 개별적인 것이나 특수한 것에 한정되지 않고 전체에 두루 통하게 만드는 것.
예 개인의 특수한 사건을 보고 모든 사람들도 다 그럴 것이라고 일반화하는 것은 위험한 사고방식이다.

명언
훌륭할 名 + 말씀 言
- 일의 이치에 맞는 훌륭한 말이나 널리 알려진 문구.
예 '인간은 생각하는 갈대이다.'라는 말은 많은 사람들이 널리 알고 있는 명언이다.

확인 문제

1 단어의 뜻을 보기 에서 찾아 사다리를 타고 내려간 곳에 기호를 써 보자.

보기
㉠ 어떤 일이 진행되는 동안 잠시 쉬는 기간. → 막간
㉡ 일의 이치에 맞는 훌륭한 말이나 널리 알려진 문구. → 명언
㉢ 일정한 목표로 뜻이 쏠리어 향함. 또는 그 방향이나 그쪽으로 쏠리는 의지. → 지향
㉣ 자기 나라에서 받는 탄압이나 위협을 피하기 위해 다른 나라로 몸을 옮김. → 망명

막간   지향   망명   명언

㉠   ㉡   ㉢   ㉣

2 문장에 어울리는 단어를 ( ) 안에서 골라 ○표 해 보자.

(1) 예전에는 일부 사람만 하던 해외여행이 지금은 (특수화, 일반화)된 상태이다.
(2) 그는 자기 중심적인 삶에서 벗어나 (이기적, 이타적)인 사람으로 다시 태어났다.
(3) 바람직한 결론에 도달하기 위해서는 자기 입장만 내세우는 것을 (지향, 지양)해야 한다.

해설 (1) '개별적인 것이나 특수한 것에 한정되지 않고 전체에 두루 통하게 만드는 것'을 뜻하는 '일반화'가 알맞다. (2) '자기의 이익보다는 다른 사람의 이익을 더 꾀하는 것'을 뜻하는 '이타적'이 알맞다. (3) '더 높은 단계로 오르기 위하여 어떠한 것을 하지 아니함'을 뜻하는 '지양'이 알맞다.

3 밑줄 친 단어가 보기 의 '사유'와 같은 뜻으로 쓰인 것은? (④)

보기
무엇이든 배우고 사유하고 깨우쳐야 정신적으로 성장할 수 있다.

① 조선 시대에는 노비의 사유를 인정하였다.
② 부모도 자식을 자기의 사유처럼 여겨서는 안 된다.
③ 그가 아무런 연락을 맞은 것은 그만한 사유가 있기 때문이다.
④ 이 책은 노교수의 철학적 사유의 결정체라고 할 수 있다.
⑤ 정당한 사유가 있다면 동아리 모임에 참여하지 않아도 된다.

해설 보기 와 ④의 '사유'는 '대상을 두루 생각하는 일'이라는 뜻으로 쓰였다. ①, ②의 '사유'는 '개인이 사사로이 소유함. 또는 그런 소유물'이라는 뜻이며, ③, ⑤의 사유는 '일의 까닭'이라는 뜻이다.

2주차 1회

역사 교과서 어휘

수록 교과서 역사① Ⅱ. 세계 종교의 확산과 지역 문화의 형성

단어와 그 뜻을 익히고, 빈칸에 알맞은 단어를 써 보자.

창시
비롯할 創 + 처음 始
↳例 새 분야나 범주를 만들어 세움

어떤 사상이나 학설 등을 처음으로 시작하거나 내세움.
例 석가모니는 불교를 처음으로 **창시** 한 인도의 성자이다.

문물
글월 文 + 만물 物
↳例 문화의 모든 뜻을 묶은 말임.

정치, 경제, 종교, 예술, 법률 등 문화에 관한 모든 것을 통틀어 이르는 말.
例 당나라는 주변 동아시아 여러 물론 서역의 여러 나라와 **문물** 을 교류하여 국제적인 문화가 발달하였다.

소작농
작을 小 + 지을 作 + 농사 農

일정한 대가를 지급하며 다른 사람의 땅을 빌려 짓는 농사. 또는 그런 농민.
例 귀족들이 토지 소유를 확대하자 농민들은 소작할 수 있는 토지가 줄자 소작동 이 될 수밖에 없었다.

근거지
뿌리 根 + 근거 據 + 땅 地

활동의 중심으로 삼는 곳.
例 메카의 귀족들이 무함마드를 탄압하자 무함마드는 **근거지** 를 메카에서 메디나로 옮겼다.

개종
고칠 改 + 근본 宗

믿고 있던 종교를 버리고 다른 종교를 믿는 것.
例 이슬람 세력들은 비이슬람인들이 이슬람교로 **개종** 을 하면 세금을 줄여 주는 방식을 통해 이슬람 세력을 빠르게 전파시켰다.

기원
일어날 起 + 근원 源

사람이나 현상이 처음으로 생김. 또는 그 처음.
例 프랑크 왕국이 분열되어 만들어진 서프랑크, 중프랑크, 동프랑크 왕국이 오늘날 프랑스, 이탈리아, 독일의 **기원** 이 되었다.

집대성
모을 集 + 큰 大 + 이룰 成

여러 가지를 모아 하나의 체계를 이루어 완성함.
例 비잔티움 제국의 유스티니아누스 황제는 기존의 로마법을 **집대성** 한 『유스티니아누스 법전』을 편찬하였다.

확인 문제

1 뜻에 알맞은 단어를 글자판에서 찾아 묶어 보자. (단어는 가로, 세로, 대각선 방향에서 찾기)

① 활동의 중심으로 삼는 곳.
② 문화에 관한 모든 것을 통틀어 이르는 말.
③ 믿고 있던 종교를 버리고 다른 종교를 믿는 것.
④ 여러 가지를 모아 하나의 체계를 이루어 완성함.
⑤ 어떤 사상이나 학설 등을 처음으로 시작하거나 내세움.
⑥ 일정한 대가를 지급하며 다른 사람의 땅을 빌려 짓는 농사. 또는 그런 농민.

2 밑줄 친 단어가 〈보기〉의 '기원'과 같은 뜻으로 쓰인 것은? (②)

> **보기**
> 신화는 주로 우주와 천지의 기원에 관한 내용으로 이루어져 있다.

① 그들은 해마다 나라의 태평을 기원한다.
② 민주 정치의 기원은 고대 그리스에서 출발한다.
③ 참아버지는 낮에 주로 기원에 나가 바둑을 두신다.
④ 예수가 탄생한 해를 기원 1년으로 삼아 역사를 기록한다.
⑤ 온 국민은 하나 된 마음으로 국가 대표 팀의 승리를 기원했다.

3 ( ) 안에 들어갈 단어를 〈보기〉에서 찾아 써 보자.

> **보기**
> 근거지   문물   집대성   개종

(1) 순수는 평생 동안 노력을 통해 제자백가 사상을 (집대성)하였다.
(2) 이슬람교에서는 이슬람교가 아닌 다른 종교로 (개종)하는 것을 금지하고 있다.
(3) 일제는 북간도의 독립군 (근거지)을/를 탄압하기 위해 250명이 일본군을 편성하였다.
(4) 개항 정책을 펼친 당나라에는 동아시아는 물론 서역의 여러 나라와 (문물)을 교류하였다.

단어와 그 뜻을 익히고, 빈칸에 알맞은 단어를 써 보자.

다항식 (多項式)
多많을 多 + 항목 項 + 법식 式
한 개 이상의 단항식의 합으로 이루어진 식.
예) $-2x^2+3y-1$과 같이 몇 개의 항의 합으로 이루어진 식이 [다항]식 이다.

차수 (次數)
次버금 次 + 셈 數
※"버금"은 '다음' 또는 '둘째'라는 뜻
항에서 문자가 곱해진 개수.
예) x^2-3x-6에서 [차수]는 20고, $-3x$의 [차수]는 10다.

동류항 (同類項)
同같을 同 + 무리 類 + 항목 項
계수가 다르나 문자와 차수가 각각 같은 항.
예) $-2x+3y+5x-y$에서 [동류항]은 $-2x$와 $5x$, $3y$와 $-y$이다.

어원이야기 **동류**
·동류(같을 同+무리 類): 같은 종류나 부류.
예) 고래는 포유류와 동류이다.
·동류(같을 同+흐를 流): 같은 유파. 예) 이 그림은 낭만파와 동류이다.

상수항 (常數項)
常항상 常 + 셈 數 + 항목 項
수만으로 이루어진 항.
예) 식 $3x^2-40$에서 수만으로 이루어진 항 -4는 [상수]항 이다.

이차식
두 二 + 버금 次 + 법식 式
다항식의 각 항의 차수 중에서 가장 높은 차수가 2인 다항식.
예) $-x^2+3x-5$는 x에 대한 [이차]식 이다.

분배법칙
나눌分 + 나눌配 + 법法 + 법칙則
괄호 밖의 것을 괄호 안에 골고루 분배하여 계산하여도 그 결과가 같다는 법칙.
예) 괄호 밖의 $2x$를 괄호 안에 골고루 분배하여 계산한 식 $2x(3x-4)=6x^2-8x$는 [분배][법칙]을 이용한 것이다.

개념적정리 **분배**
'묶음이 널리 나뉨.'이라는 뜻.
$×(□+△)=○×□+○×△$

전개 (展開)
展펼 展 + 열 開
다항식의 곱을 괄호를 풀어서 하나의 다항식으로 나타내는 것.
예) 분배법칙을 이용하여 $2x(x-2y)=2x\times x-2x\times 2y$와 같이 하나의 다항식으로 나타내는 것을 [전개] 한다고 한다.

확인 문제

정답과 해설 ▶16쪽

1 뜻에 알맞은 단어를 글자판에서 찾아 묶어 보자.(단어는 가로, 세로, 대각선 방향에서 찾기)

① 수만으로 이루어진 항.
② 한 개 이상의 단항식의 합으로 이루어진 식.
③ 계수가 다르나 문자의 종류와 차수가 각각 같은 항.
④ 다항식의 각 항의 차수 중에서 가장 높은 차수가 2인 다항식.

해설 | (1) 차수는 항에서 문자가 곱해진 개수를 뜻한다. (2) 이차식은 다항식의 각 항의 차수 중에서 가장 높은 차수가 2 인 다항식을 뜻한다. (3) 전개는 다항식의 곱을 괄호를 풀어서 하나의 다항식으로 나타내는 것을 뜻한다.

2 ( ) 안에서 알맞은 단어를 골라 ○표 해 보자.
(1) 항에서 (계수 , (문자))가 곱해진 개수. → 차수
(2) 다항식의 각 항의 차수에서 가장 (낮은 , (높은)) 차수가 2인 다항식. → 이차식
(3) 다항식의 곱을 괄호를 풀어서 하나의 (단항식 , (다항식))으로 나타내는 것. → 전개

해설 | (1) 이차식은 다항식의 각 항의 차수 중에서 가장 높은 차수가 2인 다항식이므로, $3x^2-x+1$은 x에 대한 이차식이다. (2) 동류항은 문자와 차수가 각각 같은 항을 뜻하므로, 다항식 $4x-3y-x+2y$에서 동류항은 $4x$와 $-x$, $-3y$와 $2y$이다. (3) $2x-3y+1$은 3개의 항으로 이루어진 다항식이다. (4) $-x(2x+5)=-2x^2-5x$는 $-x$를 괄호 안에 골고루 분배하여 계산한 식으로 분배법칙을 이용한 것이다.

3 ( ) 안에 들어갈 단어를 보기에서 찾아 써 보자.
보기: 다항식 동류항 분배법칙 이차식
(1) $3x^2-x+1$은 x에 대한 (이차식)이다.
(2) $4x-3y-x+2y$에서 $4x$와 (동류항)은 $-x$이다.
(3) $2x-3y+1$은 3개의 항의 합으로 이루어진 (다항식)이다.
(4) $-x(2x+5)=-2x^2-5x$는 (분배법칙)을 이용하여 계산한 것이다.

2주차 2회 과학 교과서 어휘

수록 교과서 과학 2 | II. 전기와 자기

단어와 그 뜻을 익히고, 빈칸에 알맞은 단어를 써 보자.

마찰 전기
문지를 摩 + 문지를 擦 + 전기 電 + 기운 氣

서로 다른 물체의 마찰에 의해 물체가 띠는 전기.
예 스웨터를 벗다가 느끼는 따끔함은 머리카락은 스웨터와 마찰하여 발생한 **마찰 전기** 때문이다.

플러스 개념 정전기
흐르지 않고 한곳에 머물러 있는 전기. 마찰 전기는 다른 곳으로 흘러가지 않고 마찰시킨 물체에 머물러 있으므로 정전기의 한 종류임.

전기력
전기 電 + 기운 氣 + 힘 力

전기를 띤 물체 사이에서 작용하는 힘.
예 머리를 빗을 때 플라스틱 빗과 머리카락이 서로 달라붙는 것은 전기를 띤 물체 사이에 작용하는 힘인 **전기력** 때문이다.

플러스 개념 전기력의 종류
• 척력(물리칠 斥 + 힘 力): 같은 종류로 전하 사이에 작용하는 서로 밀어내는 힘. 즉 (+)와 (+) 혹은 (−)와 (−) 사이에 작용함.
• 인력(끌어당길 引 + 힘 力): 서로 다른 종류의 전하 사이에 작용하는 서로 끌어당기는 힘. 즉 (+)와 (−) 사이에 서로 끌어당기는 힘.

정전기 유도
고요할 靜 + 전기 電 + 기운 氣 + 유인할 誘 + 이끌 導

전하를 띠지 않은 금속에 대전체를 가까이 할 때 금속 내에서 전자가 이동하여 전하를 띠는 현상.
예 공기 청정기는 공기 중의 작은 먼지를 **정전기 유도**로 끌어당긴다.

플러스 개념
• 대전: 물체가 외부의 힘에 의해 전기를 띠는 현상.
• 대전체: 대전되어 물체로 전기를 띠고 있는 물체임.

방전
놓을 放 + 전기 電

대전체가 전기적인 성질을 잃어버리는 현상.
예 번개는 대기 중 서로 다른 전기를 띤 구름 사이에서 생기는 순간적인 **방전** 현상이다.

전류
전기 電 + 흐를 流

전하의 흐름.
예 전원을 누르면 텔레비전이나 컴퓨터가 작동하는 것은 전선을 따라 **전류**가 흐르기 때문이다.

플러스 개념 A(암페어)
전류의 세기를 나타내는 단위.

전압
전기 電 + 누를 壓

전류를 흐르게 하는 것.
예 우리나라 가정에서 사용되는 전기 제품의 **전압**은 220V이다.

플러스 개념 V(볼트)
전압의 세기를 나타내는 단위.

확인 문제

정답과 해설 ▶ 17쪽

1 뜻에 알맞은 단어를 보기에서 찾아 사다리를 타고 내려간 곳에 써 보자.

보기: 대전 | 방전 | 전기력 | 전류 | 전압

- 전기를 띤 물체 사이에서 작용하는 힘. → 전기력
- 물체가 외부의 힘에 의해 전기를 띠는 현상. → 대전
- 대전체가 전기적인 성질을 잃어 버리는 현상. → 방전
- 전하의 흐름. → 전류
- 전류를 흐르게 하는 것. → 전압

2 뜻에 알맞은 단어가 되도록 보기의 글자를 조합해 써 보자.

보기: 정 / 척 / 어 / 암 / 체 / 기 / 전 / 페 / 력

(1) 전류의 세기를 나타내는 단위. → 암페어
(2) 흐르지 않고 한곳에 머물러 있는 전기. → 정전기
(3) 같은 종류의 전하 사이에 작용하는 서로 밀어내는 힘. → 척력

3 ( ) 안에 들어갈 단어를 보기에서 찾아 써 보자.

보기: 마찰 전기 | 전압 | 정전기 유도

(1) 전등에 불이 켜지는 것은 전선에 (전압)이/가 전류를 흐르게 하기 때문이다.
(2) 가전제품을 마른 걸레로 닦을 때 먼지가 다시 가전제품에 달라붙는 현상은 (마찰 전기)로 인한 것이다.
(3) 터치스크린의 화면에 손가락을 대면 화장 위를 흐르던 전기가 손가락이 접촉되는 지점으로 끌려오고 ... (정전기 유도) 현상의 한 예이다.

해설 1 (1) 전류를 흐르게 하는 것은 '전압'이다. (2) 마찰 전기는 '서로 다른 물체의 마찰'에 의하여 물체가 띠는 전기를 뜻한다. (3) '정전기 유도'는 전하를 띠지 않은 금속에 대전체를 가까이 할 때 금속 내에서 전자가 이동하여 전하를 띠는 현상이다.

2주차 3회

어휘 교과서 속으로

수록 교과서 국어2-1
읽기 – 설명 방법을 파악하며 읽기

단어와 그 뜻을 익히고, 빈칸에 알맞은 단어를 써 보자.

비유 — 견줄 比 + 깨우칠 喩

어떤 사물이나 현상을 직접 설명하지 않고 다른 비슷한 사물이나 현상에 빗대어서 설명하는 것.
예 잘 모르는 개념을 비유를 들어 설명하면 이해하기 쉬워진다.

플러스 개념어 상징
추상적인 개념이나 사물을 구체적인 사물로 나타냄. 또는 그렇게 나타낸 표지.
예 비둘기를 평화의 상징으로 삼다.

대비 — 맞추어 對 + 견줄 比

~의 뜻으로 대표됨. 대립되니임.

두 가지의 차이를 밝히기 위하여 서로 맞대어 비교함. 또는 그런 비교.
예 성적이 작년과 대비하여 크게 올랐다.

플러스 개념어
· 비교: 둘 이상의 사물을 견주어 서로의 공통점을 찾는 일.
· 대조: 둘 이상의 사물을 견주어 서로의 차이점을 찾는 일.

분석 — 나눌 分 + 쪼갤 析

대상을 그 구성 요소나 부분으로 나누어 설명하는 방법.
예 원자를 원자핵과 전자로 나누어 설명하는 분석의 방법을 사용하였다.

플러스 개념어
· 분류: 여러 가지 대상을 기준에 따라 묶어서 설명하는 방법.
· 구분: 여러 가지 대상을 기준에 따라 나누어 설명하는 방법.

추상적 — 뽑을 抽 + 형상 象 + ~한 상태로 되는 的

어떤 사물이 직접 경험하거나 알 수 있는 일정한 형태와 성질을 갖추고 있지 않은 것.
예 그가 지은 시의 주제는 지나치게 추상적이어서 이해하는 것이 어려웠다.

플러스 개념어 구체적
어떤 사물이 직접 경험하거나 알 수 있도록 일정한 형태와 성질을 갖추고 있는 것.
예 묘사는 추상적인 대상을 구체적으로 보여 주는 방법이다.

공감각 — 함께 共 + 느낄 感 + 깨달을 覺

어떤 하나의 감각이 다른 감각을 일으키는 일. 또는 그렇게 일으켜진 감각.
예 '닮은 파닐보다 향그럽다'는 시각적 심성이 후각적 심성을 일으킨 공감각적 표현이다.

매혹 — 매혹할 魅 + 미혹할 惑

마음이 어떤 다른 것에 완전히 이끌려 홀림.
예 지난 여름 여행 중 제주도의 아름다운 경치에 매혹되었다.

퇴색 — 바랠 退 + 빛깔 色

~의로 대표 듯 낱말내임.

몸인의 빛이나 색깔이 오래되어 바래거나 희미해짐.
예 누렇게 퇴색한 옛 사진을 보니 지난 추억이 그리워진다.

확인 문제

정답과 해설 ▶ 18쪽

1 단어의 뜻을 찾아 선으로 이어 보자.

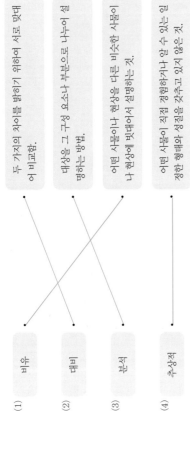

(1) 비유

(2) 대비

(3) 분석

(4) 추상적

두 가지의 차이를 밝히기 위하여 서로 맞대어 비교함.

대상을 그 구성 요소나 부분으로 나누어 설명하는 방법.

어떤 사물이나 현상을 비슷한 사물이나 현상에 빗대어서 설명하는 것.

어떤 사물이 직접 경험하거나 알 수 있는 일정한 형태와 성질을 갖추고 있지 않은 것.

2 밑줄 친 단어와 바꿔 쓰기에 알맞은 단어를 보기에서 골라 문장에 맞게 고쳐 써 보자.

보기 | 매혹 | 퇴색

(1) 그는 오래되어 색이 바랜 그림을 알아보기가 어려웠다.
→ (퇴색한)

(2) 나는 해가 지는 섬마을의 풍경에 마음이 완전히 사로잡혀 발길을 돌릴 수 있었다.
→ (매혹되어)

해설 (1) '물건이 빛이나 색깔이 오래되어 바래거나 희미해지는 것'을 뜻하는 단어는 '퇴색'이다. 이를 문장에 맞게 고치면 '퇴색한'이 된다. (2) '마음이 어떤 다른 것에 완전히 사로잡혀 넘어감'을 뜻하는 단어는 '매혹'이다. 이를 문장에 맞게 고치면 '매혹되어'가 된다.

3 보기를 설명한 대화의 빈칸에 알맞은 단어를 써 보자.

보기
㉠ 금으로 타는 태양의 즐거운 울림
㉡ 분수처럼 흩어지는 푸른 종소리

㉠은 금으로 타는 태양이라는 시각적 심상을 '즐거운 울림'이라고 청각화한 표현이며, ㉡은 '종소리'라는 청각적 심상을 '분수처럼 흩어지는 푸른'이라고 시각화한 표현이야.

㉠과 ㉡은 모두 어떤 하나의 감각이 다른 영역의 감각을 일으키는 것, 또는 그렇게 일으켜진 감각을 표현하는 단어가 공통적이다.

[공 | 감 | 각 | 적]

해설 '어떤 하나의 감각이 다른 감각을 일으키는 일, 또는 그렇게 일으켜진 감각을 표현하는 단어는 공감각이다.

2주차 3회 역사 교과서 어휘

정답과 해설 ▶ 19쪽

수록 교과서 역사①
III. 지역 세계의 교류와 변화

단어와 그 뜻을 익히고, 빈칸에 알맞은 단어를 써 보자.

추대
推 밀 추 + 戴 일(머리 위에 얹을) 대
→ 윗사람으로 떠받듦.
윗사람으로 떠받듦.
예 13세기 초 테무친은 몽골 부족을 통일한 후 칭기즈 칸으로 **추대** 되어 몽골 제국을 세웠다.

절대 왕정
絶 끊을 절 + 對 상대할 대 + 王 임금 왕 + 政 정사 정
→ 군주가 어떠한 법률이나 기관에도 구속받지 않는 절대적 권한을 가지는 정치 체제.
예 16~18세기 유럽에서는 국왕이 강력한 권한을 행사하는 **절대 왕정** 이 나타났다.

> **플러스 개념** 왕성하다
> 기운이나 세력이 한창 활발하다.

전성기
全 온전할 전 + 盛 성할 성 + 期 기간 기
→ 일이 되어 가는 형편이나 세력 등이 가장 왕성한 시기.
예 청나라는 1300여 년간 제도를 정비하고 영토를 확장하여 **전성기** 를 맞이하였다.

장악
掌 손바닥 장 + 握 쥘 악
→ 손안에 잡아 쥔다는 뜻으로, 무엇을 마음대로 할 수 있게 됨을 이르는 말.
예 그는 강력한 지도력으로 권력을 **장악** 하였으나 여전히 문제는 그치지 않았다.

함락
陷 빠질 함 + 落 떨어질 락
→ 적의 성, 요새, 진지 등을 공격하여 빼앗음.
예 오스만 제국의 총공격으로 비잔티움 제국의 최고 요새인 콘스탄티노폴리스는 마침내 **함락** 되고 말았다.

> **플러스 개념** 정령
> 무력으로 어떤 장소나 건물을 빼앗아 차지함.
> 예 프랑스는 나치에 점령된 적이 있다.

인두세
人 사람 인 + 頭 머리 두 + 稅 세금 세
→ 세금을 낼 수 있는 능력의 차이를 고려하지 않고 각 개인에게 균등하게 매기는 세금.
예 간디는 비폭력적인 투쟁의 결과 남아프리카 인도인들에게 부과되었던 **인두세** 가 폐지되었다.

> **플러스 개념** 균등하다
> 고르고 가지런하여 차별이 없다.

상비군
常 항상 상 + 備 갖출 비 + 軍 군사 군
→ 갑자기 일어날 국가의 비상사태에 대비하여 항상 준비하고 있는 군대.
예 절대 군주들은 자신의 명령으로 언제든 동원할 수 있는 군대인 **상비군** 을 통해 국가를 다스렸다.

확인 문제

1 뜻에 알맞은 단어가 되도록 보기 의 글자를 조합해 써 보자.

보기

| 장 | 대 | 함 | 악 | 인 | 두 | 추 | 세 |

(1) 윗사람으로 떠받듦. → 추 대
(2) 적의 성, 요새, 진지 등을 공격하여 빼앗음. → 함 락
(3) 손안에 잡아 쥔다는 뜻으로, 무엇을 마음대로 할 수 있게 됨을 이르는 말. → 장 악
(4) 세금을 낼 수 있는 능력의 차이를 고려하지 않고 각 개인에게 균등하게 매기는 세금. → 인 두 세

해설 | (1) '전성기'는 '일이 되어 가는 형편이나 세력 등이 가장 왕성한 시기'라는 뜻이다. (2) '상비군'의 '상(常)'은 '항상, 늘'이라는 뜻이다. '向上(향상)'은 '실력, 수준, 기술 따위가 나아짐.'이라는 뜻이다. (3) '절대적'인 것은 '비교하거나 상대될 만한 것이 없는'이라는 뜻이고, '상대적'인 것은 '서로 맞서거나 비교되는 관계에 있는'이라는 뜻이다.

2 ( ) 안에서 알맞은 말을 골라 ○표 해 보자.

(1) 불교는 통일 신라 시대에 전성기를 누렸다.
→ 일이 되어 가는 형편이나 세력 등이 가장 (쇠퇴한 , **왕성한**) 시기.
(2) 정부는 군대를 유지하는 비용을 축소하기 위해 상비군의 규모를 줄였다.
→ 갑자기 일어날 국가의 비상사태에 대비하여 (향상 , **항상**) 준비하고 있는 군대.
(3) 상인이나 은행업자 등이 시민 계급은 절대 왕정을 유지하는 데 필요한 돈을 대주고, 왕은 상업을 중시하는 정책을 펴서 시민 계급의 정치 활동을 보호했다.
→ 군주가 어떠한 법률이나 기관에도 구속받지 않는 (상대적 , **절대적**) 권한을 가지는 정치 체제.

3 문장에서 밑줄 친 단어의 사용이 알맞지 않은 것은? (⑤)

① 적군의 총공격으로 인해 마침내 진주성은 함락되고 말았다.
② 한 나라의 전성기에는 나라가 부유하고 문화가 다채롭게 발전한다.
③ 전쟁뿐만 아니라 평상시에도 상비군을 유지하는 것은 국가 재정에 유해하였다.
④ 그는 어린 황제 있음에도 불구하고 향상의 주도권을 장악하여 나라를 좌지우지 나섰다.
⑤ 정치적 능력의 차이를 고려하지 않고 각 개인에게 균등하게 매기는 인두세로 인해 국민의 불만을 잠재웠었다.

해설 | ① 함락은 '적의 성, 요새, 진지 등을 공격하여 빼앗음'을 뜻하므로 알맞게 사용되었다. ② '전성기'는 일이 되어 가는 형편이나 세력 등이 가장 왕성한 시기를 뜻하므로 알맞게 사용되었다. ③ '상비군'은 국가의 비상사태에 대비하여 항상 준비하고 있는 군대이므로 알맞게 사용되었다. ④ '장악'은 무엇을 마음대로 할 수 있게 됨을 뜻하므로 알맞게 사용되었다. ⑤ 인두세는 경제적 능력에 따라 다르게 매기는 세금이 아니라 능력의 차이를 고려하지 않고 각 개인에게 매기는 세금이므로 세금으로 인한 국민의 불만을 잠재울 수 없다.

수학 교과서 어휘

수록 교과서 수학 2
III. 부등식과 연립방정식

단어와 그 뜻을 익히고, 빈칸에 알맞은 단어를 써 보자.

부등호 (아닐 不 + 같을 等 + 부호 號)
둘 이상의 수나 식의 크기가 서로 같지 않음을 나타내는 기호.
예) 두 수의 크기를 비교하여 나타낸 기호 $<$, $>$, $\le$, $\ge$를 **부등호** 라고 한다.

부등식 (아닐 不 + 같을 等 + 식 式)
부등호를 사용하여 수 또는 식의 대소 관계를 나타낸 식.
예) $3x-1>2$, $x\le 2x+1$과 같이 부등호를 사용해 나타낸 식이 **부등식** 이다.

양변 (두 兩 + 측면 邊)
등식이나 부등식에서 등호나 부등호의 좌변과 우변을 통틀어 이르는 말.
예) 부등식 $2x-4>-x+1$의 왼쪽 부분 $2x-4$를 좌변, 오른쪽 부분 $-x+1$을 우변이라 하고, 좌변과 우변을 함께 이르는 말이 **양변** 이다.

$$2x-4 > -x+1$$
좌변 우변
양변

초과 (뛰어넘을 超 + 지날 過)
어떤 수보다 큰 수.
예) $x>5$는 'x는 5보다 크다'를 의미하고 'x는 5 **초과** '이 다.'라고 표현한다.
반의어 **미만**: 어떤 수보다 작은 수. 예) $x<5$는 'x는 5 미만이다.'

이상 (부터 以 + 윗 上)
어떤 수와 같거나 큰 수.
예) $x\ge 5$는 'x는 5보다 크거나 같다.'를 의미하고 'x는 5 **이상** 이다.'라고 표현한다.
반의어 **이하**: 어떤 수와 같거나 작은 수. 예) $x\le 5$는 'x는 5 이하이다.'

부등식의 해 (아닐 不 + 같을 等 + 식 式 + 의 + 풀 解)
부등식을 참이 되게 하는 미지수의 값.
예) $x=1$을 부등식 $x+2<4$로 대입했을 때 $1+2<4$로 참이므로 $x=1$은 부등식 $x+2<4$의 **해** 이다.

[부등식의 해 수직선 위에 나타내기]

$x < a$	$x > a$
$x \le a$	$x \ge a$

부등호가 $<$, $>$이면 수직선에 ○로 표시
⇨ 수 a가 포함되지 않는다.

부등호가 $\le$, $\ge$이면 수직선에 ● 로 표시
⇨ 수 a가 포함된다.

확인 문제

1 뜻에 알맞은 단어를 글자판에서 찾아 묶어 보자. (단어는 가로, 세로, 대각선 방향에서 찾기)

① 어떤 수보다 큰 수.
② 어떤 수보다 작은 수.
③ 어떤 수와 같거나 큰 수.
④ 어떤 수와 같거나 작은 수.
⑤ 수나 식의 크기가 서로 같지 않다는 것을 나타내는 기호.

2 문장에서 밑줄 친 단어의 사용이 알맞으면 ○표, 알맞지 않으면 ×표 해 보자.

(1) $x+2<-3x+5$의 <u>양변</u>에서 좌변은 $x+2$이고 우변은 $-3x+5$이다. (○)
(2) $-2x+1>3$, $-x\le 4x-5$와 같이 부등호를 사용하여 나타낸 식을 <u>등식</u>이라고 한다. (×)
(3) $x=1$을 부등식 $x-3<2$에 대입하면 참이므로 $x=1$은 부등식 $x-3<2$의 <u>해</u>이다. (×)

해설 (1) 부등식의 좌변과 우변을 통틀어 '양변'이라고 한다. (2) $-2x+1>3$, $-x\le 4x-5$와 같이 부등호를 사용하여 나타낸 식을 부등식이라고 한다. (3) $x=1$을 부등식 $x-3<2$에 대입했을 때 $-2<2$로 참이므로 $x=1$은 부등식 $x-3<2$의 해이다.

3 설명이 알맞으면 ○표, 알맞지 않으면 ×표를 따라가며 선을 긋고, 몇 번으로 나오는지 써 보자.

출발

(1) $x>2$는 'x는 2 미만이다.'라고 표현한다. ×
(2) $x\le 4$는 'x는 4 이하이다.'라고 표현한다. ○

(3) $x\ge 1$은 'x는 1 이상이다.'라고 표현한다. ○
(4) $x<3$은 'x는 3 초과이다.'라고 표현한다. ×

❸ ❹
❶ ❷

(②)

해설 (1) $x>2$는 'x는 2 초과이다.'라고 표현한다. (4) $x<3$은 'x는 3 미만이다.'라고 표현한다.

2주차 4회

과학 교과서 어휘

수록 교과서 과학 2 Ⅱ. 전기와 자기

단어와 그 뜻을 익히고, 빈칸에 알맞은 단어를 써 보자.

저항 막을 抵 + 막을 抗
→ 어떤 일의 대책을 '거래다'임

전류의 흐름을 방해하는 것.
전류가 흐르는 물체의 길이가 길수록 전류의 흐름을 방해하는 저[항]이 커지고, 물체의 굵기가 굵을수록 전류를 흐르게 하는 저[항]이 작아진다.

플러스 개념어 : 요(옴)
저항의 세기를 나타내는 단위는 요(옴)임. 1V의 전압을 걸었을 때 1A의 전류를 흐르게 하는 저항의 크기임.

옴의 법칙 옴 + 법 法 + 규칙 則

전류(I)의 세기는 전압(V)에 비례하고, 저항(R)에 반비례하는 관계를 설명하는 법칙.
구리선에 걸리는 전압을 2배, 3배로 높이면 구리선에 흐르는 전류의 세기도 2배, 3배로 커진다. 1Ω의 전류의 세기가 전압에 비례한다는 것이 [옴]의 법[칙]이다.

직렬연결 곧을 直 + 늘어설 列 + 이을 連 + 맺을 結

저항이나 전지를 일렬로 연결한 것.
여러 개의 저항을 전선에 [직]렬 연 결 하면 전류가 하나의 경로를 통해서 흐르므로 각 저항에 흐르는 전류의 세기가 같다.

전지의 직렬연결

병렬연결 나란히 並 + 늘어설 列 + 이을 連 + 맺을 結

저항이나 전지를 여러 갈래로 연결하여 전류가 각 갈래로 흐르게 한 것.
열탄이나 건물의 전기 배선도는 [병]렬 연 결을 이용하므로 각 저항에 걸리는 전압은 어느 곳에서나 일정하다.

전지의 병렬연결

자기력 자석 磁 + 기운 氣 + 힘 力
→ 자석이 갖는 자성이나 성질

자성을 띠는 물체 사이에 작용하는 힘.
자석과 쇠붙이 또는 자석과 자석 사이에서 서로 밀어내거나 끌어당기는 힘을 자[기]력 이라고 한다.

자기력의 방향

자기장 자석 磁 + 기운 氣 + 마당 場

자기력이 작용하는 공간.
전류가 흐르는 코일 주위에는 코일의 한쪽에서 나와 다른 쪽으로 들어가는 모양의 자[기]장이 생긴다.

플러스 개념어 코일
코일 모양으로 여러 번 감은 감은 전선.

전동기 전기 電 + 움직일 動 + 기계 機

전류가 흐를 때 회전하는 힘을 얻는 기계 장치로, 모터라고 부름.
세탁기, 선풍기 등에는 전류가 흐를 때 회전하는 힘을 얻는 전[동]기가 들어 있다.

확인 문제

1 뜻에 알맞은 단어가 되도록 보기의 글자를 조합해 써 보자. (같은 글자가 여러 번 쓰일 수 있음)

보기
저	자	계
장	전	기
력	항	동

(1) 전류의 흐름을 방해하는 것. → 저 [항]
(2) 자기력이 작용하는 공간. → 자 [기] [장]
(3) 자성을 띠는 물체 사이에 작용하는 힘. → 자 [기] [력]
(4) 전류가 흐를 때 회전하는 힘을 얻는 기계 장치. → 전 [동] [기]

해설 | 저항은 전류의 흐름을 방해하는 것, 직렬연결은 전지를 일렬로 연결한 것이고, 저항이나 전지를 여러 갈래로 연결하여 전류가 각 갈래로 흐르게 한 것을 병렬연결이라고 한다.

2 단어에 알맞은 뜻과 예를 찾아 선으로 이어 보자.

(1) 직렬연결

(2) 병렬연결

저항이나 전지를 여러 갈래로 연결하여 전류가 각 갈래로 흐르게 한 것.

저항이나 전지를 일렬로 연결한 것.

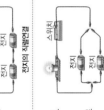

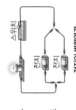

해설 | (1) 자석의 힘이 미치는 공간은 자기장이다. (2) 전기 에너지를 사용해 움직이는 대부분의 전기 기구에는 '전동기'가 사용된다. (3) '전류의 세기는 전압에 비례하고, 저항에 반비례하는 관계를 설명하는 법칙'은 '옴'의 법칙이다. (4) '저항'은 전류의 흐름을 방해하는 정도를 나타내는 양이므로 구리선의 길이와 굵기에 따라 세기가 달라진다.

3 ( ) 안에 들어갈 단어를 보기에서 찾아 써 보자.

보기 저항 옴 자기장 전동기

(1) 코일에 전류를 흘릴 주변 코일 주위에 자석의 힘이 미치는 공간인 (자기장)이/가 생긴다.
(2) 전기 에너지를 사용해 움직이는 대부분의 전기 기구에는 모터라고 부르는 (전동기)이/가 사용된다.
(3) 저항이 일정할 때 전압의 크기가 2배가 되면 전류의 세기도 2배가 되는 관계를 (옴)의 법칙이라고 한다.
(4) 전류가 흐를 때 구리선의 내부에서 이동하는 전자들이 원자와 충돌하기 때문에 구리선이 길어지거나 (저항)이/가 커진다.

2주차 5회

한자 어휘

倍(배), 加(가)가 들어간 단어

倍 곱 배
'배(倍)'는 주로 '곱', '갑절'이라는 뜻으로 쓰여, 어떤 수나 양을 두 번 합한 만큼을 곱 또는 갑절이라고 해.

加 더할 가
'가(加)'는 주로 '더하다', '가입하다', '미치다'라는 뜻으로 쓰여, '더하다'는 더 보태어 늘리거나 많게 하다의 뜻이야.

✎ 단어와 그 뜻을 읽고, 빈칸에 알맞은 단어를 써 보자.

배액 곱 倍 + 일정한 액수 額
─ ⑨ 앵! 대표 뜻의 '이양틀'.
두 배의 금액.
　일정한 액수를
　두 번 합한 두 배의
　금액이 되겠지?
　⑩ 어머니께서는 물가가 올라서 작년 대비 생활비가 (배액)이나 더 들 었다며 놀라셨다.

배수 곱 倍 + 셈 數
　어떤 수의 배가
　되는 수를 일컫지.
어떤 수의 갑절이 되는 수.
　어떤 수의 갑절이 되는 수.
　⑩ 우리 회사는 신입사원을 뽑을 때 서류 심사에서는 모집 인원의
　3 배수 를 선발한다.

설상가상 눈 雪 + 위 上 + 더할 加 + 서리 霜
　설상(雪上)+가상(加霜)
　눈 위에 더함서리
─ 눈 위에 서리가 더한
　뜻이다.
난처한 일이나 불행한 일이 잇 따라 일어나는 것을 이르는 말.
　⑩ 아침에 늦게 일어났는데 설상가상 으로 버스까지 놓
　쳤다.

가감 더할 加 + 덜 減
　'가감(加減)'은 덧셈과
　뺄셈을 뜻하기도 해.
더하거나 빼는 일, 또는 그렇게 하여 알맞게 사실을 가감 없이 공정하게 보도해야
　할 책임이 있다.
　⑩ 뉴스 기자라면 국민들에게 사실을 가감 없이 공정하게 보도해야
　할 책임이 있다.

참가 참여할 參 + 가입할 加
　'가(加)'가 '가입하다'라는
　뜻으로도 쓰였어.
모임이나 단체에 들어가거나 일 에 관계하여 들어감.
　⑩ 이번 지리산 등반에 선어회 회원들
　의 적극적인 참가 를 바랍니다.

가해 미칠 加 + 해칠 害
　'가(加)'가 '미치다'
　(영향을 가하다)라는
　뜻으로도 쓰였어.
다른 사람의 생명이나 신체, 재산, 명예 등에 해를 끼침.
　⑩ 시민들의 안전을 위협하는 가해 행위를 해서는 안 된다.

확인 문제

1 뜻에 알맞은 단어를 빈칸에 써 보자.

	❷배			역
	수			
			❸가	
실		❹참	감	해
상	가	상		

가로 열쇠
❷ 두 배의 금액.
❸ 더하거나 빼는 일, 또는 그렇게 하여 알맞게 맞추는 일.
❹ 모임이나 단체에 들어가거나 일에 관계하여 들어감.

세로 열쇠
❶ 눈 위에 서리가 덮인다는 뜻으로, 난처한 일이나 불행한 일이 잇따라 일어나는 것을 이르는 말.
❷ 어떤 수의 갑절이 되는 수.
❸ 다른 사람의 생명이나 신체, 재산, 명예 등에 해를 끼침.

2 ( ) 안에 들어갈 단어를 보기 에서 찾아 써 보자.

보기　참가자　배수　가감　가해

(1) 발표자는 (가감) 없는 솔직한 대답으로 청중들의 관심을 이끌어 내었다.
(2) 국가 대표 축구 선수들은 주말도 없이 (참가)하기 위해 오늘 출국하였다.
(3) 피해 입은 사람의 신문을 하라 없이 노출하는 것은 간접적인 2차 (가해) 행위이다.
(4) 연극반은 우선 정원의 (배수)을/를 모집한 뒤, 면접과 실기를 통해 최종 합격자를 뽑을 예정 이다.

3 상황에 어울리는 단어를 ( ) 안에서 골라 ○표 해 보자.

2주차 5회

영문법 어휘 / 응용 어휘

셀 수 없는 명사

영어에서 복수형을 취할 수 없는 명사를 '셀 수 없는 명사'라고 해. 셀 수 없는 명사에는 물질명사, 추상명사, 고유명사가 있으며 이 모두는 양의 많고 적음을 나타낼 수 있지만 양이 많고 적음이 뜻과 양이 있지 않고 않으며 수량 표시에 대해 공부해 보자.

66

99

단어와 그 뜻을 익히고, 빈칸에 알맞은 단어를 써 보자.

material noun
물질명사
물건 物 + 바탕 質 +
이름 名 + 말 詞
・物: 물건 등 물건 대표 크기리임

명사로서 형태를 특정 지을 수 없는 물질이나 재료를 나타내는 말. 주로 액체나 재료로 쓰인 고체, 기체, 음식 재료 등이 여기에 속함.

・**oil, gold, gas, rice**(기름, 금, 가스, 쌀)
액체, 기체   음식 재료

예 액체 water(물), milk(우유) 등, 고체 wood(목재), plastic(플라스틱) 등, 기체 air(공기) 등 그리고
음식 재료 coffee(커피), bread(빵) 등은 셀 수 없는 명사로 **물 질 명 사** 이다.

abstract noun
추상명사
뽑을 抽 + 생각 象 +
이름 名 + 말 詞
・象: 물이 대표 뜻 크라림임

명사로서 형태가 없고 추상적인 의미를 나타내는 말.
・**Thank you for your interest and help.**(너의 관심과 도움에 감사해.)
명사 interest(관심)와 help(도움)는 추상적인 의미를 나타내는 추상명사.
예 "I got good information.(나는 좋은 정보를 얻었다.)"에서 'information(정보)'은 눈에 보이지 않
는 **추 상 명 사** 이다.

proper noun
고유명사
원래 固 + 있을 有 +
이름 名 + 말 詞
・固이 물이 대표 뜻 크라림임

명사로서 특정한 사람 이름, 장소 이름을 가리키는
말. 사람 이름, 도시 이름, 국가 이름 등이 이에 해당됨.
・**Ted lives in Chicago.**(Ted는 시카고에 살고 있다.)
사람 이름 Ted와 장소 이름 Chicago는 고유명사.
예 "She is from Seoul, Korea.(그녀는 한국의 서울 출신이다.)"
에서 'Seoul'과 'Korea'는 장소 이름을 가리키는 **고 유
명 사** 이다.

measure words
수량 표시
수효 數 + 헤일 量 +
표할 標 + 보일 示
・數이 대표 뜻 뜻이고, 물이 대표 뜻
은 헤이라크임

물질명사의 수나 양을 나타내 주는 말. 수량 표시는
주로 물건 그릇이나 단위를 사용하여 나타냄.
・**I drink a cup of coffee.**(나는 커피 한 잔을 마신다.)
a cup of는 물질명사 coffee의수량 표시
예 'a glass of(한 잔)', 'a piece of(한 장)', 'a bottle of(한 병)'
물질명사에 대한 **수 량 표 시** 이다.

틀리스 개념Q 고유명사 표기
고유명사는 첫 글자를 항상 대문자로
써야 함. 세상에서 유일한 존재로 특
정한 것임을 나타내라고 대문자로 씀.
예 The Eiffel Tower is in Paris.
(에펠탑은 파리에 있다.)

틀리스 개념Q 복수의 수량 표시
물질명사의 수나 양은 주로 그릇이
나 단위로 나타내는데, 그것이 여러
개로 양이 많을 때는 그릇이나 단위
를 복수형으로 써서 나타냄
예 I drink three cups of coffee.
(나는 커피 3잔을 마신다.)

확인 문제

1 단어의 뜻을 찾아 선으로 연결해 보자.

(1) 물질명사 · · 특정한 사람 이름, 장소 이름을 가리키는 말.

(2) 추상명사 · · 물질명사의 수나 양을 나타내는 말.

(3) 고유명사 · · 형태를 특정 지을 수 없는 물질이나 재료를 나타내는 말.

(4) 수량 표시 · · 형태가 없고 추상적인 의미를 나타내는 말.

2 단어가 해당하는 것을 보기 에서 찾아 사다리를 타고 내려간 곳에 기호를 써 보자.

보기
㉠ 물질명사
㉡ 추상명사
㉢ 고유 명사
㉣ 수량 표시

(1) butter   (2) love   (3) Jeju-do   (4) a glass of

(㉡)   (㉠)   (㉢)   (㉣)

해설 | (1) 'butter(버터)'는 음식 재료로 물질명사이다. (2) 'love(사랑)'는 형태가 없고 추상적 의미를 갖는 추상명사이다.
(3) 'Jeju-do(제주도)'는 장소 이름으로 고유명사이다. (4) 'a glass of'는 한 잔이라는 뜻으로 액체로 된 물질명사의
수량 표시이다.

3 밑줄 친 명사의 종류가 맞으면 ○표, 맞지 않으면 ×표 해 보자.

(1) I need a piece of **paper**. (나는 종이 한 장이 필요해.)
          고유명사
(×)

(2) Let's develop our **imagination**.(우리의 상상력을 키우자.)
          추상명사
(○)

(3) They go to the **Seoul Station**.(그들은 서울역으로 간다.)
          추상명사
(×)

(4) We drink two cups of **coffee**.(우리는 두 잔의 커피를 마신다.)
          물질명사
(○)

해설 | (1) 'paper(종이)'는 물질명사이다. (2) 'imagination(상상력)'은 추상명사이다. (3) 'Seoul Station
(서울역)'은 장소 이름을 나타내는 고유명사이다. (4) 'coffee(커피)'는 음식 재료로 물질명사이다.

2주차 어휘력 테스트

2주차 1~5회에서 공부한 단어를 떠올리며 문제를 풀어 보자.

국어+수학

1 뜻에 알맞은 단어와 이에 대한 반의어를 써 보자.

(1) 자기의 이익보다는 다른 사람의 이익을 더 꾀하는 것.
→ [이|타|적] ↔ [이|기|적]

(2)

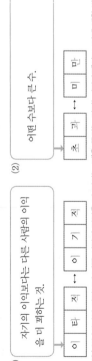

어떤 수보다 큰 수.
→ [초|과] ↔ [미|만]

해설 | (1) '자기의 이익보다 다른 사람의 이익을 더 꾀하는 것'을 뜻하는 단어는 '이타적'이고, 이에 대한 반의어는 자기 자신만의 이익을 꾀하는 것을 뜻하는 '이기적'이다. (2) '어떤 수보다 큰 수'를 뜻하는 단어는 '초과'이고, 이에 대한 반의어는 '어떤 수보다 작은 수'인 '미만'이다.

사회

2 빈칸에 들어갈 단어를 보기에서 찾아 써 보자.

보기
집대성   청사   추대   장시

(1) 그는 화원들의 열렬한 지지를 얻어 회장으로 (추대)되었다.
(2) 이슬람교를 (청사)한 마호메트는 아라비아 반도를 통일했다.
(3) 허준이 지은 '동의보감'은 중국과 우리나라의 의학 서적을 하나로 모아 당시 의학을 (집대성)했다는 평가를 받고 있다.

해설 | (1) 회원들이 그를 모임에서 높은 자리인 회장으로 뽑은 것이므로 '윗사람으로 떠받듦.'이란 뜻이 '추대'가 알맞다. (2) 마호메트는 이슬람교를 처음 세운 사람이므로 '어떤 사상이나 학설 따위를 처음으로 시작하거나 내세움.'이란 뜻인 '청사'가 알맞다. (3) 중국과 우리나라의 의학 서적을 하나로 모아 모았으므로 '여러 가지를 모아 하나의 체계를 이루어 완성함.'이란 뜻인 '집대성'이 알맞다.

과학

3 ㉠, ㉡과 바꿔 쓸 수 있는 단어를 ( ) 안에서 골라 ○표 해 보자.

㉠전하의 흐름과 방향은 전자의 (+)극에서 전선을 따라 (−)극 쪽으로 향한다.
전자의 ㉡전류를 흐르게 하는 힘이 셀수록 더 센 전류를 흐르게 할 수 있다.

(1) ㉠ → (전류, 전자)   (2) ㉡ → (전압, 전력)

해설 | (1) '전하의 흐름'이라는 뜻이다. (2) '전압'은 '전류를 흐르게 하는 힘'이란 뜻이다.

수학

4 문장에서 밑줄 친 단어의 사용이 알맞으면 ○표, 알맞지 않으면 ×표 해 보자.

(1) $3x(2x+3)=6x^2+9x$는 분배법칙을 이용하여 계산한 것이다. (○)
(2) $2x-3y+3x-2y$에서 동류항은 $2x$와 $-2y$, $3x$와 $-3y$이다. (×)

해설 | (1) ... (2) 동류항은 계수가 다르나 문자와 차수가 각각 같은 항이므로 $2x$와 $3x$, $-3y$와 $-2y$가 동류항이다.

국어

5 문장에 어울리는 단어를 ( ) 안에서 골라 ○표 해 보자.

(1) 전체를 여러 부분으로 나누어 설명하는 방법은 (분류, 분석)이라고 한다.
(2) 그의 감각스러운 사랑은 앞으로의 우리에게 삶과 죽음에 대해 (사유, 연유) 할 기회를 준다.
(3) 과거에 매여 있지 말고 앞으로의 시대에 무엇을 (지향, 연유) 지향할 것인지 생각해야 한다.

해설 | (1) '분석'은 하나의 대상을 그 구성 요소나 부분으로 나누어 설명하는 것이고, '분류'는 여러 가지 대상을 기준에 따라 묶어서 설명하는 것이다. (2) '사유'는 대상을 두루 생각하는 일이란 뜻이다. (3) '지향'은 '일의 가닥'이라는 뜻으로, '지향'은 '더 높은 단계로 오르기 위하여 어떠한 것을 하지 아니함.'이란 뜻이다.

과학

6 밑줄 친 단어의 뜻으로 알맞은 것에 ○표 해 보자.

휴대 전화가 작동되지 않은 것은 전지의 방전 때문일 수 있다.

(1) 축전기를 사용하여 많은 양의 전기를 모으는 것. ( )
(2) 전지나 축전기 또는 전기를 띤 물체에서 전기가 외부로 흘러나오는 현상. (○)

해설 | '방전'은 전지를 띤 물체 등 대전체가 전기적인 성질을 잃어버리는 현상이다.

한자

7 밑줄 친 단어 중 '더할 가(加)'가 들어간 것을 골라 ○표 해 보자.

(1) 좌어의 상황을 가정하고 대책을 세웠다. ( )
(2) 체면에 맞추어 운동량을 가감하는 것이 바람직하다. (○)
(3) 주국축은 행사 참가 인원을 15세 이상으로 제한하고 있다. ( )

해설 | '가정(假定)'은 '사실이 아니거나 또는 사실인지 아닌지 분명하지 않은 것을 임시로 인정함.'이란 뜻으로 '덜할 가'가 아닌 '임시 假'가 쓰인다. '가감(加減)'은 '더하거나 덜어서 알맞게 맞추는 일'이란 뜻이다. (3) '참가(參加)'는 모임이나 단체에 들어가거나 일에 관계하여 참여하는 뜻이다.

영문법

8 뜻에 알맞은 단어와 예를 찾아 선으로 이어 보자.

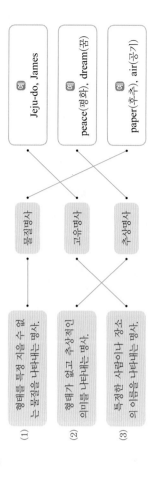

(1) 형태를 특정 지을 수 없는 물질을 나타내는 명사. — 물질명사 — 例 paper(종주), air(공기)
(2) 형태가 없고 추상적인 의미를 나타내는 명사. — 고유명사 — 例 peace(평화), dream(꿈)
(3) 특정한 사람이나 장소의 이름을 나타내는 명사. — 추상명사 — 例 Jeju-do, James

해설 | (1) 'paper(종주), air(공기)'는 일정한 형태가 없는 '물질명사'이다. (2) 'peace(평화), dream(꿈)'은 형태가 없고 추상적인 의미를 나타내는 '추상명사'이다. (3) 'Jeju-do'는 장소, 'James'는 사람의 이름을 나타내는 '고유명사'이다.

어휘가
문해력
이다

중학 2학년 1학기

3주차 정답과 해설

3주차 1회

국어 교과서 어휘

수록 교과서 **국어 2-1**
문법 – 정확한 발음과 표기

단어와 그 뜻을 익히고, 빈칸에 알맞은 단어를 써 보자.

음절 (소리 音 + 마디 節)
독립하여 발음할 수 있는 가장 작은 소리의 단위.
예 '나무'는 '나'와 '무'로 나뉘므로 2개의 음절로 이루어진 단어이다.

이중 모음
발음할 때 하나 입술 모양이나 혀의 위치가 달라지면서 소리가 나오는 모음.
이중 모음을 이룸: ㅑ ㅒ ㅕ ㅖ ㅘ ㅙ ㅚ ㅝ ㅞ ㅟ ㅢ 등
예 '시계'를 [시계]뿐만 아니라 [시게]로도 발음하는 이유는 이중 [이 중] 모음 하나를 [이중] 모음으로 발음하기 때문이다.

겹받침
서로 다른 두 개의 자음자로 이루어진 받침.
예 '닭'과 '값'은 서로 다른 자음자로 이루어진 [겹받침]이 쓰인 단어이다.

대표음
받침소리로 'ㄱ, ㄴ, ㄷ, ㄹ, ㅁ, ㅂ, ㅇ'의 7개의 자음만 발음되는 것.
예 '옷'도 [옫]으로 소리 나므로 'ㅅ' 받침이 자음만 발음되는 것. [ㄷ]으로 발음됨 [대표음]

형태소
뜻을 가진 가장 작은 말의 단위.
예 '이야기책'은 '이야기'와 '책'의 [형태소]로 이루어진다.
실질 형태소 개념: 구체적인 대상이나 동작, 상태를 표시함.
형식 형태소 개념: 말과 말 사이의 문법적인 관계를 나타냄. 예 밥을 먹다.

접사
어근이나 단어에 붙어 특별한 뜻을 더하거나 단어의 품사를 바꾸는 것. 어근의 앞에 붙는 접사와 어근의 뒤에 붙는 접사가 있다.
예 '맨손'의 '맨-'은 어근인 '손' 앞에 붙어 '다른 것이 없는'이라는 뜻을 제한하는 [접사]이다.
접두사 개념: 맨- + 손
접미사 개념: 놀- + -이

어미
용언, 서술격 조사를 활용할 때 변하는 부분.
예 '닫다, 닫고, 닫으니…'에서 변하는 부분인 '-다, -고, -으니'는 [어미]이다.
어미 개념: 용언, 서술격 조사를 활용할 때 변하지 않는 부분. 예 닫고, 닫으니 [어간]

확인 문제

정답과 해설 ▶ 26쪽

1 뜻에 알맞은 단어를 빈칸에 써 보자.

가로 열쇠 ❶ 받침소리로 'ㄱ, ㄴ, ㄷ, ㄹ, ㅁ, ㅂ, ㅇ'의 7개의 자음만 발음되는 것.
세로 열쇠 ❷ 독립하여 발음할 수 있는 가장 작은 소리의 단위.

❶대 표 음
❷음
절

2 빈칸에 알맞은 말을 조성을 바탕으로 써 보자.

(1) 형태소: 뜻을 가진 가장 작은 말의 단위.
(2) 겹받침: 서로 다른 자 음 자 로 이루어진 받침.
(3) 이중 모음: 발음할 때 하나 이 중 모양이 달라지면서 소리가 나오는 모음.

해설 (1) 단어를 더 작은 단위로 나눌 때 '형태소'는 뜻을 가진 가장 작은 말의 단위이다. (2) '겹받침'은 서로 다른 두 개의 자음자로 이루어진 받침이다. (3) '이중 모음'은 발음할 때 하나 입술 모양이나 혀의 위치가 달라지면서 소리가 나오는 모음이다.

3 문장에 어울리는 단어를 ( )안에서 골라 ○표 해 보자.

(1) '옷'의 'ㅅ'은 서로 다른 두 개의 자음자로 이루어진 (생받침 · (겹받침))이다.
(2) '갔다'에서 받침 'ㄲ'이 [ㄴ]으로 소리 나는 것은 'ㄲ'의 ((대표음), 형태음, 형태소)이/가 'ㄴ'이기 때문이다.

해설 (1) '옷'의 'ㅅ'처럼 서로 다른 두 개의 자음자로 이루어진 받침은 '겹받침'이다. (2) '갔다'에서 받침 'ㄲ'은 대표음 'ㄴ'으로 소리 난다.

4 단어의 뜻과 예를 찾아 선으로 이어 보자.

(1) 어미
(2) 접사

어근이나 단어에 붙어 특별한 뜻을 더하거나 단어의 품사를 바꾸는 것.

용언, 서술격 조사를 활용할 때 변하는 부분.

예 맨-, 덮으니

예 군밤, 가위질

역사 교과서 어휘

수록 교과서 역사① IV. 제국주의 침략과 국민 국가 건설 운동

● 단어와 그 뜻을 익히고, 빈칸에 알맞은 단어를 써 보자.

낙후
떨어질 落 + 뒤떨어질 後
→ 後에 대표 뜻은 '뒤'임
기술이나 문화, 생활 등의 수준이 뒤떨어짐.
예 러시아의 알렉산드르 2세는 전쟁에서 패배하여 경제가 **낙후** 되자 개혁을 실시하였다.

종합소개념어 후진
어떤 발전 수준에 뒤지거나 뒤떨어짐.

제국주의
임금 帝 + 나라 國 + 주인될 主 + 뜻 義
→ 主의 대표 뜻은 '임금'이나 '주인'이지만 '뜻'의 대표 뜻은 '뜻'이다
힘이 강한 나라가 군사력과 경제력을 앞세워 힘이 약한 나라를 식민지로 삼는 정책.
예 19세기에 교통과 통신의 발달하면서 강대국들은 식민지를 점령하기 위해 **제국주의** 정책을 내세웠다.

종합소개념어 제국
힘이나 제후를 거느리고 나라를 통치하는 황제가 다스리는 나라.

거점
근거할 據 + 점 點
어떤 활동을 하는 데 중요한 근거지가 되는 지점.
예 19세기에 프랑스는 영토를 넓히기 위해 아프리카의 알제리를 **거점** 으로 정하였다.

이권
이로울 利 + 권리 權
→ 權의 대표 뜻은 '권세'임
경제적 이익을 얻을 수 있는 권리.
예 19세기에 영국은 리한 아메리카에 자본을 투자하면서 경제적 **이권** 을 얻었다.

봉쇄
봉할 封 + 잠길 鎖
→ 鎖의 대표 뜻은 '쇠사슬'임
교통 막거나 잠그는 것.
예 전쟁이 일어나 국경이 **봉쇄** 돼 도자 사람들은 몰래 국경을 넘어 탈출하였다.

급진적
급할 急 + 나아갈 進 + ~한 상태로 되는 的
→ 的의 대표 뜻은 '과녁'임
발전 또는 변화의 속도가 급히 이루어지는 것.
예 짧은 기간에 **급진적** 성장을 이루어 내었다.

종합소개념어 점진적
조금씩 앞으로 나아가는 것.
예 점진적인 개선

수공업
손 手 + 장인 工 + 업 業
손이나 도구를 사용하여 생산하는 규모가 작은 공업.
예 18세기에 영국에서 기계 공업이 중가하면서 전통적인 **수공업** 은 점차 설 자리를 잃었다.

확인 문제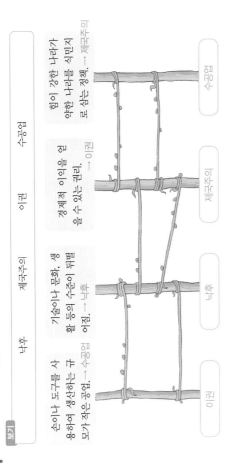

1 뜻에 알맞은 단어를 보기에서 찾아 사다리를 타고 내려간 곳에 써 보자.

보기 낙후 제국주의 이권 수공업

기술이나 문화, 생활 등의 수준이 뒤떨 어짐. → 낙후

힘이 강한 나라가 약한 나라를 식민지 로 삼는 정책. → 제국주의

손이나 도구를 사 용하여 생산하는 규 모가 작은 공업. → 수공업

경제적 이익을 얻 을 수 있는 권리. → 이권

[사다리 연결]
이권 → 낙후
제국주의
수공업

2 밑줄 친 부분과 바꿔 쓸 수 있는 단어로 알맞은 것은?

(1) 경제 악화가 심각했다. (란 뜻을 가진 듯한 단어는 발생하다이다.) ① 개방하다: 문이나 어떠한 공간 따위를 열어 자유롭게 드나들고 이용하게 하다. ② 파세하다: 깨트려 부수다. ③ 공개하다: 어떤 사실이나 사물, 내용 따위를 여러 사람에게 널리 터놓다. ⑤ 동인하다: 봉투를 붙인 자리에 도장을 찍다.

① 개방하여 ② 파세하여 ③ 공개하여 ④ 봉인하여 ⑤ 봉쇄하여

(2) 급히 먹는 밥이 목이 멘다. '라는 말처럼 이런 속도가 급하게 이루어지는 개혁은 부작용이 생길 수 있다. (   )

① 점진적 ② 급진적 ③ 평과적 ④ 순차적 ⑤ 진보적

해설 (2) '발전 또는 변화의 속도가 급히 이루어지는 것'이란 뜻을 가진 단어는 급진적이다. ① 점진적: 조금씩 앞으로 나아가 는 것. ③ 평과적: 어느 한쪽으로 치우친. ④ 순차적: 순서를 따라 차례대로 하는. ⑤ 진보적: 사회의 변화나 발전을 추구하는.

3 (   ) 안에 들어갈 단어를 보기에서 찾아 써 보자.

보기 거점 이권 수공업

(1) 이번 제회의 성공은 유리한 (   ) 을 확보하는 것에 달려 있다.

(2) 19세기는 식민지를 차지하려는 강대국들의 경쟁과 (   ) 다툼이 많았던 시기였다.

(3) 그 장인은 5대째 가업으로 이어 온 (   ) 기술로 전통 부채를 만드는데, 기술뿐만 아니라 예술성도 뛰어나 무형 문화재로 인정받았다고 한다.

해설 (1) '어떤 활동을 하는 데 중요한 근거지가 되는 지점'을 못하는 거점을 써야 한다. (2) '경제적 이익을 얻을 수 있는 권리'를 못하는 이권을 써야 한다. (3) '손이나 도구를 사용하여 생산하는 규모가 작은 공업'을 못하는 수공업을 써야 한다.

수록 교과서 수학2
Ⅲ. 부등식과 연립방정식

단어와 그 뜻을 익히고, 빈칸에 알맞은 단어를 써 보자.

이항
옮길 移 + 항목 項
'옮기다'란 뜻의 '이'와 '대표 뜻'을 따온 '항'의 대표 글자

한 변에 있는 항을 부호를 바꾸어 다른 변으로 옮기는 것.
예 $x-3>2$의 좌변에 있던 -3을 우변으로 옮겨 [이항]하면 $x>2+3$, 즉 $x>5$이다.

일차부등식
한 一 + 차수 次 +
아닐 不 + 같을 等 + 법식 式

부등식의 모든 항을 좌변으로 이항하여 정리한 식이 (일차식)>0, (일차식)<0, (일차식)≥0, (일차식)≤0 중 어느 하나의 꼴로 나타나는 부등식.
예 $3x-1\geq4$를 좌변으로 이항하면 $3x-5\geq0$이다. 이는 (일차식)≥0의 꼴로 나타나는 부등식이므로 [일차부등식]이다.

일차방정식
한 一 + 차수 次 +
모방 方 + 거울 程 + 법식 式

미지수의 가장 높은 차수가 일차인 방정식, (x에 대한 일차식)$=0$의 꼴로 변형되는 방정식.
예 $2x-1=x-3$에서 우변에 있는 항 x와 -3을 모두 좌변으로 이항된 방정식이
$2x-x+1+3=0$, $x+2=0$의 꼴로 변형된 방정식이 일차방정식이다.

미지수가 2개인 일차방정식
$ax+by+c=0$ $(a,b,c$는 상수, $a\neq0, b\neq0)$
예 $3x-4=2$는 미지수가 x로 1개인 일차방정식이고, $2x-3y-1=0$은 미지수가 x, y로 2개이고 차수가 1인 방정식이다.

연립방정식
나란히 聯 + 설립 立 +
모방 方 + 거울 程 + 법식 式

여러 개의 방정식을 하나로 묶어 나타낸 방정식.
예 미지수가 x, y로 2개인 두 일차방정식을 묶은 $\begin{cases} x-2y=3 \\ 2x+y=4 \end{cases}$를 미지수가 2개인 [연립방정식]이라고 한다.

연립방정식의 해
나란히 聯 + 설립 立 +
모방 方 + 거울 程 + 법식 式 + 풀 解

연립방정식의 두 방정식을 동시에 만족시키는 x, y의 값.
예 연립방정식 $\begin{cases} x+y=5 \\ 2x+y=7 \end{cases}$에서

⑤의 해

| x | 1 | 2 | 3 | 4 |
| y | 4 | 3 | 2 | 1 |

⑥의 해

| x | 1 | 2 | 3 |
| y | 5 | 3 | 1 |

이므로 두 방정식을 동시에 만족시키는 x, y의 값 $x=2, y=3$은 연립방정식의 해이다.

확인 문제

1 뜻에 알맞은 단어를 글자판에서 찾아 묶어 보자. (단어는 가로, 세로, 대각선 방향에서 찾기)

① 여러 개의 방정식을 하나로 묶어 나타낸 방정식.
② 한 변에 있는 항을 부호를 바꾸어 다른 변으로 옮기는 것.
③ 미지수의 가장 높은 차수가 일차인 방정식으로, (x에 대한 일차식)$=0$의 꼴로 변형되는 방정식.

2 문장에서 밑줄 친 단어의 사용이 알맞으면 ○표, 알맞지 않으면 ×표 해 보자.

(1) $-x<-x+5$는 일차부등식이다. (×)
(2) $2x^2-x=x^2-2x$는 일차방정식이다. (×)
(3) $\begin{cases} x-4y=7 \\ 3x+y=6 \end{cases}$ 은 연립방정식이다. (○)
(4) $x+3y=2-x$는 미지수가 2개인 일차방정식이다. (○)

해설 (1) $-x<-x+5$에서 모든 항을 좌변으로 이항하여 정리하면 $-x+x-5<0$, 즉 $-5<0$으로 일차식이 없으므로 '일차부등식'이 아니다. (2) $2x^2-x=x^2-2x$에서 모든 항을 좌변으로 이항하여 정리하면 $2x^2-x-x^2-2x=0$, 즉 $x^2+x=0$으로 좌변이 일차식이 아니므로 '일차방정식'이 아니다. (3) 두 개의 일차방정식을 하나로 묶어 나타낸 방정식이므로 '연립방정식'이다. (4) $x+3y=2-x$를 이항하여 정리하면 $2x+3y-2=0$, 즉 $2x+3y-2=0$으로 미지수가 x와 y로 2개인 일차방정식이다.

3 빈칸에 알맞은 말을 조건을 바탕으로 써 보자.

(1) $2x-1>x+3$에서
좌변의 -1을 우변으로, 우변의 x를 좌변으로 각각 [이 항]하여 정리하면 $2x-x>3+1$, $x>4$이다.

(2) $x^2+3x+1<2x+x^2$에서 우변의 항을 이 [항]하여 정리하면 $x^2-x^2+3x-2x+1<0$, $x+1<0$이므로 [일 차 부 등 식]이다.

(3) $\begin{cases} 3x-y=4 \\ x-y=2 \end{cases}$ 는 [미 지 수]가 x, y인 일차방정식을 묶어 놓은 것으로 [연 립 방 정 식]이라고 한다.

3주차 2회 과학 교과서 어휘

수록 교과서 과학 2
III. 태양계

단어와 그 뜻을 익히고, 빈칸에 알맞은 단어를 써 보자.

지구의 자전
땅 地 + 이 + 스스로 自 + 회전할 轉
(북극과 남극을 잇는 선을 연결한 축) 지구가 자전축을 중심으로 하루에 한 바퀴씩 서쪽에서 동쪽으로 회전하는 운동.
예 낮과 밤이 반복되는 현상은 지구의 [자전] 때문이다.

일주 운동
날 日 + 두루 周 + 옮길 運 + 움직일 動
천구상의 천체가 하루에 한 바퀴씩 원을 그리며 움직이는 겉보기 운동. 지구가 자전하기 때문에 나타나는 겉보기 운동.
예 우리나라에서 바라본 별의 [일주] [운동] 모습은 북극성을 중심으로 별이 동쪽에서 서쪽으로 움직인다.

지구의 공전
땅 地 + 공평할 公 + 이 + 스스로 自 + 회전할 轉
지구가 태양을 중심으로 일 년에 한 바퀴씩 서쪽에서 동쪽으로 회전하는 운동.
예 계절에 따른 변화 현상은 지구의 [공전] 때문이다.

연주 운동
해 年 + 두루 周 + 옮길 運 + 움직일 動
지구가 공전으로 인해 지구상의 관측자에게는 태양이 별자리 사이에서 동쪽으로 움직이는 것으로 보이는 겉보기 운동.
예 태양의 [연주] [운동] 으로 태양이 별자리 사이를 하루에 약 1°씩 동쪽으로 이동하여 1년 후에 원래의 위치로 돌아오는 운동이다.

황도
누를 黃 + 길 道
태양이 연주 운동을 하며 별자리 사이를 지나가는 길.
예 [황도] 상의 태양의 위치를 표시한다. 지, 추분 동지점들 하...

황도 12궁
누를 黃 + 길 道 + 12 + 별자리 宮
황도 주변에 있는 12개의 주요 별자리.
예 황도 전체를 30°씩 12등분한 영역에 물고기자리, 양자리, 황소자리, 쌍둥이자리, 게자리, 사자자리, 처녀자리, 천칭자리, 전갈자리, 궁수자리, 염소자리, 물병자리의 12 별자리가 있는데 이들 [황도] [12궁] 이라고 한다.

달의 위상
달 月 + 위치 位 + 모양 相
지구에서 볼 때, 달 표면이 빛을 받아 나타나는 여러 가지 달의 모양.
예 달의 [위상] 이 변하는 까닭은 달이 지구 주위를 공전하기 때문이다.
- 삭: 달이 태양과 지구 사이에 들어가 일직선을 이루는 때, 달이 빛을 반사하지 않아 보이지 않음.
- 상현: 초승달과 보름달의 중간으로 달의 오른쪽 반달로 보일 때.
- 하현: 보름달과 그믐달의 중간으로 달의 왼쪽 반달로 보일 때.

확인 문제

정답과 해설 ▶ 29쪽

1 뜻에 알맞은 단어가 되도록 보기 의 글자를 조합해 써 보자. (같은 글자가 여러 번 쓰일 수 있음.)

보기: 공 동 일 전 자 주 운

(1) 지구가 자전축을 중심으로 하루에 한 바퀴씩 서쪽에서 동쪽으로 회전하는 운동. → 지구의 [자][전]
(2) 지구가 태양을 중심으로 일 년에 한 바퀴씩 서쪽에서 동쪽으로 회전하는 운동. → 지구의 [공][전]
(3) 천구상의 천체가 하루에 한 바퀴씩 서쪽에서 동쪽으로 원을 그리며 도는 운동. → [일][주] [운][동]

2 뜻에 알맞은 단어를 찾아 선으로 이어 보자.

(1) 망과 삭 사이에 위치하여 달의 왼쪽 반달이 보일 때. — 망
(2) 삭과 망 사이에 위치하여 달의 오른쪽 반달이 보일 때. — 삭
(3) 달이 태양과 지구 사이에 들어가 일직선을 이뤄 보이지 않을 때. — 상현
(4) 지구를 기준으로 달과 태양이 정반대에 놓여 보름달로 보일 때. — 하현

3 ( ) 안에 들어갈 단어를 보기 에서 찾아 써 보자.

보기: 공전 황도 위상 연주 운동 황도 12궁

(1) 북반구에서 관측할 때와 남반구에서 관측할 때 달의 (위상)이가 변하는 방향은 서로 반대이다.
(2) 지구가 태양을 (공전)하면 태양이 황도를 따라 (연주 운동)을/를 하므로 계절에 따라 밤하늘에서 관측되는 별자리가 달라진다.
(3) '황소자리'와 '쌍둥이자리'는 태양의 연주 운동을 하면서 지나가는 길인 (황도) 주변에 위치한 한 주요 별자리인 (황도 12궁)에 속한다.

해설 (1) 달 표면이 빛을 받아 나타나는 여러 가지 달의 모양을 달의 위상이라고 한다. (2) 지구가 태양을 중심으로 일 년에 한 바퀴씩 서쪽에서 동쪽으로 회전하는 운동을 공전이라고 하며, 지구의 공전으로 인해 지상에서 관측자에게는 태양이 별자리 사이에서 동쪽으로 움직이는 것으로 보이는 겉보기 운동을 연주 운동이라고 한다. (3) 태양이 연주 운동을 하면서 지나가는 길이 황도이라고 한다.

국어 교과서 어휘

수록 교과서 문해 2-1
문법 _ 담화의 개념과 특성

단어와 그 뜻풀이를 익히고, 빈칸에 알맞은 단어를 써 보자.

이사소통 (意意 + 생각 思 + 소통함 疏 + 통함 通)
가지고 있는 생각이나 뜻이 서로 통함.
예 외국인과 대화할 때에는 서로의 문화 차이를 고려하면서 이사소통 을 해야 한다.

발화 (필 發 + 말할 話)
이사소통하는 상황에서 생각이 문장 단위로 나타나는 것.
예 말하는 이의 상황이 어떤지에 따라 독같은 발화 를 하더라도 그 의미가 달라질 수 있다.

(통같은말) **발화(필 發 + 불 火)**
불이 일어나거나 타기 시작함. 또는 그 불.
예 소방관들은 화재를 진압한 뒤 발화의 원인을 찾아 나섰다.

담화 (말씀 談 + 말할 話)
발화가 모여서 이루어진 것.
예 말하는 이와 듣는 이, 전하는 내용이 있어야 하나의 완전한 담화 가 이루어질 수 있다.

(다의어) **담화**
① 서로 이야기를 주고받음.
② 한 단체나 공적인 자리에 있는 사람이 어떤 문제에 대한 견해나 태도를 밝히는 말.
예 특별 담화

상황 맥락 (형상 狀 + 모일 況 + 군 脈 + 이을 絡)
말하는 이, 듣는 이, 구체적 시간과 공간, 주제와 목적 등에 의해 형성되는 맥락.
예 대화를 나눌 때 말하는 이가 처한 상황 맥락 을 파악해야 그 내용을 이해하는 데 도움이 된다.

(통같은개념) **맥락**
말하는 이나 듣는 이 사이의 담화에 영향을 끼치는 배경이나 환경. 상황 맥락과 사회·문화적 맥락으로 나누어짐.
예 그는 대화의 맥락 을 파악하지 못하고 그 말만 계속하고 있다.

사회·문화적 맥락
역사적·사회적 환경, 가치, 신념 등에 의해 형성되는 맥락.
예 제주도 방언인 '옵디강?'을 다른 지역 사람들이 알아듣지 못하는 것은 사회·문화적 맥락 을 이해하지 못하기 때문이다.

지시 표현 (가리킬 指 + 보일 示 + 나타날 現)
무엇을 가리킴의 기능을 하는 표현.
예 '이 곰을 차선 차기로 별별 데니까 잘 막아 봐.'에서 밑줄 친 '이'나 '거기'는 어떤 대상이나 장소를 가리키는 지시 표현 이다.

확인 문제

1 빈칸에 공통으로 들어갈 단어를 초성을 바탕으로 써 보자.

- 은/는 가지고 있는 생각이나 뜻이 서로 통함을 뜻한다.
- 하는 상황에서 생각이나 뜻이 문장 단위로 나타나는 것을 '발화'라 한다.

이	사	소	통

해설_ '가지고 있는 생각이나 뜻이 서로 통함'을 뜻하는 말은 '이사소통'이고, '발화'에 못에 들어갈 말도 '이사소통'이다.

2 단어의 뜻이 찾아 선으로 이어 보자.

(1) 상황 맥락 • — • 역사적·사회적 환경, 가치, 신념 등에 의해 형성되는 맥락.

(2) 사회·문화적 맥락 • — • 말하는 이, 듣는 이, 구체적 시간과 공간, 주제와 목적 등에 의해 형성되는 맥락.

3 빈칸에 들어갈 말을 초성을 바탕으로 써 보자.

(왜~ 국이 정말 시원하네!)

(국이 뜨거운데 왜 시원하다고 하는 거지?)

뜨거운 국을 먹으며 '시원하다'라고 말하는 것을 외국인이 이상하게 생각하는 이유는 단화의

| 사 | 회 | · | 문 | 화 | 적 | 맥 | 락 |

을 이해하지 못했기 때문이다.

4 ( ) 안에 들어갈 단어를 【보기】에서 찾아 써 보자.

보기
담화   지시 표현

(1) '이' 반지가 마음에 든다.'에서 반지가 말하는 이와 가까이 있음을 알 수 있는 것은 '이'라는 (지시 표현)이 들어갔기 때문에 이상하게 생각한 것이다.

(2) 정부가 추진 중인 쓰레기 소각장 건립 때문에 주민들이 모여 (담화)의 입장 차이로 결론을 내지 못했다.

해설_ (1) '무엇을 가리킴의 기능을 하는 표현'을 뜻하는 지시 표현을 써야 한다. (2) 이사소통하는 상황에서 생각이 문장 단위로 나타나는 발화들이 모여 이루어진 담화를 써야 한다.

역사 교과서 어휘

수록 교과서 역사①
IV. 제국주의 침략과 국민 국가 건설 운동

단어와 그 뜻을 익히고, 빈칸에 알맞은 단어를 써 보자.

자유방임주의
자自 + 말미암을 由 + 놓을 放 + 맡길 任 + 주장할 主 + 뜻 義
↳ '主'의 대표 뜻은 '임금'이고, '義'의 대표 뜻은 '옳을지'.

정부의 간섭을 최소한으로 제한하고 개인의 자유를 보장해야 한다는 이론.
예 애덤 스미스는 생산자와 소비자의 자유로운 경제 활동을 보장해야 한다는 내용이 자 유 방 임 주 의 를 주장하였다.

[종합스 개념인] 방임
간섭하거나 돌보지 않고 내버려 두거나 이루어지게 내버려 둠.

적자생존
알맞을 適 + 사람 者 + 날 生 + 있을 存
↳ '生'의 대표 뜻은 '날 것'.

환경에 적응할 수 있는 생물만 살아남고, 그렇지 못한 것은 없어지는 현상.
예 19세기에 다윈은 「종의 기원」이라는 책에서 환경에 대한 적응력이 강한 생물만이 살아남는 적 자 생 존 의 원리를 주장하였다.

정당화
바를 正 + 마땅 當 + 될 化
정당성이 없거나 정당성에 의문이 있는 것을 무엇으로 둘러대어 정당한 것으로 만듦.
예 제국주의 국가들은 아프리카의 민족을 미개하므로 그들을 식민지로 삼아 문명화하는 것이 그들에게 베푸는 은혜라며 식민지 침략을 정 당 화 하였다.

조약
조목 條 + 맺을 約
↳ '條'의 대표 뜻은 '가지'인 조목(조 規정 맞맛 낱낱이 제시된 일)의 항목들을 맞춤.

국가와 국가 사이에 권리와 조건 등을 문서로 작성하여 맺은 약인한 약속.
예 1876년에 조선이 일본과 맺은 강화도 조 약 은 조선에 불리한 내용을 담고 있었다.

개항
열 開 + 항구 港
↳ '港'의 대표 뜻은 '가지'인. 조목(조 規정 낱낱이 제시된 일)의 항목을 맞춤.

외국의 배나 상품 등이 드나들 수 있도록 항구를 여는 것.
예 19세기에 영국과의 전쟁에서 패한 청은 영국에 홍콩을 넘겨주고 상하이 등 5개 항구를 개 항 하였다.

보수적
지킬 保 + 지킬 守 + ~한 상태로 되는 的

새로운 것이나 변화를 반대하고 전통적인 것을 지키려는 것.
예 19세기 후반에 조선은 개화를 주장하는 급진적 세력과 전통 질서를 지키려는 보 수 적 세력이 서로 대립하였다.

[반의어] 진보적
사회의 발전과 변화를 추구하는 것
예 우리나라 최초의 여성 서양화가인 나혜석은 여성 운동을 이끈 진보적 인물이었다.

자강
스스로 自 + 힘쓸 强

스스로 나라 이름을 떨쳐 제국으로 바꾼 뒤 군사 체제를 개혁하고 성공을 일으켜 자 강 을 피하였다.
예 조선은 나라 이름을 대한 제국으로 바꾼 뒤 군사 체제를 개혁하고 성공을 일으켜 자 강 을 피하였다.

확인 문제

정답과 해설 ▶ 31쪽

1 뜻에 알맞은 단어를 빈칸에 써 보자.

[가로 열쇠]
① 새로운 것이나 변화를 반대하고 전통적인 것을 지키려는 것.
③ 정부의 간섭을 최소한으로 제한하고 개인의 자유를 보장해야 한다는 이론.

[세로 열쇠]
② 환경에 적응할 수 있는 생물만 살아남고, 그렇지 못한 것은 없어지는 현상.

2 뜻에 알맞은 단어를 찾아 선으로 이어 보자.

(1) 스스로 함께 마음과 몸을 가다듬음. — 개항
(2) 외국의 배나 상품 등이 드나들 수 있도록 항구를 여는 것. — 자강
(3) 국가와 국가 사이에 권리와 조건 등을 문서로 작성하여 맺은 약속. — 조약

3 ( ) 안에 들어갈 단어를 [보기]에서 찾아 써 보자.

[보기] 보수적 적자생존 정당화

(1) 민주 사회에서 폭력은 어떠한 방법으로도 (정당화)될 수 없다.
(2) 우리 아버지는 (보수적)이라 민소매 옷이나 짧은 반바지를 못 입게 하신다.
(3) 텔레비전에서 본 생존 게임은 강한 자만이 살아남는 (적자생존)의 법칙을 따르고 있다.

해설 (1) '정당성'이 없거나 정당성에 의문이 있는 것을 무엇으로 둘러대어 정당한 것으로 만듦을 뜻하는 것으로 '보수적'을 쓰는 것이 알맞다. (2) '새로운 것이나 변화를 반대하고 전통적인 것을 지키려는 것'을 뜻하는 '보수적'을 쓰는 것이 알맞다. (3) '환경에 적응할 수 있는 생물만 살아남는 현상'을 뜻하는 '적자생존'을 쓰는 것이 알맞다.

수학 교과서 어휘

수록 교과서 | 수학 2
III. 부등식과 연립방정식 / IV. 함수

단어와 그 뜻을 익히고, 빈칸에 알맞은 단어를 써 보자.

대입 (代入 대신할 代 + 들어갈 入)
문자를 사용한 식에서 문자 대신에 수를 넣는 것.
예 $2x-y$에서 x 대신에 3을, y 대신에 2를 대입한 식의 값은 $2\times3-2=4$이다.

대입법 (代入法 대신할 代 + 들어갈 入 + 방법 法)
한 방정식을 하나의 미지수에 대하여 정리한 후, 다른 방정식에 대입하여 한 미지수를 없앤 후 해를 구하는 방법.
예 한 방정식을 $y=(x$에 관한 식$)$ 또는 $x=(y$에 관한 식$)$의 꼴로 바꾼 후 나머지 방정식에 대입하여 한 미지수를 없앤 후 방정식을 푸는 방법은 대입법 이다.

가감법 (加減法 더할 加 + 뺄 減 + 방법 法)
두 방정식을 변끼리 더하거나 빼어서 하나의 미지수를 없애고 구하는 방법.
예 양변에 적당한 수를 곱하여 없애려고 하는 미지수의 계수의 절댓값을 같게 한 뒤, 변끼리 더하거나 빼어 다른 미지수의 값을 구하는 연립방정식의 해를 구하는 방법은 가감법 이다.

함수 (函數 상자 函 + 셈수 數)
두 변수 x, y에 대하여 x의 값에 따라 y의 값이 오직 하나씩 정해지는 관계가 있을 때, y를 x의 함수라고 한다.
예 함수 $f(x)=3x$에서 $x=1$일 때 $f(1)=3\times1=3$은 $x=1$일 때의 y의 값 이다.

함숫값 (函數 상자 函 + 셈수 數 + 값)
함수 $y=f(x)$에서 x의 값에 따라 하나씩 정해지는 y의 값 $f(x)$.
예 함수 $f(x)=3x$에서 $x=1$일 때의 함숫값 $f(1)=3\times1=3$은 $x=1$일 때의 함숫값 이다.

일차함수 (一次函數 한 一 + 횟수 次 + 상자 函 + 셈수 數 + 값)
$y=ax+b$ $(a, b$는 상수, $a\neq0)$과 같이 y가 x에 대한 일차식으로 표시된 함수.
예 $x+5$, $-2x+3$은 일차식이므로 $y=x+5$, $y=-2x+3$은 일차함수 이다.

확인 문제

정답과 해설 ▶ 32쪽

1 뜻에 알맞은 단어를 빈칸에 써 보자.

❷대	입	법
	가	감

가로 열쇠
❶ 두 방정식을 변끼리 더하거나 빼어서 하나의 미지수를 없앤 후 연립방정식의 해를 구하는 방법.

세로 열쇠
❷ 한 방정식을 다른 방정식에 대입하여 한 미지수를 없앤 후 해를 구하는 방법.

해설 (1) $x-2y$에서 x 대신에 2를, y 대신에 1을 '대입'한 식의 값은 $2-2\times1=2-2=0$이다. (2) $y=2x-1$에서 $2x-1$은 일차식이므로 y가 x에 대한 일차함수이다. (3) x의 값에 따라 y의 값이 하나씩 정해지는 관계는 함수이다. (4) 함수 $f(x)=-x$에서 $x=1$을 대입하면 '함숫값' $f(1)=-1$이다. (같은 글자가 여러 번 쓰일 수 있음.)

2 빈칸에 들어갈 단어를 보기 의 글자를 조합해 써 보자.
보기 | 차 | 대 | 함 | 일 | 값 | 수 | 숫

(1) $x-2y$에서 x 대신에 2를, y 대신에 1을
대 입 한 식의 값은 0이다.

(2) $y=2x-1$은 y가 x에 대한
일 차 함 수 이다.

(3) 반비례 관계 $y=\dfrac{5}{x}$ 는 x의 값의 변화에
따라 y의 값이 하나씩 정해지므로 y는 x
의 함 수 이다.

(4) 함수 $f(x)=-x$에서 $x=1$일 때의
함 숫 값 은 $f(1)=-1$이다.

해설 (1) 함수 $y=-x+3$에서 $-x+3$은 일차식이므로 y가 x에 대한 일차함수이다. (2) $x=4$일 때의 함숫값은 y가 x에 대한 일차함수이다. (3) 두 변수 x, y에 대하여 x의 값에 따라 y의 값이 오직 하나씩 정해지는 관계가 있을 때 y를 x의 함수라고 한다.

3 ( ) 안에 알맞은 단어를 보기 에서 찾아 써 보자.
보기 | 함수 | 함숫값 | 일차함수

(1) y가 x에 대한 일차식으로 함수 $y=-x+3$은 (일차함수)이다.

(2) 함수 $y=f(x)$에서 $x=4$일 때의 y의 값 $f(4)$를 (함숫값)(이)라고 한다.

(3) 두 변수 x, y에 대하여 x의 값에 따라 y의 값이 오직 하나씩 정해지므로 y를 x의 (함수)(이)라고 한다.

수록 교과서 과학 2 | III. 태양계

✏️ 단어와 그 뜻을 익히고, 빈칸에 알맞은 단어를 써 보자.

단어의 공전 公 공평할 공 + 轉 회전할 전	단어가 일정한 주기로 지구 주위를 돌고 있는 것. 예 달의 공전 방향은 서쪽에서 동쪽이다.
일식 日 해 일 + 蝕 갉아 먹을 식	지구와 태양 사이에 달이 있을 때, 달이 태양을 가려 태양의 전체 또는 일부가 보이지 않는 현상. 예 태양이 완전히 가려지는 현상을 개기 일식, 태양의 일부가 가려지는 현상을 부분 일식이라고 한다.
월식 月 달 월 + 蝕 갉아 먹을 식	태양과 달 사이에 지구가 있을 때, 지구의 그림자가 달을 가려 달의 전체 또는 일부가 보이지 않는 현상이다. 예 월식은 태양-지구-달의 위치로 배열되어 지구의 그림자에 달이 가려지는 현상이다.
행성 行 다닐 행 + 星 별 성	움직이는 별로, 태양 주위를 도는 수성, 금성, 지구, 화성, 목성, 토성, 천왕성, 해왕성의 8개 천체를 말한다. 예 태양계 행성은 태양 주위를 공전하며 스스로 빛을 내지 않는 천체. [플러스 개념] 위성: 행성 주위를 도는 천체. 8개의 태양계 행성 중 수성과 금성을 제외한 6개의 행성이 위성을 가지고 있음.
내행성 內 안 내 + 行 다닐 행 + 星 별 성	지구보다 태양 안쪽에서 태양 주위를 돌고 있는 행성. 수성과 금성. 예 내행성인 수성과 금성은 위성을 거느리고 있지 않다.
외행성 外 바깥 외 + 行 다닐 행 + 星 별 성	지구보다 태양 바깥쪽에서 태양 주위를 돌고 있는 행성. 화성, 목성, 토성, 천왕성, 해왕성. 예 외행성인 목성은 태양계의 행성 중 크기가 가장 크다.
지구형 행성 地 땅 지 + 球 공 구 + 모양 형 + 星 별 성	지구와 물리적 특징이 비슷한 행성인 수성, 금성, 지구, 화성. 예 지구형 행성인 수성, 금성, 지구, 화성은 크기와 질량이 작고 표면이 단단한 암석으로 이루어져 있다.
목성형 행성 木 나무 목 + 星 별 성 + 모양 형 + 星 별 성	목성과 물리적 특징이 비슷한 행성인 목성, 토성, 천왕성, 해왕성. 예 목성형 행성인 목성, 토성, 천왕성, 해왕성은 크기와 질량이 크고 표면이 단단하지 않아 여전히 단단한 표면이 없다.

확인 문제

정답과 해설 ▶ 33쪽

1 뜻에 알맞은 단어를 찾아 선으로 이어 보자.

(1) 달이 일정한 주기로 지구 주위를 돌고 있는 것. · · 일식

(2) 지구의 그림자가 달을 가려 달의 전체 또는 일부가 보이지 않는 현상. · · 월식

(3) 달이 태양을 가려 태양의 전체 또는 일부가 보이지 않는 현상. · · 단어의 공전

2 빈칸에 들어갈 단어를 보기 의 글자를 조합해 써 보자.(같은 글자가 여러 번 쓰일 수 있음.)

보기 | 외 | 행 | 성 | 내 | 행 | 성 | 의 | 행 | 성 |

(1) 지구보다 안쪽에서 태양 주위를 돌고 있는 행성은 | 내 | 행 | 성 | 이다.

(2) 지구보다 바깥쪽에서 태양 주위를 돌고 있는 행성은 | 외 | 행 | 성 | 이다.

(3) | 행 | 성 | 은/는 태양 주위를 공전하며 태양 주위를 돌고 있는 천체.

해설 | (1) 지구보다 안쪽에서 태양 주위를 돌고 있는 행성을 '내행성'이라고 한다. (2) 지구보다 바깥쪽에서 태양 주위를 돌고 있는 행성을 '외행성'이라고 한다. (3) 태양 주위를 공전하며 스스로 빛을 내지 않는 천체는 행성이다.

3 설명하고 있는 대상에 알맞은 단어를 빈칸에 써 보자.

(1)
• 물리적 특징이 지구와 비슷한 행성이다.
• 크기와 질량이 작고 표면이 단단하다.
• 수성, 금성, 지구, 화성이 포함된다.

→ | 지 | 구 | 형 | 행 성

(2)
• 물리적 특징이 목성과 비슷한 행성이다.
• 크기와 질량이 크고 단단하지 않다.
• 목성, 토성, 천왕성, 해왕성이 포함된다.

→ | 목 | 성 | 형 | 행 성

해설 | (1) 지구와 비슷한 물리적 특징을 가진 행성은 '지구형 행성'이다. (2) 목성과 물리적 특징이 비슷한 행성은 '목성형 행성'이다.

한자 어휘
分(분), 配(배)가 들어간 단어

分 나눌 분
分(別의 대표 뜻인데나임)

配 나눌 배

분(分)은 주로 '나누다', '베풀어 주다'라는 뜻으로 쓰여. 분(分)이 '인연'이나 '운명'의 뜻으로 쓰일 때도 있어.

배(配)는 주로 '나누다'라는 뜻으로 쓰여. 배(配)가 '짝'이라는 뜻으로 쓰일 때도 있어.

단어와 그 뜻을 익히고, 빈칸에 알맞은 단어를 써 보자.

분리
나눌 分+떨어질 離
서로 나누어 떨어지거나 떨어지게 함.
예 이번에 집을 조건에서 주방과 거실을 구분하여 분 리 했더니 집이 훨씬 넓어 보인다.

연분
인연 緣+인연 分
'분(分)이 '인연'이라는 뜻으로 쓰였어. '인연은 사람들 사이에 맺어지는 관계'란 뜻이야.
서로 관계를 맺게 되는 인연.
예 그와 한 번쯤은 마주칠 법도 한데 도저히 연 분 이 닿지 않는다.

안분지족
편안할 安+분수 分+알 知+만족할 足
'분(分)이 '분수'라는 뜻으로 쓰였어. '분수는 자기 신분에 맞는 한도'란 뜻이야.
편안한 마음으로 제 분수를 지키며 만족할 줄 아는
예 우리 주위에는 물질에 집착하지 않고 주어진 것에 만족을 좀 아는 안 분 지 족 의 삶을 실천하는 분들이 많이 있다.

배정
나눌 配+정할 定
나누어 몫을 정함.
예 선생님께서는 우리들을 각 방마다 다섯 명씩 배 정 하셨다.

천생배필
하늘 天+날 生+짝 配+짝 匹
'배(配)가 '짝'이라는 뜻으로 쓰였어.
하늘에서 미리 정해 준 짝.
예 유치원 친구로 만나 결혼까지 하게 된 것을 보면 하늘이 맺어 준 천 생 배 필 인 것 같다.

정답과 해설 ▶34쪽

확인 문제

1 뜻에 알맞은 단어를 찾아 선으로 이어 보자.
(1) 나누어 몫을 정함.
(2) 하늘에서 미리 정해 준 짝.
(3) 서로 관계를 맺게 되는 인연.
(4) 서로 나누어 떨어지거나 떨어지게 함.

- 분리
- 배정
- 연분
- 천생배필

2 대화의 ( ) 안에 들어갈 단어를 보기에서 찾아 써 보자.

보기
천생배필 연분 천생연분 안분지족

배로 (안분지족) 이야. 편안한 마음으로 제 분수를 지키며 만족할 줄을 아는.

보기에는 '인연'이나 '짝'과 관계가 없는 단어가 하나 있어. 그게 뭘까?

해설 | 하늘에서 미리 정해 준 짝을 뜻하는 '천생배필', '서로 관계를 맺게 되는 인연'을 뜻하는 '천생연분'은 모두 '인연'이나 '짝'과 관련된 말이지만, '안분지족'은 편안한 마음으로 제 분수를 지키며 만족할 줄 아는 삶의 태도와 관련된 말이다.

3 빈칸에 들어갈 단어를 보기의 글자를 조합해 써 보자. (같은 글자가 여러 번 쓰일 수 있음.)

보기
지 분 배 리 정

(1) 훈련을 마친 선수들은 각자 배 정 된 숙소로 돌아갔다.
(2) 토론 대회 참석자들이 서로 마주 보도록 배 치 되었다.
(3) 각종 생활 쓰레기를 줄이기 위해 쓰레기는 재질에 따라 잘 분 리 해서 버려야 한다.

해설 | (1) 나누어 몫을 정함'을 뜻하는 '배정'을 써야 한다. (2) '사람이나 물자를 일정한 자리에 나누어 둠'을 뜻하는 '배치'를 써야 한다. (3) '서로 나누어 떨어지거나 떨어지게 함'을 뜻하는 '분리'를 써야 한다.

3주차 5회

영문법 어법

비교

비교란 두 대상 간의 크기, 형태, 모양, 성질 등을 견주는 것을 나타내는 말이야. '원급', '비교급'과 열등비교, 최상급이 있는데 우열이 있을 때 사용하고 동등할 때 사용하는 동등할 때 사용하는 것은 최상급이 있어. 이제 그 뜻과 예를 공부해 보자.

✏️ **단어와 그 뜻을 익히고, 빈칸에 알맞은 단어를 써 보자.**

the positive degree
원급
원급 原 + 등급 級

비교 대상이 서로 동등할 때 사용하는 형용사나 부사를 가리키는 말. 동등비교라고도 하며 「as+형용사/부사+as」의 형태로 '~만큼 ~하다'라는 의미를 가짐.
- **Tom is as kind as James.** (Tom은 James만큼 친절하다.)
  as kind as에서 kind는 **원급**
- 예) "Horses run as fast as cheetahs.(말은 치타만큼 빠르게 달린다.)"에서 as fast as 동등비교이며 fast는 **원급** 부사이다.

comparative degree
비교급
비교 比 + 견줄 較 + 등급 級

비교 대상에서 상대적으로 우등하다는 것을 나타내는 형용사나 부사를 가리키는 말. 보통 「원급+than」의 형태로 '~보다 더'라는 의미를 가짐.
- **Tom is kinder than James.** (Tom은 James보다 더 친절하다.)
  kinder than에서 kinder는 **비교급** 형용사
- 예) "Cheetahs run faster than horses.(치타는 말보다 더 빨리 달린다.)"에서 faster는 **비교급** 부사이다.

inferior comparative
열등비교
못할 劣 + 같을 等 + 견줄 比 + 견줄 較

우등비교와 반대되는 것으로, 비교 대상에서 상대적으로 열등하다는 것을 나타내는 형용사나 부사를 가리키는 말. 보통 앞에 not을 붙여 만듦.
- **Tom is not kinder than James.** (Tom은 James보다 덜 친절하다.)
- 예) "Horses don't run faster than cheetahs.(말은 치타보다 더 빨리 달리지 못한다.)"에서 not faster는 **열등비교** 부사이다.

superlative degree
최상급
가장 最 + 윗 上 + 등급 級

셋 이상의 비교 대상에서 최고를 나타내는 형용사나 부사를 가리키는 말. 보통 「the+원급+est」의 형태로 '가장 ~한'이라는 의미를 가짐.
- **Tom is the kindest in the classroom.** (Tom은 교실에서 가장 친절하다.)
  the kindest에서 kindest가 **최상급** 형용사에서 가장 친절하다.
- 예) "Cheetahs run fastest in the field.(들판에서 치타가 가장 빨리 달린다.)"에서 fastest는 **최상급** 부사이다.

클리스 개념 more 비교급
다소 철자가 긴 형용사에는 어미에 er를 붙이지 않고 more를 이용하여 비교급을 만듦.
예) This flower is more beautiful than that flower. (이 꽃은 저 꽃보다 더 아름답다.)

클리스 개념 most 최상급
다소 철자가 긴 형용사에는 어미에 est를 붙이지 않고 most를 이용하여 최상급을 만듦.
예) This flower is the most beautiful in the garden. (이 꽃은 그 정원에서 가장 아름답다.)

78 어휘가 문해력이다

확인 문제

1 뜻에 알맞은 단어를 글자판에서 찾아 묶어 보자.(단어는 가로, 세로, 대각선 방향에서 찾기)

① 동등한 비교를 나타낼 때 사용하는 형용사나 부사를 가리키는 말.
② 상대적으로 더 우등함을 나타낼 때 사용하는 형용사나 부사를 가리키는 말.
③ 상대적으로 더 열등함을 나타낼 때 사용하는 형용사나 부사를 가리키는 말.
④ 비교 대상 중 최고임을 나타낼 때 사용하는 형용사나 부사를 가리키는 말.

저	등	상	교	**원**	급
장	상	교	매	급	교
장	우	교	열	등	등
비	비	등	등	비	정
교	최	상	급	교	비

2 단어가 나타내고 있는 비교를 찾아 선으로 이어 보자.

(1) long(긴) ——————— 원급

(2) longer(더 긴) ——————— 최상급

(3) longest(가장 긴) ——————— 비교급

(4) not longer (더 길지 않은) ——————— 열등비교

해설 ((1) long(긴)은 동등비교에 사용되는 원급이다. (2) longer(더 긴)는 상태보다 더 길다는 비교급이다. (3) longest(가장 긴)은 셋 이상의 비교 대상에서 최고를 나타내는 최상급이다. (4) not longer(더 길지 않은)는 longer와 반대되는 것으로 열등비교를 나타낸다.

3 밑줄 친 부분이 어떤 비교를 나타내고 있는지 [보기]에서 찾아 써 보자.

보기			
열등비교	비교급	원급	최상급

(1) Come as **quickly** as you can.(가능한 한 빨리 오라.) → (원급)

(2) Mt. Everest is the **highest**.(에베레스트 산이 제일 높다.) → (최상급)

(3) I am **not stronger** than you.(나는 너보다 더 강하지 않다.) → (열등비교)

(4) Spain is **larger** than Portugal.(스페인은 포르투갈보다 크다.) → (비교급)

해설 (1) as와 as 사이에서 동등비교를 하면 quickly는 원급이다. (2) 원급에 est가 붙어 있으므로 최상급이다. (3) 비교 stronger 앞에 not이 있으므로 열등비교이다. (4) 원급에 er이 붙어 있으므로 비교급이다.

중학 2학년 1학기 79

3주차 어휘력 테스트

3주차 1~5회에서 공부한 단어를 떠올리며 문제를 풀어 보자.

국어

1 ( ) 안에서 알맞은 단어를 골라 ○표 해 보자.
(1) (형태소, 음운): 뜻을 가진 가장 작은 말의 단위.
(2) 음절: 독립하여 (발음, 표기)할 수 있는 가장 작은 소리의 단위.
(3) 대표음: (첫소리, 받침소리)로 'ㄱ, ㄴ, ㄷ, ㄹ, ㅁ, ㅂ, ㅇ'의 7개의 자음만 발음되는 것.

해설 | (1) 뜻을 가진 가장 작은 말의 단위는 '형태소'이다. '음운'은 말의 뜻을 구별해 주는 소리의 가장 작은 단위이다.
(2) 음절은 독립하여 발음할 수 있는 가장 작은 소리의 단위이다. (3) '대표음'은 받침소리로 'ㄱ, ㄴ, ㄷ, ㄹ, ㅁ, ㅂ, ㅇ'의 7개의 자음만 발음되는 것이다.

사회

2 밑줄 친 말과 바꿔 쓸 수 있는 단어를 골라 ○표 해 보자.
㉠사회의 변화와 발전을 추구하는 세력 중에는 사회 구성원이 적응할 수 있도록 변화와 발전의 속도가 ㉡조금씩 앞으로 나아가는 것을 원하는 이들이 있었다.

(1) ㉠ → (진보적, 보수적)   (2) ㉡ → (급진적, 점진적)

해설 | (1) '사회의 변화와 발전을 추구하는'을 통해 ㉠에 들어갈 단어는 '진보적'이다. (2) '조금씩 앞으로 나아가는'을 통해 ㉡에 들어갈 단어는 '점진적'이다.

과학

3 보기의 ㉠~㉢에 들어갈 단어를 순서대로 짝지은 것은? (⑤)

보기
• 계절이 변화는 지구의 (㉠)으로 인해 생긴다.
• 옛날에는 태양이 (㉡)이 나타나면 나라에 어려운 일이 생긴다고 믿었다.
• 지구에서 볼 때 달은 맞, 삭, 상현, 하현 등의 여러 가지 모양으로 나타나는데, 이를 달의 (㉢)(이)라고 한다.

① 자전, 월식, 위상   ② 자전, 일식, 변모   ③ 공전, 월식, 위상
④ 공전, 월식, 변모   ⑤ 공전, 일식, 위상

해설 | 계절의 변화는 지구의 '공전'으로 인해 생긴다. ㉡ 태양이 달에 가려지는 현상을 '일식'이라고 한다. '월식'은 달이 지구의 그림자에 의해 가려지는 현상이다. ㉢ 지구와 달, 그리고 태양의 위치에 따라 달라지는 달의 모양 변화를 달의 '위상'이라고 한다.

한자

4 빈칸에 보기의 뜻을 가진 단어를 초성을 바탕으로 써 보자.

보기
편안한 마음으로 제 본분을 지키며 만족함을 즐김 앞.

더 좋은 것을 누리려고 경쟁하는 사회에 실제에서 [안 분 지 족]의 도를 지키는 것은 쉽지 않은 일이다.

해설 | '편안한 마음으로 제 본분을 지키며 만족함을 즐김 앞'을 뜻하는 단어는 '안분지족'이다.

국어

5 ( ) 안에서 알맞은 단어를 골라 ○표 해 보자.
말하는 이, 듣는 이, 구체적 시간과 공간, 주제와 목적 등에 따라 형성되는 것은 (상황, 사회·문화적) 맥락이고, 역사적·사회적 환경, 가치, 신념 등에 의해 형성되는 것은 (상황, 사회·문화적) 맥락이다.

해설 | (1) '상황' 맥락은 말하는 이, 듣는 이, 구체적 시간과 공간, 주제와 목적 등에 따라 형성되는 맥락을 뜻한다. (2) '사회·문화적' 맥락은 역사적·사회적 환경, 신념 등에 의해 형성되는 맥락을 뜻한다.

사회

6 빈칸에 알맞은 단어를 조성을 바탕으로 써 보자.
(1) [자 연 선 택]은 환경에 적응할 수 있는 생물만 살아남고, 그렇지 못한 것은 없어지는 현상을 뜻한다.
(2) [제 국 주 의]는 힘이 강한 나라가 군사력과 경제력을 앞세워 힘이 약한 나라를 식민지로 삼는 정체를 뜻한다.

해설 | (1) 환경에 적응할 수 있는 생물만 살아남는 현상을 뜻하는 단어는 '자연선택'이다. (2) 힘이 강한 나라가 군사력과 경제력을 앞세워 힘이 약한 나라를 식민지로 삼는 정체를 뜻하는 단어는 '제국주의'이다.

수학

7 ( ) 안에 들어갈 단어를 보기에서 골라 써 보자.

보기
이항   일차부등식   연립방정식

(1) $2x^2+4x+1<3x+2x^2$에서 우변의 항을 (이항)하여 정리하면, $2x^2-2x^2+4x-3x+1<0$, $x+1<0$이므로 (일차부등식)이다.

(2) $\begin{cases} x-2y=-3 \\ 2x+y=4 \end{cases}$ 는 미지수가 x, y인 두 방정식을 묶어 놓은 것으로 (연립방정식)이다.

해설 | (1) 우변의 항을 좌변으로 부호를 바꿔 옮기는 것을 '이항'이라고 한다. '0'을 기준으로 있으므로 일차부등식이다. $x+1<0$이므로 미지수가 x가 일차인 일차부등식이다. (2) 두 개의 일차방정식을 하나로 묶어 나타내는 것을 연립방정식이다.

영문법

8 밑줄 친 단어에 대한 설명이 알맞으면 ○표, 알맞지 않으면 ✕표 해 보자.
(1) 최상급은 셋 이상의 비교 대상에서 최고를 나타내는 형용사나 부사를 가리키는 말로, 보통 'the+원급est_'의 형태로 만든다. (○)
(2) 비교급은 비교 대상에서 상대적으로 우등하다는 것을 나타내는 형용사나 부사를 가리키는 말로, 보통 '원급+er+than_의 형태로 만든다. (○)
(3) 원급은 비교 대상에서 상대적으로 열등하다는 것을 나타내는 형용사나 부사를 가리키는 말로, 'as+형용사/부사+as_의 형태로 만든다. (✕)

해설 | (3) 원급은 비교 대상이 서로 동등할 때 사용하는 형용사나 부사를 가리키는 것이다.

어휘가
문해력
이다

중학 2학년 1학기

4주차 정답과 해설

국어 교과서 어휘

수록 교과서 국어 2-1
듣기·말하기 - 공감하며 대화하기

단어와 그 뜻을 익히고, 빈칸에 알맞은 단어를 써 보자.

공감 (한가지 共 + 느낄 感)
다른 사람의 의견, 감정, 주장 등에 대하여 자기도 그렇다고 느끼는 기분.
예 고난을 이겨 낸 그의 솔직한 시련은 많은 사람들에게 **공감**을 불러일으켰다.

> **핵심 개념어 공감하며 대화하기**
> 상대방의 감정을 같이 느끼고 이해하고 상대방의 입장에서 문제를 바라보며 협력적으로 소통하기 위한 대화를 말함.

관점 (볼 觀 + 점 點)
사물이나 현상을 보고 생각하는 개인의 태도나 입장.
예 UFO를 바라보는 **관점**은 여러 가지가 있기 때문에 어느 한쪽의 주장에 치우치는 것은 바람직하지 않다.

신뢰감 (믿을 信 + 의뢰할 賴 + 느낄 感)
서로 믿고 의지하는 마음.
예 그는 부지런하고 성실해서 사람들이 **신뢰감**을 얻고 있다.

유대감 (끌 紐 + 띠 帶 + 느낄 感)
서로 밀접하게 연결되어 있는 공통된 느낌.
예 같은 취미를 가진 친구들끼리는 서로 가까이 연결되어 있다는 **유대감**을 느끼게 된다.

> **핵심 개념어 공감하며 대화하기의 효과**
> 대화 상대방과의 신뢰감과 유대감을 형성할 수 있음. 원만한 인간관계를 형성하고 유지할 수 있음.

재진술하기 (두 再 + 말할 陳 + 말할 述)
대화할 때 상대방이 이야기한 내용을 나의 말로 바꾸어 다시 말해 주는 것.
예 밤늦게까지 공부하다가 오히려 시험을 망쳤다며 하소연하는 친구에게 "잠을 못 자 시험 시간에 집중을 못했구나"라며 친구가 한 말을 요약하여 다시 말해 주는 것을 **재진술 하기** 라고 한다.

> **핵심 개념어 진술**
> 어떤 일이나 상황을 자세하게 이야기함. 또는 그런 이야기.

건성
진지한 자세나 성의 없이 대충 하는 태도.
예 다른 사람의 말을 **건성** 으로 듣는 태도는 대화하는 상대방의 기분을 망치게 한다.

닦달하다
다른 사람을 단단히 윽박질러 나무라다.
예 그는 약속 장소로 빨리 나오라고 **닦달** 했다.

> **핵심 개념어 윽박지르다**
> 심하게 짓눌러 기를 꺾다.

확인 문제

1 뜻에 알맞은 단어를 글자판에서 찾아 묶어 보자. (단어는 가로, 세로, 대각선 방향에서 찾기)

① 서로 굳게 믿고 의지하는 마음.
② 서로 밀접하게 연결되어 있는 공통된 느낌.
③ 상대방이 이야기한 내용을 나의 말로 바꾸어 다시 말해 주는 것.
④ 다른 사람의 의견, 감정, 주장 등에 대하여 자기도 그렇다고 느낌. 또는 그렇게 느끼는 기분.

2 밑줄 친 단어의 뜻을 골라 ○표 해 보자.

(1) 그는 내 말에 답은 하지 않고 건성으로 진심으로 고개만 끄덕거렸다.
　① 긴장으로 굳은 태도로 ( )
　② 성의 없이 대충 하는 태도로 (○)

(2) 어른들이 아이를 닦달한다고 해서 아이가 늘 어른의 뜻대로 하는 것은 아니다.
　① 끈덕지게 자꾸 요구한다고 ( )
　② 단단히 윽박질러서 혼을 낸다고 (○)

해설 (1) 건성은 진지한 자세나 성의 없이 대충 하는 태도를 뜻한다. (2) '닦달하다'는 '다른 사람을 단단히 윽박질러 나무라다'라는 뜻이다.

3 ( ) 안에서 알맞은 단어를 골라 ○표 해 보자.

(1)
세상을 어떻게 보느냐의 (중점, 관점)에 따라 낙관주의자나 비관주의자가 될 수 있어.

(2)
상대방의 말을 들을 때도 크게 고개를 끄덕이면 (공감, 반대) 한다는 반응을 보이는 것이 좋아.

(3)
우리는 피부색이나 언어는 다 다르지만 끈끈한 (자신감, 유대감)을 가진 공동체.

해설 (1) 세상을 보는 태도나 방향이란 뜻을 포함하고 있으므로 '사물이나 현상을 보고 생각하는 개인의 태도나 입장'을 뜻하는 '관점'이 어울린다. '중점'은 가장 중요하게 여겨야 할 점이란 뜻이다. (2) 고개를 끄덕이는 것은 상대방의 의견에 동의하거나 긍정하는 태도나 입장을 뜻하는 것이므로 '공감'이 어울린다. (3) 공동체가 서로 끈끈하게 연결되어 있다는 것은 '서로 밀접하게 연결되어 있는 공통된 느낌'이란 뜻의 '유대감'이 어울린다.

4주차 1회

역사 교과서 어휘

수록 교과서 **역사 ①**
V. 세계 대전과 사회 변동

✎ 단어와 그 뜻을 읽고, 빈칸에 알맞은 단어를 써 보자.

대공황
큰 大 + 두려울 恐 +
어리둥절할 慌

세계적으로 일어나는 큰 규모의 경제 공황. 준히 1929 년에 발생한 세계적인 공황을 이름.
└ 세계적인 경제 **대 공 황** 으로 인해 많은 실업자가 생겨 사회 불안이 커졌다.

단어쏙쏙 공황
① 두려움이나 공포로 갑자기 생기는 심리적 불안 상태.
② 경제 순환 과정에서 나타나는 경제 혼란의 현상.

전제 군주
마음대로 專 + 지을 制 +
임금 君 + 임금 主
└ '專'의 대표 뜻은 '오로지'임

국가 권력을 배성의 뜻이나 법률에 제약을 받지 않고 마음대로 행사하는 정치를 하는 군주.
└ 한 국가에 대해 절대적 통치권을 가진 **전 제 군 주** 는 행정, 정치, 경제 등 국가의 모든 방향을 결정한다.

민족 자결주의
백성 民 + 겨레 族 +
스스로 自 + 결단할 決 +
주장 主 + 뜻 義
└ '義'의 대표 뜻은 '옳을·의'임

한 민족이 다른 민족이나 국가의 간섭을 받지 않고 해당 민족 스스로가 결정해야 한다는 주장.
└ 제차 세계 대전 이후에 미국의 윌슨 대통령은 한 민족이 그 국가의 독립 문제를 스스로 결정하게 하는 **민 족 자 결 주 의** 를 주장하였다.

군국주의
군사 軍 + 나라 國 +
주장 主 + 뜻 義

국가가 가장 중요한 목적을 군대의 병력에 의한 대외적 발전에 두고, 전쟁과 그 준비를 위한 정치나 제도를 국민 생활 속에서 최상위에 두려는 주장.
└ 군대가 활동한 지위를 차지하는 **군 국 주 의** 사회에서는 전쟁 준비를 위한 정책을 최상위에 둔다.

참정권
참여할 參 + 정사 政 + 권리 權
└ '參'의 대표 뜻은 '참여할'임

국민이 정치에 직접 또는 간접으로 참여할 수 있는 권리.
└ 여성의 사회적 경제적 참여가 늘어나면서 여성의 **참 정 권** 이 확대되어 점차 민주적인 제도들이 확립되었다.

여론
뜻볼 輿 + 의논할 論

남의 권리나 인격을 마구 억누르거나 짓밟음.
└ 제2차 세계 대전 중에 독일과 일본은 의해자 지식을 얻는다며 살이 있는 사람을 상대로 실험을 하는 인연 **유 린** 을 자행하였다.

학살
모질 虐 + 죽일 殺

사람을 가혹하게 마구 죽임.
└ 유럽 각지의 수용소에서 나치스는 600만 명이 넘는 유대인을 **학 살** 하였다.

확인 문제

정답과 해설▶ 39쪽

1 단어의 뜻을 **보기** 에서 찾아 사다리를 타고 내려간 곳에 기호를 써 보자.

보기
㉠ 세계적으로 일어나는 큰 규모의 경제 공황. →대공황
㉡ 남의 권리나 인격을 마구 억누르거나 짓밟음. →유린
㉢ 국가 권력을 배성의 뜻이나 법률에 제약을 받지 않고 마음대로 행사하는 정치를 하는 군주. →전제 군주
㉣ 국가의 가장 중요한 목적을 군대의 병력에 의한 대외적 발전에 두고, 전쟁과 그 준비를 위한 정치
나 제도를 국민 생활 속에서 최상위에 두려는 주장. →군국주의

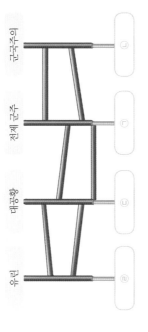

유린　　　대공황　　　전제 군주　　　군국주의

㉣　　　㉢　　　㉡　　　㉠

2 뜻을 참고하여 빈칸에 들어갈 단어를 써 보자.

(1) 아우슈비츠 수용소 사진들은 전쟁의 참혹함을 **학 살** 생생하게 보여 주고 있다.
　사람을 가혹하게 마구 죽임.

(2) 3·1 운동은 정치적 운명을 민족 스스로 결정할 권리가 있다는 **민 족 자 결 주 의** 정신의 영향을 받아섰다.
　한 민족이 해당 민족 스스로가 결정으로 참여할 수 있는 권리.

(3) 과거에는 일부 특권 계층에게만 **참 정 권** 이 부여되었으나, 인권 선언을 계기로 일반 국민들에게도 부여되었다.
　국민이 정치에 직접 또는 간접으로 참여할 수 있는 권리.

3 ( )안에서 알맞은 단어를 골라 ○표 해 보자.

(1) 인간의 인격과 존엄성을 (**유린**, 유발)하는 고문은 법으로 금지되있다.
(2) (**전제 군주**, 전제 군주)는 전쟁으로 군주의 영향력을 행사하려 병력을 바른말을 하는 학자를
　음살하는 경향이 있었다.

수학 교과서 어휘

속독 교과서 수학2 | IV. 함수

단어와 그 뜻을 익히고, 빈칸에 알맞은 단어를 써 보자.

좌표축 座標軸
자리 座 + 표할 標 + 축 軸
~에 대표 또는 표준

좌표를 만드는 기준이 되는 축.
예 두 수직선이 점 O에서 서로 수직으로 만날 때, 가로의 수직선을 x축, 세로의 수직선을 y축이라 하고, 이 두 축을 좌 표 축 이라고 한다.

좌표평면 座標平面
자리 座 + 표할 標 + 평평할 平 + 면 面
~면 평면 뜻

좌표축이 정해져 있는 평면으로, x축과 y축으로 이루어진 평면.
예 두 좌표축이 만나는 점 O를 원점이라고 할 때, 좌표축이 정해져 있는 평면이 좌 표 평 면 이다.

순서쌍 順序 쌍
순서順 + 차례序 + 쌍雙
순서[順]에 대표 순서임

두 수의 순서를 정하여 짝지어 나타낸 것으로, 수나 문자의 순서를 정하여 짝지어 나타낸 쌍.
예 순서가 있는 두 수를 짝지어 괄호 안에 나타낸 것을 순 서 쌍 이라 하고, 좌표평면에서는 (x좌표, y좌표)로 나타낸다.

사분면 四分面
넷 四 + 나눌 分 + 면 面
~面 대표 평면

좌표평면이 x축과 y축에 의해 나누어지는 네 부분으로, 각각 제1사분면, 제2사분면, 제3사분면, 제4사분면이라고 함.
예 점 A(1, 2)는 제 사분 면에 속하는 점이고, 점 B(−3, 1)은 제 2사 분 면에 속하는 점이다.

평행이동 平行移動
평행할平 + 나아갈行 + 옮길移 + 움직일動
~평행이동 옮김

좌표평면에서 한 도형 위의 모든 점을 일정한 거리만큼 옮기는 것.
예 $y=x+3$의 그래프는 $y=x$의 그래프를 y축의 양의 방향으로 3만큼 평 행 이 동 한 것이다.

확인 문제

정답과 해설 ▶ 40쪽

1 뜻에 알맞은 단어를 글자판에서 찾아 묶어 보자. (단어는 가로, 세로, 대각선 방향에서 찾기)

평	면	행	좌	표	축
사	면	좌	행	이	지	상
보	분	이	점	순	동

① 좌표를 만드는 기준이 되는 축.
② 수나 문자의 순서를 정하여 짝지어 나타낸 쌍.
③ 좌표평면이 x축과 y축에 의해 나누어지는 네 부분.
④ 좌표평면에서 한 도형 위의 모든 점을 일정한 방향으로 일정한 거리만큼 옮기는 것.

2 ( )안에 들어갈 단어를 보기에서 찾아 써 보자.

보기
x축	좌표평면	y축	사분면

(1) 좌표축이 정해져 있는 평면을 (좌표평면)이라고 한다.
(2) 두 좌표축에 의하여 나누어지는 네 부분을 (사분면)이라고 한다.
(3) 두 수직선이 원점 O에서 서로 수직으로 만날 때, 가로의 수직선을 (x축), 세로의 수직선을 (y축)이라고 한다.

해설 | (1) 좌표축이 정해져 있는 평면은 '좌표평면'이다. (2) 좌표평면이 두 좌표축에 의해 나누어지는 네 부분을 '사분면'이라고 한다. (3) 두 수직선이 원점 O에서 서로 수직으로 만날 때, 가로의 수직선을 'x축', 세로의 수직선을 'y축'이라고 한다.

3 문장에서 밑줄 친 단어의 쓰임이 알맞으면 ○표, 알맞지 않으면 ×표 해 보자.

(1) 점 (−1, 3)의 x좌표는 음수, y좌표는 양수이므로 제4사분면 위의 점이다. (×)
(2) 점 (3, −5)의 x좌표는 양수, y좌표는 음수이므로 제3사분면 위의 점이다. (×)
(3) 점 (−2, −2)의 x좌표와 y좌표가 모두 음수이므로 제3사분면 위의 점이다. (○)
(4) $y=-x+2$의 그래프는 $y=-x$의 그래프를 y축의 양의 방향으로 2만큼 평행이동한 것이다. ( )

해설 | (1) 점 (−1, 3)의 x좌표는 음수, y좌표는 양수이므로 제2사분면 위의 점이다. (2) 점 (3, −5)의 x좌표는 양수, y좌표는 음수이므로 제4사분면 위의 점이다.

단어와 그 뜻을 익히고, 빈칸에 알맞은 단어를 써 보자.

수록 교과서 과학 2
III. 태양계 / IV. 식물과 에너지

광구 光球 빛光+공球
태양의 빛나는 둥근 표면.
예 지구에서 태양을 볼 때 [광구]의 온도는 약 6000K(켈빈도)이다.

흑점 黑點 검을黑+점點
태양의 표면보다 온도가 낮아 검게 보이는 부분.
예 [흑점]은 일정한 수명을 가지고 있어 만들어진 후 모양과 위치가 변하다가 소멸한다.

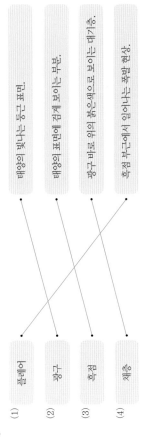
광구
흑점

채층 彩層 채색彩+층層
광구 바로 위의 붉은색으로 보이는 대기층.
예 [채층]은 광구에 비해 시각적으로 투명하며 채층의 바깥에 코로나가 있다.

코로나
진줏빛으로 보이는 태양 대기의 가장 바깥층.
예 평상시 태양 코로나를 관측할 때는 볼 수 없지만 개기 일식 때 태양이 달에 가려지면서 그 둘레에 백색으로 빛나는 부분이 보이는데, 이것이 [코로나]이다.

플레어
주로 흑점 부근에서 일어나는 폭발 현상.
예 [플레어]의 에너지원은 자기장의 에너지에 의한 것으로 추정된다.

홍염 紅焰 붉을紅+불꽃焰
태양 표면 위에서 폭발적으로 가스가 뿜어져 나오는 현상.
예 태양 활동 현상 중의 하나로 마치 태양의 불꽃이 올라오는 것처럼 보여 [홍염]이라고 이름 붙여졌다.

자기 폭풍 磁氣暴風 자석磁+기운氣+사나울暴+바람風
지구 자기장이 갑자기 불규칙하게 일시적으로 변하는 현상. 태양 표면의 폭발과 함께 전하를 띤 수많은 입자들이 쏟아지면서 이들로 인해 [자기 폭풍]은 태양 표면에서 폭발이 일어날 때 발생한 수많은 입자가 지구의 자기장이 감자기 변하는 현상이다.

광합성 光合成 빛光+합할合+이룰成
식물이 빛에너지를 이용하여 물과 이산화 탄소로부터 포도당과 산소를 만드는 과정.
예 식물은 [광합성]을 통해 스스로 양분을 만든다.

엽록체 葉綠體 잎葉+초록빛綠+몸體
식물의 잎 세포에 들어 있는 초록색의 세포 기관으로, 광합성을 하는 곳.
예 [엽록체]가 많이 들어 있는 세포일수록 광합성이 활발하다.

확인 문제

정답과 해설 ▶ 41쪽

1 단어의 뜻을 찾아 선으로 이어 보자.

(1) 플레어 — 태양의 빛나는 둥근 표면.
(2) 광구 — 태양의 표면에 검게 보이는 부분.
(3) 흑점 — 광구 바로 위의 붉은색으로 보이는 대기층.
(4) 채층 — 흑점 부근에서 일어나는 폭발 현상.

2 뜻에 알맞은 단어가 되도록 보기의 글자를 조합해 써 보자.

보기: 채 코 로 홍 나 기 층 폭 염 로

(1) 진줏빛으로 보이는 태양 대기의 가장 바깥층. → 코 로 나
(2) 태양 표면 위에서 폭발적으로 가스가 뿜어져 나오는 현상. → 홍 염
(3) 지구 자기장이 갑자기 불규칙하게 일시적으로 변하는 현상. → 자 기 폭 풍

3 ( ) 안에 들어갈 단어를 보기에서 찾아 써 보자.

보기: 광합성 플레어 엽록체 코로나

(1) (광합성)에 영향을 주는 요인에는 빛의 세기, 이산화 탄소의 농도, 물 등이 있다.
(2) 광합성이 이루어지는 장소인 (엽록체)은/는 주로 식물의 잎을 구성하는 세포에 들어 있다.
(3) 개기 일식 때 태양을 둘러싸며 진줏빛으로 보이는 왕관 모양의 바깥층을 (코로나)(이)라고 한다.
(4) 태양 활동이 활발할 때 지구에서는 자기 폭풍이 발생하여 통신에 장애가 생기는 (플레어 현상)이/가 나타난다.

해설 (1) '광합성'은 광합성을 하는 것이다. (2) '엽록체'는 광합성이 이루어지는 장소인 엽록소로부터 포도당과 산소를 만드는 과정을 뜻한다. (3) '코로나'는 '진줏빛으로 보이는 태양의 가장 바깥층을 뜻한다. (4) '플레어' 현상은 지구 자기장이 감자기 불규칙하게 일시적으로 변하는 자기 폭풍으로 발생하는 현상이다.

수록 교과서 국어 2-1
쓰기 - 다양한 표현을 활용하여 글 쓰기

단어와 그 뜻을 익히고, 빈칸에 알맞은 단어를 써 보자.

속담 (俗談: 풍속 속 + 말씀 담)
오랜 세월 동안 사람들이 생활에서 얻은 생각이나 교훈을 담고 있는 말.
예 내 신세는 속담 그대로 개밥에 도토리 같은 신세가 됐다.

격언 (格言: 격식 격 + 말씀 언)
오래전부터 전해지는, 인생에 대한 교훈이나 타이름을 간결하게 표현한 짧은 글.
예 언론인들은 펜은 칼보다 강하다는 격언 을 자랑스럽게 생각하고 있다.
〔클러스 개념〕 명언: 사리에 맞는 훌륭한 말. 예 "아는 것이 힘이다."는 베이컨이 한 명언이다.

창의적 (創意的: 비롯할 창 + 뜻 의 + ~한 상태로 되는 的)
새로운 의견을 생각하여 내거나 가진 것.
예 그는 새롭고 창의적 인 발명품을 제출하여 대회에서 금상을 받았다.

관용 표현 (익숙할 관 + 쓸 용)
둘 이상의 단어가 합쳐져 원래의 뜻과는 다른 새로운 의미를 만들어 낸 말. 수많, 관용구 등을 관용 표현이라고 함.
예 단어 하나하나의 뜻만을 알고 있다면 우리말의 관용 표현 을 이해하는 것은 어려울 것이다.

관습적 (익숙할 관 + 익힐 습 + ~한 상태로 되는 的)
어떤 사회에서 오랫동안 지켜 내려와 그 사회를 이루는 사람들이 널리 인정하는 규범이나 생활 방식에 따르듯.
예 세시 풍속은 사계절을 따라 관습적 으로 반복되는 생활 양식을 말한다.
〔클러스 개념〕
• 습(習): 어떤 행위를 오랫동안 되풀이하는 과정에서 저절로 익혀진 행동 방식.
• 俗(속): 풍속과 습관을 아울러 이르는 말.

경계 (境界: 지경 경 + 지경 계)
옳지 않거나 잘못된 일이 생기지 않도록 타일러서 주의하게 함.
예 노학자는 실패한 사람들에 대한 이야기를 글로 적어 세상 사람들에 대한 경계 를 삼고자 하였다.
〔동음이의어〕 境界: 사물이 어떠한 기준에 의하여 분별되는 한계. 예 문자 현실로 경계가 분명하지 않다.

참신하다 (斬新하다: 매우 새로울 참 + 새 신)
새롭고 산뜻하다.
예 독서 일기를 쓸 때는 기발하고 참신 한 표현을 활용하면 내용을 효과적으로 전달할 수 있다.

확인 문제

정답과 해설 ▶ 42쪽

1 뜻에 알맞은 단어가 되도록 보기 의 글자를 조합해 써 보자.

보기: 용 계 참 의 신 장 관 적 견 정 표 현

(1) 새롭고 산뜻하다. → 참 신 하다.
(2) 새로운 의견을 생각하여 내거나 가진 것. → 창 의 적
(3) 옳지 않거나 잘못된 일이 생기지 않도록 타일러서 주의하게 함. → 경 계
(4) 둘 이상의 단어가 합쳐져 원래의 뜻과는 다른 새로운 의미를 만들어 냄. → 관 용 표 현

2 문장에 어울리는 단어를 ( ) 안에서 골라 ○표 해 보자.

(1) 쉬운 일도 협력하면 훨씬 쉽다는 의미인 '백지장도 맞들면 낫다.'는 오랜 세월 동안 생활에서 얻은 교훈을 짧게 표현한 (격언 · 속담)이다.
(2) 시간의 소중함을 일러 주는 '시간은 금이다.'는 인생에 대한 교훈을 짧게 표현한 교훈을 담고 있는 (격언 · 속담)이다.

해설 (1) 오랜 세월 동안 사람들이 생활에서 얻은 생각이나 교훈을 담고 있는 말을 뜻하는 단어는 '속담'이다. (2) '오래전부터 전해지는, 인생에 대한 교훈이나 타이름을 간결하게 표현한 짧은 글을 뜻하는 단어는 '격언'이다.

3 문장에서 밑줄 친 단어의 쓰임이 알맞으면 ○표, 알맞지 않으면 ✕표 해 보자.

(1) 나는 아침마다 관습적으로 운동을 하고 있다. (✕)
(2) '순이 크다'처럼 관용어는 둘 이상의 단어가 결합된 말이다. ( )
(3) 시험 기간에는 게임하는 유혹에 빠지지 않도록 경계가 필요하다. (○)
(4) 우리 민족 고유의 전통과 풍습을 잘 보존해 후세에게 물려주어야 한다. (○)
(5) 남을 지나치게 칭찬할 때 쓰는 '비행기를 태우다'는 오랜 세월 동안 생활에서 얻은 속담에 해당한다. (✕)

해설 (1) '관습적'은 어떤 사회에서 오랫동안 지켜 내려와 그 사회를 이루는 사람들이 널리 인정하는 규범이나 생활 방식에 따르는 것을 뜻한다. 이 문장에는 '어떤 행위를 오랫동안 되풀이하는 과정에서 저절로 익혀진 행동 방식'을 뜻하는 '습관적'이 알맞다. (2) '관용어'는 둘 이상의 단어가 결합하여 특별한 의미를 나타내는 관습적인 말로 유의어로 '관용구'가 있다. (3) 옳지 않거나 잘못된 일이 생기지 않도록 타일러서 주의하게 함을 뜻하는 '경계'가 알맞다. (4) 풍속과 습관을 아울러 이르는 말인 '풍습'이 알맞다. (5) '비행기를 태우다'는 관용어에 해당한다.

역사 교과서 어휘

수록 교과서 역사①
VI. 현대 세계의 전개와 과제

단어와 그 뜻을 익히고, 빈칸에 알맞은 단어를 써 보자.

냉전 찰 冷 + 싸움 戰
→ 冷의 대표 뜻은 '차갑다'임
전쟁을 직접 하지는 않으면서 정치·외교·정보 등을 수단으로 하는 국제적 대립.
예 제2차 세계 대전 이후 세계는 전쟁을 직접 하지는 않았지만 미국과 소련이라는 두 강대국에 의해 냉전 체제가 유지되었다.

열강 어리 列 + 강할 强
→ 列의 대표 뜻은 '벌이다'임
세력이 강한 여러 나라.
예 제2차 세계 대전 이후에 동남아시아의 여러 나라들은 서구 열강 의 지배에서 벗어나고자 하였다.

공화정 함께 共 + 화할 和 + 정사 政
→ 共의 대표 뜻은 '한가지'임
국민이 뽑은 대표자 또는 대표 기관이 맡아서 하는 정치.
예 세습 군주가 전쟁에서 패배하자 시민들은 왕정을 몰아내고 대표 기관을 앞세우고 공화정 을 세웠다.

국유화 나라 國 + 있을 有 + 될 化
→ 有의 대표 뜻은 '있다'임
나라 소유가 아닌 것을 나라 소유로 바꿈.
예 사회주의 국가에서는 모든 생산 수단을 개인이 소유하지 못하게 국유화 한다.

반전 운동 반대할 反 + 싸움 戰 + 옮길 運 + 움직일 動
→ 運의 대표 뜻은 '옮기다'임
전쟁을 반대하고 평화를 지키려는 사회 운동.
예 세계 곳곳에서는 전쟁과 대립에 반대하는 반전 운동 이 펼쳐지고 있다.

지구촌 땅 地 + 공 球 + 마을 村
지구 전체를 한 마을처럼 여겨 이르는 말.
예 21세기에 들어서면서 세계는 점차 국가의 개념이 사라지고 인류 가 하나로 되는 지구촌 이 되고 있다.

난민 어려울 難 + 백성 民
→ 難의 대표 뜻은 '어렵다'임
전쟁이나 재난 등을 당하여 살 곳이 없어진 사람.
예 지구 곳곳의 분쟁으로 많은 난민 이 생기나 국제 문제가 되고 있다.

정답과 해설 ▶ 43쪽

확인 문제

1 뜻에 알맞은 단어를 글자판에서 찾아 묶어 보자. (단어는 가로, 세로, 대각선 방향에서 찾기)

① 세력이 강한 여러 나라.
② 나라 소유가 아닌 것을 나라 소유로 바꿈.
③ 전쟁이나 재난 등을 당하여 어려움에 빠진 사람.
④ 국민이 뽑은 대표자 또는 대표 기관이 맡아서 하는 정치.
⑤ 전쟁을 직접 하지는 않으면서 정치·외교·정보 등을 수단으로 하는 국제적 대립.

난	①열	반	유	정	화	구
⑤냉	내	유	안	운	②난	직
강	유	열	전	정	국	민
유	공	월	화	정	④국	난
유	공	사	계	죄		

2 ( ) 안에 들어갈 단어를 보기 에서 찾아 써 보자.

> 보기
>
> 냉전   지구촌   열강   국유화

(1) '(지구촌)은/는 하나'라는 깃발 아래 세계인은 세계의 평화를 유지하기 위해 노력하고 있다.

(2) 서구 (열강)은/는 식민지를 개척하기 위해 원주민들의 생활 터전을 무참히 짓밟았다.

(3) 국가는 외국인 재산을 포함한 사유 재산을 강제적으로 취득하는 (국유화)을/를 시도하였다.

(4) 소련과 미국이 주도하는 (냉전) 체제가 무너졌지만 지구상에는 크고 작은 전쟁이 끊임없이 일어나고 있다.

3 대화를 읽고, ㉠과 ㉡에 들어갈 단어를 조성을 바탕으로 써 보자.

뉴스에서 전쟁으로 집을 잃고 (㉠)이 된 아이들의 안타까운 모습을 보았어. 세계 각국에서 그들을 외면하지 말고 온정을 베풀어 주면 좋겠어.

전쟁은 인간의 삶을 파괴하는 가혹한 일이야. 그래서 나는 (㉡) 운동에 관심을 갖게 되었어.

㉠	난	민

| ㉡ | 반 | 전 |

4주차 4회

수학 교과서 어휘

수록 교과서 | 수학 2 | Ⅳ. 함수

단어와 그 뜻을 익히고, 빈칸에 알맞은 단어를 써 보자.

x절편
x+값截+조각 片

그래프가 x축과 만나는 점의 x좌표.
예 일차함수 $y=x-5$에서 $y=0$을 대입하면 $0=x-5$에서 $x=5$
이므로 x[절]편은 5이다.

y절편
y+값截+조각 片

그래프가 y축과 만나는 점의 y좌표.
예 일차함수 $y=x-5$에서 $x=0$을 대입하면 $y=0-5$에서 $y=-5$
이므로 y[절]편은 -5이다.

기울기

수평선 또는 수평면에 대한 기울어진 정도로, 일차함수
$y=ax+b$에서 x의 값의 증가량에 대한 y의 값의 증가량의
비율. 일차함수 $y=ax+b$의 그래프의 기울기는 x의 계수 a임.
예 일차함수 $y=2x+1$의 그래프는 x의 값이 1만큼 증가할 때
y의 값은 2만큼 증가, x의 값이 2만큼 증가할 때 y의 값은 4
만큼 증가하므로
$$\frac{(y의\ 값의\ 증가량)}{(x의\ 값의\ 증가량)}=\frac{2}{1}$$
일차함수 $y=2x+1$의 그래프의 [기]울[기]이다.

**일차함수
그래프의 평행**
평행할 平+나아갈 行

한 평면 위의 두 직선이 서로 만나지 않는 것. 두 일차함수
$y=ax+b$, $y=cx+d$에서 $a=c$, $b\neq d$이면 두 그래프
는 서로 평행함.
예 두 일차함수 $y=x+1$과 $y=x-2$의 그래프는 기울기가 1로 서
로 같고, y절편이 다르므로 서로 [평]행한 직선이다.

**일차함수
그래프의 일치**
하나 一+이를 致

두 직선이 포함하는 점이 완전히 같은 것. 두 일차함수
$y=ax+b$, $y=cx+d$에서 $a=c$, $b=d$이면 두 그래프
는 [일][치]한다.
예 두 일차함수의 그래프가 기울기와 y절편이 각각 같으면 서로
일치한다.

x=p의 그래프
(p는 상수, p≠0)

x의 값이 일정한 y축에 평행한 직선.
예 일차방정식 $x=p$의 그래프 위의 점은 …, $(p, 0)$, $(p, 1)$, $(p, 2)$,
…와 같이 x의 값이 항상 p로 일정하다. (p는 상수)

y=q의 그래프
(q는 상수, q≠0)

y의 값이 일정한 x축에 평행한 직선.
예 일차방정식 $y=q$의 그래프 위의 점은 …, $(0, q)$, $(1, q)$, $(2, q)$,
…와 같이 y의 값이 항상 q로 일정하다. (q는 상수)

확인 문제

정답과 해설 ▶ 44쪽

1 ( ) 안에서 알맞은 단어를 골라 ○표 해 보자.

(1) 그래프가 x축과 만나는 점의 x좌표를 (ⓧ절편, y절편)이라 하고, y축과 만나는 점의 y좌표를
(x절편, ⓨ절편)이라고 한다.

(2) $x=p$의 그래프는 x의 값이 일정한 (x축, ⓨ축)에 평행한 직선이고,
$y=q$의 그래프는 y의 값이 일정한 (ⓧ축, y축)에 평행한 직선이다.

해설 | (1) x축과 만나는 점의 x좌표는 x절편, y축과 만나는 점의 y좌표는 y절편이다. (2) $x=p$의 그래프는 x의 값이
p로 일정한 y축에 평행한 직선이고, $y=q$의 그래프는 y의 값이 q로 일정한 x축에 평행한 직선이다.

2 빈칸에 알맞은 단어를 써 보자.

일차함수 $y=ax+b$에서 x의 값의 증가량에 대한 y의 값의 증가량의 비율은 항상 a로 일정하다.
이 증가량의 비율 a를 일차함수 $y=ax+b$의 그래프의 [기][울][기]라고 한다.

해설 | 일차함수 그래프에서 x의 값의 증가량에 대한 y의 값의 증가량의 비율을 기울기라고 한다. $y=ax+b$의 그래
프의 기울기는 x의 계수인 a이다.

3 ㉠~㉡에 알맞은 그래프를 찾아 선으로 이어 보자.

㉠ 일차함수 그래프의 평행	㉢ $x=5$의 그래프
㉡ 일차함수 그래프의 일치	㉣ $y=-7$의 그래프

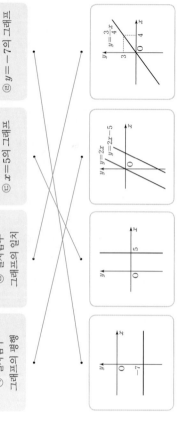

해설 | ㉠ $y=2x$, $y=2x-5$의 그래프의 기울기는 둘 다 2로 같고, y절편이 다르므로 서로 평행한 직선이다. ㉡ 두 일
차함수의 그래프가 기울기가 $\frac{3}{4}$로 같고, y절편이 0으로 각각 같으므로 서로 일치한 직선이다. ㉢ x의 값이 5로 일정한 y축에 평행한
직선이다. ㉣ y의 값이 -7로 일정한 x축에 평행한 직선이다.

과학 교과서 어휘

수록 교과서 과학2 Ⅳ. 식물과 에너지

단어와 그 뜻을 익히고, 빈칸에 알맞은 단어를 써 보자.

기공
공기 氣 + 구멍 孔
잎의 표면에 있는 작은 공기 구멍.
예 광합성에 필요한 이산화 탄소가 들어오고 광합성의 결과로 만들어진 산소가 나가는 공기의 이동 통로는 **기공**이다.

증산 작용
증발할 蒸 + 흩을 散 + 일으킬 作 + 작용 用
잎의 뒷면에 있는 기공을 통해 식물체 내의 물이 수증기 상태로 공기 중으로 빠져나가는 현상.
예 광합성에서 쓰이고 남은 대부분 잎의 뒷면에 있는 기공을 통해 물이 수증기 상태로 공기 중으로 나가는데 이런 현상이 **증산 작용**이다.

공변세포
구멍 孔 + 가장자리 邊 + 작을 細 + 세포 胞
식물체 내 이산화 탄소 등의 기체 출입과 증산 작용을 조절하는 세포.
예 기공이 열리고 닫힘을 조절하는 역할을 하는 세포는 **공변세포**이다.

식물의 호흡
식물 植 + 만물 物 + 이 之 + 내쉴 呼 + 들이쉴 吸
광합성으로 만들어진 포도당과 산소를 사용하여 생명 활동에 필요한 에너지를 생성하는 과정.
예 식물이 광합성을 할 때는 이산화 탄소를 흡수하고 산소를 방출하지만, **호흡**을 할 때는 산소를 흡수하고 이산화 탄소를 방출한다.

기체 교환
공기 氣 + 물질 體 + 주고받을 交 + 바꿀 換
생물체가 필요한 기체를 받아들이고 필요 없는 기체를 내보내는 작용.
예 낮에 빛의 세기가 강하면 광합성이 호흡보다 많아지면 식물에서 이산화 탄소를 흡수하고 산소를 내보내는 **기체 교환**이 일어난다.

포도당
포도 葡 + 포도 萄 + 엿 糖
광합성의 최종 산물로 세포 호흡의 원료로 쓰이는 물질.
예 식물은 빛에너지를 에너지원으로 만들어진 **포도당**을 통하여 줄기와 뿌리로 이동한다.

체관
체 + 대롱 管
식물의 잎에서 만들어진 영양분이 이동하는 통로.
예 잎에서 광합성으로 만들어진 영양분은 **체관**을 통하여 줄기와 뿌리로 이동한다.

물관
물 + 대롱 管
식물의 뿌리에서 흡수한 물이 이동하는 통로.
예 식물의 뿌리에서 흡수한 물과 물에 녹아 있는 질소, 인 등의 양분은 **물관**을 통하여 식물의 각 부위로 이동한다.

정답과 해설 ▶ 45쪽

확인 문제

1 뜻에 알맞은 단어가 되도록 보기의 글자를 조합하여 써 보자. (같은 글자가 여러 번 쓰일 수 있음.)

보기
공 관 체
호 기 물

(1) 잎의 표면에 있는 작은 공기 구멍. → 기 공
(2) 식물의 뿌리에서 흡수한 물이 이동하는 통로. → 물 관
(3) 식물의 잎에서 만들어진 영양분이 이동하는 통로. → 체 관

2 뜻에 알맞은 단어를 보기에서 찾아 써 보자.

보기
포도당 공변세포 기체 교환 식물의 호흡 증산 작용

(1) 광합성의 최종 산물로 세포 호흡의 원료로 쓰이는 물질. → (포도당)
(2) 식물체 내 이산화 탄소 등의 기체 출입과 증산 작용을 조절하는 세포. → (공변세포)
(3) 생물체가 필요한 기체를 받아들이고 필요 없는 기체를 내보내는 작용. → (기체 교환)
(4) 포도당과 산소를 사용하여 생명 활동에 필요한 에너지를 생성하는 과정. → (식물의 호흡)
(5) 잎의 뒷면에 있는 기공을 통해 식물체 내의 물이 수증기 상태로 공기 중으로 빠져나가는 현상. → (증산 작용)

3 설명이 알맞으면 ○표, 알맞지 않으면 ×표를 따라가며 선을 긋고, 몇 번으로 나오는지 써 보자.

출발

(1) 증산 작용은 기공이 열릴 때 일어나는데, 기공은 주로 낮에 열리고 밤에 닫힌다. ○

(2) 낮에는 식물이 광합성도 하고 호흡도 한다. ○

(3) 호흡은 생활에 필요한 에너지를 얻는 과정으로 밤에만 일어난다. ×

(4) 밤에는 식물이 호흡만 일어나고 이산화 탄소를 내보내는 기체 교환이 일어난다. ○

❶ ❷ ❸ ❹

해설 | (1) 증산 작용은 기공이 열릴 때 열릴 때 일어나는데 기공은 주로 낮에 열리고 밤에 닫힌다. (2) 낮에는 식물이 광합성도 하고 호흡도 한다. 광합성으로 만들어진 이산화 탄소는 광합성으로 이용되고 일어나는 산소는 호흡에 이용된다.

(3) 광합성은 햇빛이 있어야 반드시 낮에만 일어나지만, 생명 활동에 필요한 에너지를 얻어야 하므로 호흡은 밤낮에도 일어난다.

4주차 5회 한자 어휘

保(보), 溫(온)이 들어간 단어

保 지킬 보
는 모양을 본뜬 글자야. 지키다, '보호하다', '유지하다', '책임지다'라는 뜻을 가지고 있어.

溫 따뜻할 온
'온(溫)'은 주로 '따뜻하다'라는 뜻으로 쓰이지만 '익히다', '온도', '순순하다'라는 뜻으로도 쓰일 때도 있어.

 단어와 그 뜻을 익히고, 빈칸에 알맞은 단어를 써 보자.

보전 保全
보전할 保 + 온전할 全
'保'가 '보호하여 유지하다'라는 뜻으로 쓰였어.

온전하게 잘 보호하여 유지함.
예 인류의 미래를 위해서 생태계 보전에 힘써야 한다.

보증 保證
책임질 保 + 증명할 證
'保'가 '책임지다'라는 뜻으로 쓰였어.

어떤 사물이나 사람에 대하여 책임지고 틀림이 없음을 증명함.
예 선생님께서는 보람이가 책임감이 강한 학생임을 [보증]할 수 있다고 정답하셨다.

비슷한 말 **보존** 잘 보호하고 건수하여 현 재 상태 그대로 남김.
예 휴전을 위해 환경 보 존에 힘써야 한다.

삼한사온 三寒四溫
석 三 + 찰 寒 + 넉 四 + 따뜻할 溫
사흘 동안 춥고 나흘 동안 따뜻함이 이어지는 기후 현상.
예 겨울철에 우리나라에서는 3일 가량 추운 날씨가 계속되다가, 다음 4일 가량은 따뜻한 날씨가 이어지는 [삼한사온] 현상이 나타난다.

온고지신 溫故知新
익힐 溫 + 옛 故 + 알 知 + 새 新
'溫'이 '익히다'라는 뜻으로 쓰였어.

옛것을 익히고 그것을 미루어서 새것을 앎.
예 옛것이 강조해서도 안 되고 새것만 좋아서도 안 된다는 [온고지신] 의 정신으로 과거와 미래를 조화롭게 대비해야 한다.

상온 常溫
항상 常 + 따뜻할 溫
'溫'이 '온도'라는 뜻으로 쓰였어.

가열하거나 냉각하지 않은 자연 그대로의 보통 온도. 대개 섭씨 15도를 가리킴.
예 냉동 식품을 [상온]에서 장기간 보관하면 식품이 부패될 수 있다.

비슷한 말 **상온** ① 늘 일정한 온도.
② 일년 동안의 기온을 평균한 온도.

온유 溫柔
온순할 溫 + 부드러울 柔
'溫'이 '온순하다'라는 뜻으로 쓰였어.

성격, 태도가 온순하고 부드러움.
예 보람이 우리들이 잘못했음에도 불구하고 어머니는 화를 내지 않고 [온유]한 미소를 보이셨다.

확인 문제

1 뜻에 알맞은 단어를 빈칸에 써 보자.

		❶상	온			❹보	전
❷삼	한	사	온			종	
		고	지	신			
				어	유		

가로 열쇠
❷ 사흘 동안 춥고 나흘 동안 따뜻함이 이어지는 기후 현상.
❸ 옛것을 익히고 그것을 미루어서 새것을 앎.
❹ 온전하게 잘 보호하여 유지함.

세로 열쇠
❶ 가열하거나 냉각하지 않은 자연 그대로의 보통 기온.
❸ 성격, 태도가 온순하고 부드러움.
❹ 어떤 사물이나 사람에 대하여 책임지고 틀림이 없음을 증명함.

2 밑줄 친 부분과 바꿔 쓸 단어로 알맞지 않은 것은? (⑤)

① 그녀는 성격이 온순하고 부드러워 친구들이 많다. → 온유
② 우리 고유의 전통문화를 온전하게 보호하여 유지해야 한다. → 보전
③ 여름에는 음식을 자연 그대로의 기온에서 방치하면 안 된다. → 상온
④ 기후 변화로 겨울에 3일은 춥고 4일은 따뜻한 현상이 잘 나타나지 않는다. → 삼한사온
⑤ 아버지께서 틀림이 없는 사람임을 책임지고 증명한다. → 보인

해설 | 틀림이 없는 사람임을 책임지고 증명하고 증명한다는 뜻을 가진 단어는 보증이다.

3 대화에 어울리는 단어를 ( ) 안에서 골라 ○표 해 보자.

해설 | '옛것을 익히고 그것을 미루어서 새것을 앎'을 뜻하는 단어는 온고지신이다.

동사의 종류 2

영어의 동사는 어떤 기능을 하느냐에 따라 감각동사, 수여동사, 사역동사, 지각동사로 구분할 수 있어. '감각', '수여', '사역', '지각' 이런 이름들은 동사의 기능과 관련된 것이므로 이름의 뜻을 알면 동사의 기능도 짐작함 수 있겠지? 이 동사들이 어떤 뜻을 가지고 있는지 공부해 보자.

99

✏️ 단어와 그 뜻을 익히고, 빈칸에 알맞은 단어를 써 보자.

sensory verb
감각感覺동사
느낌感 + 깨달을 覺 +
움직일 動 + 말씀 詞

몸이 느끼는 감각과 관련이 있는 동사를 가리키는 말. 감각동사로는 look(~처럼 보이다), sound(~처럼 들리다), taste(~한 맛이 나다), smell(~한 냄새가 나다) 등이 있음.
~처럼 보이다라는 의미 감각동사
• They **look happy**. (그들은 행복해 보인다.)
📖 'This story sounds good.(이 이야기는 좋게 들린다.)'에서 sounds(~처럼 들린다)는
감각동사 이다.

dative verb
수여授與동사
줄 授 + 줄 與 +
움직일 動 + 말씀 詞

두 개의 목적어가 연달아 나와 '~에게 ~을 (해) 주다'라는 뜻의 동사를 가리키는 말. 수여동사로는 give(주다), tell(말해 주다), send(보내 주다) 등이 있음.
• He **shows me** his note. (그는 나에게 그의 노트를 보여 준다.)
📖 'Tell me the truth.(나에게 진실을 말해 줘.)'에서 목적어를 둘(나, 진실) 가진 두 개를 가진 동사 tell은
수여동사 이다.

causative verb
사역使役동사
부릴 使 + 부릴 役 +
움직일 動 + 말씀 詞

목적어가 어떤 행동을 하도록 하는 동사를 가리키는 말. 사역동사로는 make(~하게 만들다), have(~하게 하다), let(~하게 해주다) 등이 있음.
• The police **made me** stop. (그 경찰은 나를 멈추게 만들었다.)
📖 'Let her go out.(그녀가 밖으로 나가게 해라.)'에서 목적어(her)가 밖으로 나가도록 허락하는 동사 Let은 사역동사 이다.

perception verb
지각知覺동사
알 知 + 깨달을 覺 +
움직일 動 + 말씀 詞

감각 기관을 통해 목적어의 행위를 인지하는 동사를 가리키는 말. 지각동사로는 see(보다), watch(보다), hear(듣다) 등이 있음.
• I **saw you** enter the room. (나는 네가 방으로 들어 가는 것을 보았다.)
📖 'We heard someone crying.(우리는 누군가 울고 있는 것을 들었다.)'에서 목적어가 우는 것을 인지한 동사 heard(들었다)는 지각동사 이다.

대단어
지각
① 알아서 깨달음
② 사물의 이치나 도리를 분별하는 능력
③ 감각 기관을 통해 대상을 인식함

확인 문제

1 빈칸에 들어갈 단어를 글자판에서 찾아 묶어 보자. (단어는 가로, 세로, 대각선 방향에서 찾기)

동	수	여	인
민	간	정	용
정	사	지	원
성	각	감	이

① ▢ 동사: 몸이 느끼는 감각과 관련이 있는 동사.
② ▢ 동사: 목적어가 어떤 행동을 하도록 하는 동사.
③ ▢ 동사: 감각 기관을 통해 목적어의 행위를 인지하는 동사.
④ ▢ 동사: 두 개의 목적어가 연달아 나와 '~에게 ~을 (해) 주다'라는 뜻의 동사.

2 밑줄 친 단어의 종류가 맞으면 ○표, 맞지 않으면 ✕표 해 보자.

(1) This milk **smells** bad. (이 우유는 냄새가 고약하다.)
감각동사 (○)

(2) Please **make** me a chair. (부디 나에게 의자를 만들어 줘.)
수여동사 (○)

(3) We **watched** him shouting. (우리는 그가 소리치는 것을 보았다.)
사역동사 (✕)

(4) She **had** me do the homework. (그녀는 내가 숙제를 하도록 했다.)
지각동사 (✕)

3 ( ) 안에 밑줄 친 동사의 종류를 써 보자.

(1) This scarf **feels** good. (이 스카프는 좋은 느낌이다.) → (감각동사)
(2) My father **buys** you a book. (우리 아버지는 너에게 책을 사 주신다.) → (수여동사)
(3) He **had** us solve the problem. (그는 우리에게 그 문제를 풀게 하셨다.) → (사역동사)
(4) He **saw** Jim crossing the bridge. (그는 Jim이 다리를 건너는 것을 보셨다.)
→ (지각동사)

4주차 5회_정답과 해설

해설 2 (1) 'smells'는 '~한 냄새가 나다'라는 뜻의 감각동사이다. (2) 'make'는 뒤에 목적어 'me'와 'a chair'가 연달아 오므로 나오므로 수여동사이다. (3) 'watched'는 뒤에 목적어 'him'이 'shouting'하는 것을 눈으로 본 것이므로 지각동사이다. (4) 'had'는 목적어 'me'를 숙제하도록 했으므로 사역동사이다.

해설 3 (1) '~한 느낌이다'로 몸이 느끼는 감각과 관련이 있는 감각동사이다. (2) 목적어 'you'와 'a book'이 연달아 나오므로 수여동사이다. (3) 지각동사이다. (4) 감각을 통해 목적어인 'Jim'의 행동을 인지하는 지각동사이다.

정답과 해설 ▶ 48쪽

4주차 1~5회에서 공부한 단어를 떠올리며 문제를 풀어 보자.

국어

1 보기의 ㉠~㉢에 들어갈 단어와 그 뜻이 알맞으면 ○표, 알맞지 않으면 ×표 해 보자.

보기
• 실제로 사람의 이야기를 글로 적어 세상에 대한 (㉠)를 삼고자 한다.
• 제육 대화에서 함께 응원하다 보니 한 친구들과의 (㉡)이 더욱 깊어졌다.
• 상대방과 원활하게 의사소통을 하려면 상대방의 처지와 감정을 존중하고 (㉢)할 수 있는 내용을 말해야 한다.

(1) 경계 – 사물이 어떠한 기준에 의하여 분간되는 한계. (×)
(2) 유대감 – 서로 밀접하게 연결되어 있는 공통된 느낌. (○)
(3) 공감 – 다른 사람의 감정, 의견, 주장 등에 대하여 자기도 그렇다고 느낌. (○)

해설 | ㉠은 문장의 의미상 '옳지 않거나 잘못된 일이 생기지 않도록 미리 주의하게 함'이란 뜻이 '경계(警戒)'가 들어가는 것이 알맞다. '사물이 어떠한 기준을 신중하다. 라는 뜻이므로 ㉣의 '그렇다고 할 수 없었던'이라는 말과 함께 사용하기에 적절하다.

사회

2 보기의 뜻을 참고하여 ( ) 안에 들어갈 단어를 써 보자.

보기
㉠ 전쟁이나 재난 등을 당하여 어려움에 빠진 사람.
㉡ 지구 전체를 한 마을처럼 여겨 이르는 말.
㉢ 남의 권리나 인격을 마구 억누르거나 얽어매는 짓밟음.

(1) ㉠ (난민)   (2) ㉡ (지구촌)   (3) ㉢ (유린)

한자

3 밑줄 친 낱말과 뜻이 같은 단어가 되도록 알맞은 글자에 ○표 해 보자.

(1) 공주는 성격이나 태도가 온순하고 부드러워 칭찬이 자자했다.

→ | 비 | 온 | 도 | 고 | 수 | 유 |

(2) 민족의 전통은 옛것을 익히고 그것을 미루어서 새것을 안다는 정신에 바탕하여 창조적으로 계승되어야 한다.

→ | 온 | 의 | 고 | 지 | 신 |

해설 | (1) '성격이나 태도가 온순하고 부드러움'을 뜻하는 단어는 '온유'이다. (2) '옛것을 익혀 그것을 미루어서 새것을 앎'을 뜻하는 단어는 온고지신이다.

과학

4 ( ) 안에서 알맞은 단어를 골라 ○표 해 보자.

태양의 표면보다 주변보다 온도가 낮아 검게 보이는 부분을 (흑점, 홍염)이라 하고, 이 부근에서 일어나는 폭발 현상을 (플레어, 코로나)라고 한다.

해설 | 태양의 표면에 주변보다 온도가 낮아 검게 보이는 부분은 흑점이며, 주로 흑점이 부근에서 일어나는 폭발 현상을 '플레어'라고 한다.

국어

5 밑줄 친 단어의 쓰임이 문장에 어울리는 것은? (④)

① 이 시는 낯익은 표현이 많아 사용되어 참신한 맛이 있다.
② 그의 디자인은 사람들 눈에 익숙하므로 참신하다는 평을 받았다.
③ 이 장난감은 아이들에게 아무 위험이 없으므로 참신하게 만들어졌다.
④ 이 소설은 굿동이 볼 수 없었던 참신한 표현과 서정미가 보이는 작품이다.
⑤ 이 영화는 많은 작품에서 선보이 사랑과 우정이라는 참신한 주제를 다루었다.

해설 | '참신하다'는 '새롭고 산뜻하다. 라는 뜻이므로 ④의 '그동안 볼 수 없었던'이라는 말과 함께 사용하기에 적절하다. ①의 '낯익은 표현', ②의 '사람들 눈에 익숙하므로', ③의 '위험이 없으므로', ⑤의 '많은 작품에서 선보이고 적절하지 않다.

영문법

6 밑줄 친 단어의 쓰임이 알맞으면 ○표, 알맞지 않으면 ×표 해 보자.

(1) make, have, let으로 목적어가 어떤 행동을 하도록 하는 사역동사로 사용된다. (○)
(2) see, watch는 감각 기관을 통해 목적어의 행위를 인지하는 수여동사로 사용된다. (×)

해설 | see(보다), watch(보다)는 감각 기관을 통해 목적어의 행위를 인지하는 지각동사이다.

수학

7 뜻에 알맞은 단어를 초성을 바탕으로 써 보자.

(1) 좌표평면에서 한 도형 위의 모든 점을 일정한 방향으로 일정한 거리만큼 옮기는 것.

| 평 | 행 | 이 | 동 |

(2) 수평선 또는 수평면에 대한 기울어진 정도로, 일차함수 $y=ax+b$에서 x의 값의 증가에 대한 y의 값의 증가량의 비율. → | 기 | 울 | 기 |

과학

8 밑줄 친 단어의 뜻으로 알맞은 것을 골라 ○표 해 보자.

공변세포는 식물체 내 이산화 탄소 등의 기체 출입과 증산 작용을 조절한다.

① 광합성을 통해 식물에게 필요한 영양분을 더 많이 생산해 내는 현상. ( )
② 식물이 수분이 있어 뒷면에 있는 기공을 통해 상태로 공기 중으로 빠져나가는 현상. (○)

해설 | 증산 작용은 식물체 안의 수분이 기체가 되어 공기 중으로 나오는 현상이다.